IMPULSE

DAS SONNTAGSBLATT

DS

Vom Klingelbeutel zum Profitcenter? Strategien und Modelle für das Unternehmen Kirche. Arnd Brummer, Wolfgang Nethöfel (Hrsg.), Hamburg
Verlag: DS - Das Sonntagsblatt, Hansisches Druck- und Verlagshaus, 1997

Konzept und Redaktion: Ulf Grüner, Hamburg
Gestaltung: Nicola Gerber, Hamburg
Druck und Bindearbeiten: Clausen & Bosse, Leck
Printed in Germany
ISBN 3-00-001475-6

Herausgeber: Arnd Brummer, Wolfgang Nethöfel

Vom Klingelbeutel zum Profitcenter?

Strategien und Modelle für das Unternehmen Kirche

DAS SONNTAGSBLATT

DS

Hansisches Druck- und Verlagshaus GmbH

Inhaltsverzeichnis

Projekte

Nicht warten! Machen!

Vorwort

Von Arnd Brummer

Wer so richtig um die Lösung seiner ganz spezifischen Probleme ringt, entwickelt oft einen fast autistischen Blick auf die eigenen Sorgen. Er zermartert sich das Hirn, ohne zu erkennen, daß ein einziges Aufblicken möglicherweise genügt, um mit einem neuen, ungewohnten Blickwinkel zu neuen Lösungsmöglichkeiten zu finden:

Arnd Brummer ist Chefredakteur der christlichen Wochenzeitung DS - DAS SONNTAGSBLATT.

So geht es derzeit auch vielen Menschen, die sich über die Zukunft der Kirchen Gedanken machen. Ob Bischof, Pastor oder engagierter Laie - viele der Suchenden mühen sich in den Fesseln der Routine, der überkommenen Regelwerke und Denk-Kulturen ab, sind zunehmend frustriert oder zornig, ehe sie bemerken: Von den erstarrten Strukturen des Redens und Handelns, die sie ja gerade überwinden wollen, können sie zuallerletzt sachdienliche Hinweise für diesen Zweck erwarten.

Antworten aus dieser Richtung haben nur einen Inhalt: Laßt uns - mehr oder weniger - so weiterwursteln wie bisher. Was macht es, wenn noch ein paar Millionen mehr Menschen den Kirchen adieu sagen? Dann bleiben wir Rechtschaffenen eben unter uns? Sind die Umfragen nicht alle tendenziös, in denen Menschen erklären, das Angebot der Nachfolger Jesu Christi erreiche sie nicht mehr, lasse sie kalt, habe sowieso nichts mit ihrem konkreten Leben zu tun? Da sie im Besitz der Wahrheit sind, lassen sich die Bekehrten von solchen Aussagen nicht alarmieren. Wer den Weg zum Kreuz nicht findet, hat eben Pech gehabt. Das sind die Erstarrten, die sich auserwählt fühlen - und wenn die ganze Volkskirche um sie herum zusammenbricht.

In merkwürdigem Kontrast zu ihnen rast ein anderer Teil des Gottesvolkes hektisch mit dem Schmetterlingsnetz hinter dem Zeitgeist her. In panischer Angst, den Anschluß zu verpassen, wollen sie die verfaßte Christenheit dadurch retten, daß sie sie unkenntlich machen: Aufgabe durch Anpassung.

Diese beiden Lager, sicherlich karikierend beschrieben, möglicherweise aber auch in weit krasserer Form existent, bilden nicht die Zielgruppe dieses Buches. Die vorliegende Sammlung richtet sich an jene, die unverdrossen daran glauben, daß ihnen die Botschaft Jesu Christi von der Liebe Gottes deshalb anvertraut ist, damit sie möglichst viele Menschen davon informieren. Wir wollen mit ihnen für einen Moment den Kopf heben und über die Zäune blicken: Was tut sich denn in der Nachbarschaft der Kirche so? Gut geklaut ist besser als schlecht erfunden. Wir wollen ihnen vor allem zeigen, mit welchen Methoden, mit welchen Instrumenten und Ideen in Wirtschaft und Dienstleistungsgesellschaft Krisen angegangen und überwunden werden.

Sich von der Wirtschaft Rat zu holen wäre vor einigen Jahren für viele Kirchenleute noch der Sündenfall gewesen. Das hat sich geändert. Bischöfe schmücken ihre Predigten heute gerne mal mit einem Manager-Zitat. Unternehmensberater sind für die Kirche der Reformation nicht mehr überall Unpersonen. Dennoch ist die Frage keineswegs aus der Welt: Haben wir das denn nötig? Sollen wir jetzt in der Sprache des Mammons denken? Sollen wir Gott und seine Liebe verkaufen? „Kundenorientierung", „Zielgruppe", „Produkt" und „Marketing" - da warnen die Mahner und mahnen die Warner (und an denen herrscht in den Gemeinden und Kirchenämtern bekanntlich kein Mangel), die Kirche dürfe sich auf keinen Fall „ökonomisieren". Der gute alte antikapitalistische Reflex der Linken hat sich mit der weltverweigernden Betulichkeit der Konservativen mancherorts zu einem Schutz-und-Trutz-Bündnis der Gesprächsverweigerer gemausert.

Aber die Gruppe, die ihnen gegenübersteht, gewinnt an Boden. Überall fallen die Scheuklappen. Und staunend erkennen manche, daß ihre verehrten Vorbilder Luther und Calvin nur wenig Angst davor hatten, sich mit den neuesten Medien ihrer Zeit ans Gottesvolk zu wenden, Sponsoren für ihre Arbeit zu suchen und sich mit ihren Predigten, Liedern und Gebeten am Volk, also an den Kunden, zu orientieren. Wie hätte ein Unternehmen vom Ausmaß der Reformation auch enden sollen, hätten sich ihre Initiatoren von den Berührungsängsten leiten lassen? Was war die Reformation anderes als eine Kampfansage an jene in der römischen Kirche, die Gott und sein Volk aus den Augen verloren hatten? Mit Berührungsängsten schlägt man keine Thesen an ein Kirchenportal.

Wer dieses Buch zumindest einmal durchblättert hat, wird rasch erkennen, wie fruchtlos und überflüssig die oben zitierte Angst vor der Berührung mit den Unberührbaren aus der Schreckenswelt des Kommerzes ist.

Es geht den Autoren dieses Bandes nicht darum, Glaube, Hoffnung und Liebe auf die Ebene von Seife, Shampoo und Deo zu ziehen. Sehr wohl aber beleuchten sie, was eine Kampagne für Glaube, Hoffnung und Liebe von der Werbung für Waren der Körperpflege lernen kann und was nicht. Wer vom Sinn seines Tuns überzeugt ist, sollte keine Hemmungen haben, alles aufzusammeln, was diesem Tun nützt. Egal, wo es herkommt. Gleichgültig, wofür es bisher eingesetzt wurde.

Im Zentrum der Diskussion, die dieses Buch auslösen will, steht die Frage nach den Wünschen der Kundschaft. Sie soll ein kundenorientiertes Angebot begründen. Das hat weder mit Magie zu tun, noch handelt es sich um eine Anleitung zum Bauernfang. In anderer Sprache käme diese Frage als höchst christliches und demütiges Interesse am Nächsten, am Mitmenschen, des Weges. Wissen zu wollen, wo der Nachbarin, der gerade der Mann weggelaufen ist, der Schuh drückt; wissen zu wollen, wie man ihr am besten Trost und Hilfe anbieten könnte, ist auch dann noch in hohem Maße im Sinne des Erfinders, wenn man sich vornimmt, diese Grundhaltung auf alle Nachbarn auszudehnen. Christen, die ja schon gebotshalber gerne vom Nächsten reden, sollten sich als Nachbarn an und für sich verstehen. Der Fernsehpastor Jürgen Fliege, einer der Autoren dieses Buches, hält es für die Hauptaufgabe eines Gottesdienstes, Trost und Nähe zu produzieren. Die Möglichkeit zu helfen setzt unbefangenes Interesse an anderen Menschen voraus. Wer einen solchen Ansatz - und nichts anderes ist kirchenbezogene Kundenorientierung - für sündig hält, dem ist sowieso nicht zu helfen.

Dieses Buch ist das Resultat einen Kongresses mit dem Titel „Unternehmen Kirche“. Die christliche Wochenzeitung „DS - Das Sonntagsblatt“ hatte dazu im März 1997 über vierhundert Teilnehmer und knapp zwei Dutzend Referenten nach Hamburg eingeladen. Und es ist möglicherweise der erste Band einer längeren Reihe, die all jene mit Rat und Tips unterstützen soll, die im Außendienst der Volkskirchen haupt- oder ehrenamtlich an der Verbesserung des christlichen Angebots arbeiten.

Natürlich ist es mit dem Blick in die Wirtschaft nicht getan. Schon auf dem Hamburger Kongreß stand neben der Information über Grundlagen, Arbeitsweisen und Konzeptionen gleichwertig die Vorstellung konkreter Projekte und Erfahrungen sowie das Angebot praktischer Hilfen für eigene Schritte in die Zukunft. Nichts anderes wollen die Herausgeber mit diesem Buch fortsetzen.

Die Diskussion über die Reise der Kirche in die Zukunft hat just begonnen. Da und dort machen einzelne Menschen, Gruppen und Gemeinden erste Erfahrungen mit neuen Ansätzen. Deshalb werden Sie auf den folgenden Seiten viele Ideen, Anregungen und vorbildhafte Projekte entdecken können. Nicht dienen können wir mit Patentrezepten, mit einfach zu kopierenden Erfolgsgeschichten.

Sie werden in diesem Buch Positionen und Bewertungen entdecken, die sich widersprechen oder wenigstens zu widersprechen scheinen. Wir nehmen dies nicht nur billigend in Kauf. Wir halten es für den ehrlichsten und erfolgreichsten Ansatz: Der Weg in die Zukunft ist Grund für Streit und Auseinandersetzung.

Unser Ziel dabei: Wir wollen mit dazu beitragen, daß dieser Streit so kompetent wie nur möglich ausgetragen wird und daß die Streitenden möglichst viel qualifiziertes Argumentationsmaterial dafür finden.

Dieses Buch will weder Grundgesetz noch Leitfaden sein, sondern Arbeitshilfe. Machen Sie sich zu allem Ihren eigenen Kopf und konfrontieren Sie Ihre Ideen mit den Statements der Autoren. Und wenn Sie dabei das Gefühl haben, Ihnen sei Besseres, Passenderes, Weiterführendes zu den unterschiedlichen Themen eingefallen, dann schreiben Sie uns oder rufen Sie in der Redaktion des Sonntagsblattes (DS) in Hamburg an. Die Herausgeber haben nach dem erfolgreichen Auftakt vor, auf bundesweiten oder auch regionalen Folgeveranstaltungen weiterzudenken und zu arbeiten.

Herausgeber und Autoren verbindet jedenfalls die Hoffnung, dieses Buch möge den Erneuerungsprozeß in den evangelischen Kirchen beschleunigen. Die Erneuerung, davon sind wir überzeugt, muß immer von einzelnen getragen werden. Aus Synoden oder Ämtern wird sie kaum kommen. Denn deren ausgesprochener Auftrag ist es, das Vorhandene zu repräsentieren; was eine zweifellos verdienstvolle Aufgabe ist.

Synoden und Ämter werden Bewegung in der Kirche dann aufnehmen, wenn sie überall spürbar ist. Also: Nicht auf Beschlüsse warten, machen!

Hamburg, im Mai 1997

Grundlagen

Gebet und Controlling

Die Chancen des Unternehmens Kirche

Von Wolfgang Nethöfel

Die Kirche als AG; ihre Mitglieder als kritische Aktionäre: Das „Unternehmen Kirche" kann man so verstehen. Die Christen haben dort investiert, und nun stellen sie fest, daß sich ihr Unternehmen mehr schlecht als recht auf einem weltweiten Markt von Dienstleistungs- und Informationsangeboten behauptet. Welchen Kurs soll der Aufsichtsrat einschlagen? Nach welchen Gesichtspunkten soll er die Vorstände kontrollieren? Und was sagen die Kundinnen und Kunden dazu? Welche Konsequenzen hat es für die Mitarbeiterinnen und Mitarbeiter? Gibt es einen Erfolgskurs für die „Kirche AG"?

Die Bewährungsprobe

Wolfgang Nethöfel ist Professor für Sozialethik an der Universität Marburg und Direktor des Instituts für Wirtschafts- und Sozialethik an der Universität Rostock.

Herausgefordert ist das Unternehmen Kirche, weil sich die Dienstleistungs- und Informationsgesellschaft durch Krisen ankündigt. Weltweit verändern neue Produkte mit teilweise sehr kurzen Produktzyklen die Märkte in rasantem Tempo. Die neuen Produzenten, oft aus fernen Produktionsstätten, sind teilweise global vernetzt, wie die Textilhersteller, deren T-Shirts auf dem Weg von Asien zu uns gegenwärtig in Mittelamerika Station machen; es kann demnächst Afrika sein, wenn dort vergleichbare Arbeitskräfte billiger sind. Immaterielle Produkte wie Software, Information und Informationsverarbeitung werden wichtiger. Mit den intensivierten Waren- und Datenströmen kommen neue Dienstleistungen, andere Ideen und fremde Menschen, die unsere Welt vielfältiger, dazu auch anschlußfähiger und -bedürftiger machen. In dieser ökonomisierten Welt setzen Kapitalbesitzer ihre Interessen leichter durch als früher, weil sie Standorte gegeneinander ausspielen können.

Eine Krisenkonstellation zeichnet sich ab: Die Kapitalinteressen einzelner sind weltweit wirksam - die Interessen der Gemeinschaft bleiben lokal. Das Ergebnis scheint eine „gespaltene Ökonomie" zu sein: Wohlstand in einzelnen Zentren und Slums in den Randgebieten, Arbeitslosigkeit bei gleichzeitiger Arbeitsverdichtung, leere öffentliche Kassen und zugleich steigender privater Reichtum.

Am Standort Deutschland wird diese Entwicklung noch durch die europäische Integration überlagert. Auch hier kündigt sich im Zerfall des Nachkriegskonsenses der Arbeitsgesellschaft möglicherweise die befürchtete globale 20:80-Gesellschaft an. Deren Motto heißt: Brot und Spiele - wie im alten Rom, ehe die Vandalen kamen, um die Gerechtigkeitslücke persönlich zu schließen. Auf eine gespaltene Gesellschaft, in der vier Fünftel der Bevölkerung durch Sozialhilfe und Medien ruhiggestellt werden, könnten Massenarbeitslosigkeit und neue Armut ebenso vorausweisen wie die Menschen an unseren Grenzen und Flughäfen, die hier, im Zentrum des Kapitalismus, ihre Überlebenschance suchen.

Das Unternehmen Kirche muß bereits in seinem lokalen Umfeld Produktionsumstellungen und Verlagerungen akzeptieren. Nur noch reagieren kann es auf die institutionellen und rechtlichen Veränderungen, die jene realen oder auch nur erwarteten Entwicklungen bereits nach sich gezogen haben: von der neuen Asylgesetzgebung über die Änderungen im Sozialhilfe- und Pflegebereich bis hin zur neuen außenpolitischen Rolle Deutschlands. Die größten strukturellen Veränderungen werden meist durch den drastischen Rückgang des Kirchensteueraufkommens im Zuge der Steuerreform erwartet. Viel einschneidender werden sich aber wohl mittelfristig die insgesamt geänderten Einstellungen und Erwartungen der Kundinnen und Kunden auf das Unternehmen Kirche auswirken.

Das beginnt mit der simplen und nicht aufzuhaltenden Übertragung von Dienstleistungsstandards als Erwartung auf das, was die Kirche bietet. Während sich selbst Universitäten und Rathäuser auf Kundenbedürfnisse hin neu organisieren, verwaltet die Kirche Religion.

In alle Marktlücken drängen jetzt schon Billiganbieter, die sich an der Nachfrage orientieren. Im diakonischen Bereich erzwingt die Konkurrenz immer neue Umstrukturierungen und mehr Professionalisierung. Hier wird die Frage entscheidend, wie sich das kirchliche Markenangebot durch unterscheidbare Qualitätsmerkmale von der Konkurrenz abzuheben vermag.

Der Kernbereich ist unterdessen bedroht durch Alternativprodukte. Sie werden angeboten im Kontext neuer oder missionarisch erwachter alter Religionen; sie stammen von Organisationen oder einzelnen, die Heilslehren jeder Form anbieten, sowie von professionellen Organisatoren von Feiern aller Art an den Wendepunkten des Lebens. Außerdem steht das teure kirchliche Markenangebot im Wettbewerb mit selbst provozierter, ja selbst produzierter No-name-Konkurrenz. Arbeitslose Pastorinnen und Pastoren werden nicht zögern, als freie religiöse Dienstleister mit einem mindestens gleichwertigen, aber wahrscheinlich preiswerteren Angebot ihre Chance zu suchen - vorerst in Marktnischen.

Diese Bedrohungen sind lediglich Symptome der Krise. Alle Globalisierungsphänomene sind radikal umstritten. Was an der Krise ist real? Sollen mit ihrer Behauptung Gewerkschaftspositionen strategisch geschwächt werden - oder werden mit jener Verdächtigung wiederum altlinke Stellungen neu bezogen? Interessen und Ideologien verstellen den Blick auf die wichtigen Fragen: Was kann Politik noch, selbst wenn sie will? Welche wirtschaftlichen Rahmenbedingungen sollten global, welche könnten im europäischen Kontext geschaffen werden? Ist der Nationalstaat überhaupt noch handlungsfähig? Sollten in Deutschland nicht wenigstens Konsense herstellbar sein wie zum Beispiel in den Niederlanden. Dort haben Tarifparteien und Träger öffentlicher Belange durch Kooperationen und Kompromisse Probleme gelöst, die bei uns zu Glaubenskriegen führten. Dadurch ist dort bei sonst ähnlichen Rahmenbedingungen die Arbeitslosigkeit deutlich geringer, während bei uns vor allem auf diesem Feld die Politik eklatant versagt hat.

Bei diesen Überlegungen geht es auf den ersten Blick nicht um die Kirche. Aber gerade im Zentrum der Krise, wo unter der Orientierungslosigkeit des globalen Denkens die lokalen Solidaritätskonsense zerbrechen, wo nicht nur der Übergang vom Wohlfahrtsstaat zur Wohlfahrtsgesellschaft propagiert wird, sondern wo statt Solidarität Selbstverwirklichung als Leitwert verkündet wird, da ist die kirchliche Kernkompetenz Orientierung gefragt. Mit ihrem gemeinsamen Wort zur wirtschaftlichen und sozialen Lage in Deutschland („Für eine Zukunft in Solidarität und Gerechtigkeit") haben der Rat der Evangelischen Kirche in Deutschland und die Deutsche Bischofskonferenz diese Orientierungskompetenz wahrgenommen. Vor dem Hintergrund eines radikalen Neoliberalismus verweist das Bekenntnis zur sozialen Marktwirtschaft wieder zurück auf die christlichen Grundwerte Gerechtigkeit und Solidarität.

Anpassung oder Untergang? Die doppelte Gefahr

Einige Reaktionen auf das „Evangelische München-Programm", die McKinsey-Studie des Münchener Dekanats, warnen vor Anpassung an das Marktgeschehen. Diese Gefahr ist real - aber der „Untergang" droht erst durch spezifisch kirchliche Ängste vor eingebildeten Gefahren.

Interessanterweise halten sehr linke wie sehr rechte „Shareholder" des Unternehmens Kirche die McKinsey-Studie für ein vergiftetes Geschenk. Ihre Kritik lautet: Die Kirche verliere sich an das Kapital, wenn sie dem dort sichtbar werdenden Effizienzdenken verfalle. Indem sie sich auch noch marktförmig mache, verrate sie vor allem ihre eigentliche Klientel; das seien nämlich gerade die Marktversager hier und anderswo - eben jene Armen, die Jesus seligpreist.

Das befürchten die einen. Die anderen kommen zum selben Ergebnis: Das Reich der Kirche sei nicht von dieser Welt, und daher habe die Kirche sich in ihren Strukturen, im Umgang mit ihren Mitarbeiterinnen und Mitarbeitern sowie mit ihrem Angebot auch nicht weltförmig zu machen - also eben in jenen Punkten, wo die Studie Änderungen vorschlägt.

Beide haben recht - und unrecht zugleich. Hier und heute, beim Übergang in die globale Dienstleistungs- und Informationsgesellschaft sind wir zwar alle bedroht von der Ersatzreligion Ökonomismus. Wen sie erfaßt, den macht sie blind für die Gefahren an Leib und Seele, für die Gefährdung unserer Nächsten und unserer Kinder, von Tier, Baum, Land und See. Sie alle sind bedroht, wenn ein kurzsichtiger Verwertungsgedanke unser Glauben und Fühlen, Denken und Handeln beherrscht. Würde das Unternehmen Kirche in diesem Verwertungsstrom mitschwimmen, dann ginge es in der Tat schneller unter als alle anderen.

Aber wer will dies? Wenn die einen genauer hinhörten, würden sie wahrnehmen, daß Wirtschaft und Politik von der Kirche zunächst einmal eine genauere Wahrnehmung wirtschaftlicher Realitäten erwarten und erhoffen. Genau deshalb wurde dort bereits „Gemeinwohl und Eigennutz", die Wirtschaftsdenkschrift der EKD, überwiegend begrüßt. Jeder, der in Unternehmen und Parteien strategisch denkt, erhofft von den großen Kirchen sodann kritisch orientierende Beiträge - vorausgesetzt sie sind realitätstüchtig. Die Marktlücke der quasireligiösen, in Wirklichkeit bewußt- und orientierungslosen Marktverteidiger ist ja auch längst besetzt. Die kirchliche Kernkompetenz lag immer schon darin, orientierungslosen Schwimmern im Strom des Zeitgeistes Halt zu bieten, felsenfest. Als Insel im Strom der Ökonomie ermöglicht sie Orientierung. Man kann von ihr aus aufbrechen zu neuen Ufern; man kann von ihr aus das Wasser stauen und schauen, wohin es fließt - und so weiter.

Das Problem in der Kirche sind die anderen. Erst sie lassen jene Gefahr real werden, vor der sie die Kirche zu schützen vorgeben. Denn wie immer man nun jene kirchliche Orientierungskompetenz näher bestimmt: Sie muß sich in dieser Welt, auf dem Markt - ich bin versucht zu sagen „inkarnieren". Angesichts einer solchen Herausforderung neigt jedes Unternehmen zu Verdrängungen („Globalisierung haben die Arbeitgeber erfunden"), Verschiebungen („Das ist nicht unser Job"), Verharmlosungen („Auch das wird sich irgendwie regeln"). Das ist normal. Aber in der Kirche überhöht sich der normale Reformwiderstand durch eine Beharrungstheologie. Sie funktioniert durch drei „sakrale Fehlschlüsse":

- **Der hierarchische Fehlschluß:** Weil ich das Heilige verwalte, ist mein kirchliches Verwaltungshandeln heilig.
- **Der diakonische Fehlschluß:** Weil ich kirchliche Hilfe leiste, ist meine Dienstleistung heilig.
- **Der sakramentale oder priesterliche Fehlschluß:** Weil ich Sakramente verwalte und predige, ist meine Amtsausübung heilig.

Der sakrale Fehlschluß tabuisiert die Art und Weise, wie ich arbeite, weil ich in der Kirche arbeite. Dem weltlichen Ökonomismus, der den wirtschaftlichen Lauf der Dinge als gottgegeben hinnimmt, korrespondiert als ideologisches Ausrufezeichen hinter dem kirchlichen Status quo jene Theologie der Beharrung. Sie ist eine altehrwürdige, vielleicht die kirchliche Urhäresie. Aber wie der Teufel selbst entbehrt sie nicht manch komischer Züge.

Mit der Unterscheidung „der einen" und „der anderen" will ich ebensowenig zwischen links und rechts einen Keil treiben wie zwischen Kirche im engeren Sinne einerseits, die sich mit jenem fast häretischen Traditionalismus als zentralem Veränderungsproblem abzukämpfen hat, und andererseits dem großen Bereich der Werke und Verbände, die sich genau aus diesem Grunde teilweise sehr erfolgreich von diesem Kernbereich fernhalten. Ich bin vielmehr überzeugt: Das Schwert des Geistes würde beide Bereiche mitten durchschneiden. Auf der einen Seite fiele zu Boden jede kirchliche Tätigkeit, die als Information oder Dienstleistung Kundinnen und Kunden nicht erreichen kann. Auf der anderen Seite bliebe jede diakonische Dienstleistung und Verbändeinformation liegen, die nicht zum kirchlichen Auftrag gehört (also austauschbar ist). Ja, dieses Schwert des Geistes träfe jeden von uns, der in einem von beiden Bereichen tätig ist - weil wir alle immer wieder Allotria treiben. Es hat etwas mit den reformatorisch wiederentdeckten Beziehungsordnungen von Menschen- und Gottesbeziehung zu tun. Helfen kann nur eine gelingende Mischung aus Gebet und Controlling.

Eine immerwährende Reformation

Jesus, Paulus, Augustin und Luther verwendeten die jeweils neuesten Medien und die effizientesten Organisationsformen ihrer Zeit, um möglichst viele potentielle Kundinnen und Kunden für die Sache Gottes zu interessieren, die sie vertraten. Und dabei stand jeder von ihnen vor der Notwendigkeit, die revolutionären Formen seiner Vorgänger durchbrechen zu müssen, weil sie nicht nur erstarrt, sondern durch Sakralisierung tabuisiert waren. Das betraf immer weltliche, dann sakral gewordene Formen, Gebräuche und Gewänder. Die Kirche wurde immer wieder zu sich selbst gebracht. Sie überlebte als Kirche, weil ihre Propheten und Heiligen, weil auch Jesus selbst sie neu auf ihre Klientel ausrichtete. Durch Akte demonstrativer Weltlichkeit blieb die Kirche bei ihrer Sache.

Jesus durchbrach, man kann sagen in reformatorischer Absicht, gerade „kirchliche" Normen und Erwartungen seiner Zeit. Er tat das durch meisterhafte Gleichnisreden und Zeichenhandlungen, die sich auf die Schrift bezogen. Das war die damals modernste Medienkombination. Paulus konnte zusätzlich die antike Rhetorik und die Brief-Nachrichtentechnik des römischen Weltreiches einsetzen, und er tat dies vorbehaltlos, als er seine beispiellos erfolgreiche, vernetzte Gegenorganisation aufbaute. Die Bischofssitze der jungen katholischen Kirche übernahmen die hocheffizienten römischen Verwaltungsstrukturen, als die Zentralinstanz ausfiel. Die Reformation ersetzte die dann veralteten kirchlichen Strukturen durch die damals modernsten Rechnungs- und Verwaltungstechniken des beginnenden Absolutismus - die entscheidende Bedeutung der frühmodernen Medienrevolution für den Erfolg dieser Erneuerungsbewegung ist früh erkannt und nicht wieder vergessen worden.

Allerdings: Auch die Reformation setzte jene Erneuerungen vor allem deshalb durch, weil die alten Gewohnheiten „heilig" geworden waren und gerade so die Sache verstellten, um die es ging. Das zeigt sich im Ingrimm, mit dem sie verteidigt wurden. Der alte Klerus trug eigentlich antike Beamtentracht. Sie wurde erst sakral, als sie in der Völkerwanderungszeit „draußen" skurril wurde. Luther predigte deshalb programmatisch in der „Schaube", der weltlichen Professorentracht seiner Zeit. Daraus wurde unser Talar, über dessen Farbe und Beffchenform wir heute diskutieren müssen, als ob Jesu Verkündigung daran hinge.

Es geht nicht darum, „schwärmerisch" das Zerbrechen kirchlicher Formen religiös zu überhöhen. Wir müssen aber die große evangelische Freiheit wiederentdecken, um als Kirche hier und heute informieren und dienen zu können. Die Formen sind Adiaphora, moralisch neutrale Werte, und müssen es bleiben. Sie können und sie müssen genau dann verändert werden, wenn sie den wohldefinierten Zielen des Unternehmens Kirche im Wege stehen.

Unsere Chance: Das Unternehmen Kirche

Die Krise der Moderne am Übergang in die zweite oder „Postmoderne" könnte das Ende einer lang anhaltenden kirchlichen Funktionskrise bedeuten. Wo das Auto Realsymbol für den innigsten Konsumentenwunsch und für das typische Produkt der Industriegesellschaft zugleich war, da mußte es die Kirche mit ihrem Angebot an Mission und Diakonie schon wegen der Form ihrer Produkte schwer haben. Mission aber ist Information, und Diakonie ist Dienstleistung. Eben die Postmoderne, die in ihrem harten Kern Dienstleistungs- und Informationsgesellschaft ist, macht es der Kirche leicht, sich auf ihre Kernkompetenzen zu konzentrieren. Gleichzeitig ist der Schrei nach Orientierung unüberhörbar; für den, der Ohren hat, zu hören: auch aus den Chefetagen. Ihre Produkte geben der Kirche eine Chance. Aber die kirchliche Organisation muß sie nutzen. Hier liegt das Risiko.

Die Münchener McKinsey-Studie nennt als zentrales Unternehmensziel der Kirche „Kommunikation des Evangeliums von der Liebe Gottes für die Menschen von heute". Es soll sich entfalten als „Verkündigung der Liebe Gottes", als „zeichenhaftes Handeln" und indem „Gemeinschaft erlebbar" gemacht wird. In jedem Fall muß meiner Meinung nach bei solchen Zielbestimmungen die tief begründete Einheit von Information und Dienstleistung genau festgehalten werden. Gottes Wort ist wirksam in uns (I Thess. 2,13), so daß wir, wie es schon im Alten Testament heißt, „Gottes Wort halten und Liebe üben" können (Mi. 6,8). Der gesagt hat, „Ich bin der Weg, die Wahrheit und das Leben" (Joh. 14,6), sendet seine Jünger und Jüngerinnen in die Welt (Mk. 16,15). Er ist dann so unter ihnen (Mt. 18, 20), daß sie ihn im Nächsten entdecken (Mt. 25,40).

Wie immer man dies formuliert - wenn man es angemessen tut, ergeben sich drei Konsequenzen:

Erstens

Der Gottesbezug befreit die Kirche, aber sie ist verpflichtet, ihre Identität für den Markt neu zu bestimmen.

Das setzt sorgfältiges Hinhören voraus: auf die Traditionszeugnisse ebenso wie auf die eigene Institution, die Mitarbeiterinnen und Mitarbeiter, die Kundinnen und Kunden. Es geht also nicht ohne Befragungen und ohne einen Leitbildprozeß. Dann aber müssen auch in einem Non-profit-Unternehmen die Kernkompetenzen gebündelt und die Unternehmensziele klar bestimmt werden; es müssen Personen und Aufgaben einander zugeordnet werden, und es müssen kontrollierbare Zwischenziele vereinbart werden. Es geht also nicht ohne Führung, und es geht nicht ohne Controlling. Allein dadurch werden sich Qualitätsstandards durchsetzen, Markenmerkmale und -profile abzeichnen. Diese Kirche wird am Markt erkennbar sein, und sie wird dabei missionarischer wirken und unbequemer sein. Unklar ist immer noch, ob die Volkskirchen mit einer VW- oder Mercedes-Strategie Marktführer bleiben wollen oder ob sie erst als Nischenanbieter Profil gewinnen müssen, um später, unter neuen Bedingungen, vielleicht auf neuen Märkten neu anzutreten.

Zweitens

Die frohe Botschaft ist, daß es Spaß macht, in einem gut geführten effizienten Unternehmen professionell zu arbeiten.

Regelmäßige Mitarbeitergespräche mit fixierten Leistungsvereinbarungen und Entwicklungsperspektiven gehören dann zum Standard. Auf dieser Grundlage werden Personalkonflikte genauer anzusprechen sein. Die

Kirche wird dabei auch nach innen Profil gewinnen. Ihr Dasein für andere mit den daran gekoppelten hohen Leistungsanforderungen wird von ihrem Dasein auch für die hauptamtlichen Mitarbeiterinnen und Mitarbeiter ungetrennt bleiben, aber damit auch nicht länger vermischt werden. So entstehen neue Formen der Arbeit: Nicht mehr der Beamte wird das Außenbild der Kirche prägen, sondern in vielen Funktionen und Verantwortungsbereichen eine selbständig handelnde Unternehmerin, ein Unternehmer im Unternehmen Kirche. Das wird auch für die Aus-, Fort- und Weiterbildung Konsequenzen haben.

Drittens

Die entscheidende Konsequenz lautet: Chefs wie Mitarbeiterinnen und Mitarbeiter müssen auf den Markt ausgerichtet bleiben.

Die Kirche gewinnt ihre Identität unter einem im Prinzip „totalen Kundenkontakt". So wie Jesus sich immer nur im Nächsten finden läßt, so ist seine Botschaft gar nicht formulierbar ohne Kontakt mit potentiellen Hörerinnen und Hörern, die uns wichtiger sein müssen als die Durchsetzung institutioneller Kontinuität. Was das heißt, wird unter anderem durch die Beispiele in diesem Buch deutlich.

Es gilt, zunächst aufeinander zu hören. Wir setzen auf kirchliche Selbstorientierung, indem wir zeigen, wo und wie man besonders sorgfältig auf die Kundinnen und Kunden eingegangen ist, teilweise unterstützt durch auswärtige Expertinnen und Experten. Für beides ist die McKinsey-Studie ein Beispiel. Sie ist eine Station in einem kirchlichen Selbsthilfeprozeß.

Wenn wir, als „Aktionäre", das Schiff der Kirche auf Erfolgskurs halten wollen, fragen wir nach dem Erfolgsgeheimnis des ältesten und insoweit erfolgreichsten Unternehmens der Weltgeschichte. Unser Unternehmen Kirche ist gewachsen und hat am Markt überlebt, indem weise Aufsichtsräte es immer wieder gegen kurzsichtige „Shareholder-value"-Interessen von Anteilseignern verteidigt haben. Und es war erfolgreich, indem und sooft es danach fragte, was ihren bedürftigsten Kundinnen und Kunden wahrhaft nützlich wäre. Es hat ihnen geschenkt, was es umsonst empfangen hatte. So sind auch wir reich geworden - und sind doch Bettler, das ist wahr.

Gemeinsame Chance ①

Berater und Beraterinnen müssen Mitarbeitern und Mitarbeiterinnen der Kirche ermöglichen, sich selbst in einen Prozeß einzubringen, in dem sie den wahren Interessen der Kundinnen und Kunden langfristig gerecht werden können.

Ein solcher Prozeß im ganzen ist kreativ, d.h. er übersetzt die zugrundeliegenden Ambivalenzen in die Dynamik, mit der sich Neues erschließt.

Die Parallelen zum christlichen Rechtfertigungsprozeß - in dem mit der zukunftsweisenden ethischen Verpflichtung zugleich die Bedeutung von Umkehr und Buße für das neue Leben erkannt wird - liegen auf der Hand. Doch ist es vielleicht gerade diese Nähe zum Zentrum des gegenwärtigen wirtschaftlichen Transformationsprozesses, die es den deutschen Volkskirchen so schwer macht, ihre Identität als behördenähnliche Einrichtungen aufzugeben und sich als Dienstleistungsunternehmen neu zubestimmen. Ein Blick auf ihre Quellen und Traditionen sollte genügen, um dies als gemeinsame Chance zur Re-Formatio zu begreifen.

Kreativität ist die entscheidende Produktivkraft in der Dienstleistungs- und Informationsgesellschaft. In diesem Prozeß entfalten Leitbilder materielle Gewalt; das Ringen um sie entscheidet vorab Produktions- und Verteilungskämpfe. Die Dienstleistungsgesellschaft, die - wohlverstanden - den Richtungssinn dieser Veränderungen vorgibt, ist auch eine Informationsgesellschaft. Die Veränderung der Orientierungspraxis in Organisationen ist Teil des Produktionsprozesses geworden. Er beginnt mit einer Selbstorientierung in der Krise, d.h. wenn wir zu deren Überwindung beitragen wollen, können wir sofort beginnen. Es lohnt sich.

① Zitat aus: Wolfgang Nethöfel, „Zwischen Medien und Mächten. Theologische Orientierung in der Dienstleistungs- und Informationsgesellschaft" (erscheint 1997).

„Glauben light"

Christliches Re-Engineering

Von Matthias Horx

Unser gesellschaftliches Wertesystem hat sich seit dem Krieg von den alten Pflicht- und Ordnungswerten hin zu einem Wertesystem des Hedonismus entwickelt. Pflicht, Leistung und Ordnung sind heute keine primären Tugenden mehr, und sie wären in einer Wissensgesellschaft auch nicht sonderlich sinnvoll. Aber Fun, Selbstverwirklichung und Lust als Lebensorientierung, die „hedonistischen Werte", haben ebenfalls ihren Zenit überschritten.

Matthias Horx gründete 1992 gemeinsam mit dem Kommunikationsprofessor Peter Wippermann das TRENDBÜRO Hamburg. Er ist Autor mehrerer Bücher zu den Ergebnissen der Trendforschung und Berater verschiedener großer Konzerne.

Als Reaktion auf die Unwägbarkeiten *beider* Wertesysteme entsteht ein Set von Werten, den die Trendforschung „Soft-Individualismus" nennt - Werte, die auf „freiwilliger Bindung und Gegenseitigkeit bei voller individueller Freiheit" beruhen und die eine Grundlage für einen neuen Gesellschaftskontrakt bilden könnten.

Ein typisches Beispiel für soft-individualistische Werte ist „Freundschaft". Freundschaft ist in der jungen Generation ein Zentralwert geworden. Denken Sie an die vielen Cliquen, mit denen Jugendliche heute operieren. Warum? Weil Freundschaft eine optimale Mischung von *bonds* und *choices*, von Bindungen und Freiheiten darstellt. Individualisierung heißt ja nichts anderes, als daß Verwandtschaftsbeziehungen immer mehr durch Bekanntschaftskreise ersetzt werden - erzwungene durch selbstgewählte Bindungen. Familie wird also nicht abgeschafft, sondern ergänzt oder wertemäßig „vernetzt".

Ein weiterer wichtiger Begriff dieses neuen Wertesystems ist *Spiritualität.* Spiritualität in all ihren Spielarten - vom Aberglauben bis zu einer Spiritualisierung der Natur - löst heute die klassischen Glaubensbindungen ab. Im Supermarkt dieses „Glaubens light" kann jeder seine ganz individuelle Form von Verankerung im Transzendenten wählen.

Der amerikanische Wertewandel-Forscher Daniel Yankelowich bringt diese „Werte-Kybernetik" auf den Punkt: „Nur höchst selten kehrt der Mensch zu früheren Werteordnungen zurück. Die

Analogie vom Pendel, so populär sie auch sein mag, erweist sich immer als falsch. Hegel und Marx hätten ihre helle Freude am Wertewandel in den großen demokratischen Industriegesellschaften, vollzieht sich doch wenigstens der noch ‚dialektisch': Er beginnt mit einer Revolution, dem Wechsel von einem Extrem zum anderen. Darauf folgt eine Serie von wirren Ausschlägen in alle Richtungen - Bemühungen, alte und neue Werte miteinander und mit den neuen äußeren Umständen in Einklang zu bringen.

Die Menschen halten am Neuen und Traditionellen gleichzeitig fest, bis sie sich zu einer Entscheidung und einem Kompromiß gezwungen fühlen. In Phase drei des Wohlstandseffektes sind die Menschen bereit, die Einbahnstraße der Ansprüche in beide Richtungen zu öffnen und sich Werten zu öffnen, die verblüffende Kombinationen aus alt und neu darstellen." ①

Glaubens-Kuddelmuddel

Wenn wir uns die Studien und Umfragen zum Thema „Glauben" anschauen, treffen wir auf zwei Phänomene:

1. Die Anzahl der definierten Atheisten, die „an keine höhere Macht glauben", steigt kaum.

2. Die Anzahl derjenigen, die ihren *Glaubensschwerpunkt* verlagern, steigt hingegen. Mehr Menschen sagen, daß sie Christus nicht als Sohn Gottes empfinden - ihn aber gleichwohl als einen spirituellen Führer akzeptieren. Mehr Menschen sagen, daß die höheren Mächte keinen Bart haben, sondern vielleicht mit Natur und Kosmos zu tun haben.

Es gibt also keineswegs einen *Verfall* des Glaubens, sondern ein Glaubens-Kuddelmuddel, das mit dem Begriff „Spiritualisierung" von der einen und „Glauben light" von der anderen Seite betrachtet werden kann.

Spiritualisierung bedeutet: Für den individualisierten Menschen unserer Zeit ist der klassische, personalisierte Gott nicht mehr glaubwürdig. Er muß ihn als Konkurrenz empfinden, denn das Individuum - konsequent gedacht - konstruiert sich seine eigene Welt.

Spiritualisierung bedeutet aber auch: Glauben ist gut, wenn er funktioniert. Hier spiegelt Spiritualität den Pragmatismus: Mal sehen, ob die Sache mit dem Mond klappt. Mal schauen, ob die

① Aus: „Valuesin Public Policy", herausgegeben von der Brookings Institution Washington. In deutsch: „Wohlstand und Wertewandel, Das Ende der fetten Jahre", in Psychologie heute 3/1994

Kräuter meine Krankheit heilen. Mal sehen, ob meine Reinkarnations-Figur mir hilft, meine Welt zu ordnen. Was funktioniert, ist angenommen („Placebo-Glauben").

„Glauben light" bedeutet, daß Glauben nicht mehr „heavy" das Leben strukturiert, formt und bestimmt, daß Gebote, Liturgien und Moral nicht mehr als normative Systeme akzeptiert werden. Statt dessen basteln wir uns Instant-Götter und City-Religionen, die uns die individuelle Freiheit auch im Glauben lassen.

Man kann natürlich jetzt darüber mit der kulturkritischen Klage beginnen. Aber ebenso wie „Fast food" eine Berechtigung hat (und deshalb nicht zu stoppen ist - reden Sie mal mit Kindern darüber!), ist der Trend zur Instant-Religion in den inneren Mechanismen unserer Gesellschaft angelegt. Wer ihn abschaffen will, muß Wohlstand und Individualisierung abschaffen.

In der Ich-Gesellschaft streben Menschen nicht mehr nach moralischer „Vervollkommnung". Es geht nicht mehr um das „Erfüllen von Idealen". Vielmehr stimmen sie in einer „Identitätsbilanz"② ihre Wünsche, Lebenspläne und übergeordnete Normen miteinander ab. Dabei kann es im Einzelfall durchaus rational erscheinen, gegen ethische Grundsätze zu verstoßen. Moral wird widersprüchlicher, paradoxer, aber auch „reicher". Sie wandelt sich von einer „Ethik der Disziplinierung" zu einer „Ethik der Freiwilligkeit".

Aus dieser Sicht müssen wir neu und anders über die Prämissen des Moraldiskurses nachdenken. Eine Gesellschaft, in der nicht mehr die Polizei bzw. der autoritäre Staat, der *pater familias*, die Kirche den Verkehr regeln, muß zwangsläufig Züge eines moralischen Marktplatzes entwickeln, auf dem Moral und Ethik ständig neu definiert, getauscht und verhandelt werden. Ist es moralisch, Todkranken Sterbehilfe zu geben? Hilft es den Obdachlosen, wenn wir ihnen einfach nur Geld transferieren? Sollen wir mehr Umweltverschmutzung für mehr Arbeitsplätze in Kauf nehmen? Ist es moralisch, meinen Partner zu verlassen, den ich nicht mehr liebe, oder soll ich bei ihm bleiben um der Kinder willen? Eine komplexere Gesellschaft benötigt eine komplexere - und schwierigere Moral. In diesem Sinne leben wir heute im Grunde eher in einem moralischeren Zeitalter als noch vor Jahr und Tag.

Wer, so bleibt zu fragen, nimmt sich dieser modernen moralischen Fragen an - abgesehen von den Medien, die vor allem das Interesse der Reizerhöhung haben?

② Nach Dr. Birger Priddat, Professor an der Universität Witten/Herdecke. Werke z.B. „Ökonomische Knappheit und moralischer Überschuß - zum Verhältnis zwischen Ökonomie und Ethik", Hamburg 1994

Wenn wir analysieren, wie Religionen „historisch funktionieren", dann spricht vieles dafür, daß die große Zeit der christlichen Religionen in Europa vorbei ist, den anderen Regionen des Planeten aber noch bevorsteht.

Das Christentum entstand im Moment einer historischen Situation der „systemischen Überdehnung". Ähnlich wie in unserer Zeit hatte „das Alte noch nicht aufgehört und das Neue noch nicht begonnen". Das Römische Imperium, aufgebaut auf Blut und Sklaventum, stand jenseits seines Zenits. Die Welt wurde regiert von der Logik des Stärkeren. Das Christentum setzte eine Antithese in diese Welt, die eine ungeheure Kraft entwickelte. Sie löste gewissermaßen einen Evolutionsschub auf einer neuen Ebene der Kultur aus, in der die Gewalt zwar nicht verschwand, aber kulturell gebrochen war. Christus war zu seiner Zeit eben auch ein politischer Agitator, dessen Ideologie aber viel tiefer ging als nur in die „Politik".

Das Christentum ist die Religion des Individuums und der Individualisierung.

Die christliche Religion legt dem einzelnen die Verantwortung vor Gott nahe. Sie befreit ihn von Götzen und Göttern und läßt ihn in einen emanzipatorischen Dialog mit dem Höheren treten. Heute sind wir in einer Welt angelangt, in der der einzelne gottgleiche Fähigkeiten haben kann - zumindest in seiner Selbstwahrnehmung. Wir können Gott spielen, beispielsweise mit komplexen Simulationsspielen im Computer und mit den Mitteln der Gentechnik.

Unser Problem ist heute nicht mehr ein Mangel an Individualismus. Wir leiden am Gegenteil: an einem Übermaß an Ego. An Hybris. Das Bedürfnis unserer Zeit läßt also einen anderen Religionsentwurf faszinierend erscheinen: Eine - gottlose - Religion des Heiligen, der Reduktion, des Spiritualismus, wie es der Buddhismus darstellt.

Buddhismus als System handelt von der Reduzierung des Weltlichen zugunsten des Geistigen. Auch das kommt im Christentum vor, aber nicht als zentrales Element. Christentum entläßt wieder in die Welt, das war bislang sein evolutionärer Vorteil. Buddhismus ist ebensfalls nicht „welfremd", aber diese Religion trägt klarere Züge der *Ich-Entlastung.*

Nach dem Prinzip der kommunizierenden Röhren könnte sich im Zuge der Individualisierung des Ostens also dort das Christentum weiter ausdehnen, während wir hier eine Vielfalt von

„Ego-Relativierungs-Religionen" bekommen - im weitesten Sinne erfüllt auch „Scientology" dieses ungestillte Bedürfnis auf brachiale Weise, indem es den Leuten das Ich gleichsam „herausoperiert". „Scientology" ist gewissermaßen eine „Zombie-Religion", die deshalb funktioniert, weil viele an ihrem Ich leiden.

Rituale sind nötig

Die zweite große Funktion - neben der „Strukturierung von Transzendenz", die die Religionen unverzichtbar für eine Kultur macht - sind ihre Ritual-Angebote: Rituale sind auf der weltlichen Ebene nichts anderes als „Weltordner" - Reifung, Prüfung, Übergänge in eine neue Lebensphase werden symbolisch strukturiert. Genau hier hat unsere Kultur aber derzeit ein existentielles Problem: Wir verlieren unsere Rituale.

● Die Grenzen zwischen Alt und Jung verlaufen zunehmend schwammiger. Wir leben tendenziell in einer „Infantilisierungs-Gesellschaft", in der 60jährige Teenager und 18jährige Greise das Bild beherrschen. Was „Erwachsen-Sein" bedeutet, wird zunehmend unklar. Vor allem bietet es keinen Vorteil mehr. Erwachsen-Sein heißt zunehmend: Alle Lasten tragen. Postadoleszenz wird zum Lebensideal bis ins hohe Alter.

Robert Bly, Autor von „Eisenhans", schreibt in „The sibling society - Die Geschwistergesellschaft": „Ohne daß wir wissen, ob unser schwieriger Weg ins Erwachsenendasein irgendein Ziel erreicht hat, läßt unsere Gesellschaft junge Männer und Frauen immer im Kreis herumgehen. Diejenigen, die ‚Erwachsene' sind, finden es zunehmend schwierig, den Jüngeren Hilfe anzubieten.

Was die Jüngeren dringend brauchen - Stabilität, Anwesenheit, Aufmerksamkeit, Anweisung, gute psychische Nahrung, unpolluted stories -, ist genau das, was ihnen die Geschwistergesellschaft nicht gibt. Die Folge ist eine zunehmende Wut der ‚Unbeelterten'. Von der Ein-Kind-Gesellschaft sind wir auf dem Wege in die All-Kind-Gesellschaft.

Eine erwachsene Persönlichkeit ist nicht mehr von ihren präödipalen Wünschen nach unmittelbarer Bedürfnisbefriedigung, Komfort und Erregung dominiert. Ein Erwachsener ist in der Lage, mit Verzicht umzugehen, seine Bedürfnisse sinnvoll zu organisieren und sie zu einer Lebensgeschichte, einem Sinn zu bündeln. Der wahre Erwachsene hat gelernt, seine Intensitäten zu bewahren, indem er sie eingrenzt, und erst das macht ihn fähig, die entgrenzten Intensitätsbedürfnisse der Heranwachsenden zu verstehen und zu kommentieren."

- Entgegen einem verbreiteten Gerücht setzt sich unsere Gesellschaft immer mehr mit dem Tod auseinander. Er ist natürlich für das entwickelte Ego der größte, finale Skandal. Aber der Gesellschaft fehlen dazu Bilder, Anschauungen, Mythen und eben Rituale. Das klassische christliche Begräbnis wird immer mehr als unadäquat in einer individuellen Gesellschaft empfunden. Alternativ-Rituale werden versucht, aber sie gelingen selten.
- „Ersatzversuche" blühen. Bungee-Jumping ist nichts anderes als der unbewußte Versuch eines neuen Initiations-Rituals, ebenso andere Extremsportarten. Die Auseinandersetzung mit Gefahr und Natur wird zur neuen spirituellen Erfahrung. Besonders Berg- und Extremwanderungen übernehmen wichtige soziale „Hygienefunktionen". In den Jugendkulturen entwickeln sich weiter „tribalistische" Elemente - Symbole für Zeichnung, Schmerz und Zugehörigkeit breiten sich aus.
- Dieser Mangel, dieser „Hunger nach Ritualen", ist für die christlichen Kirchen eine enorme Marktlücke, mit deren Hilfe sie ein großes Dienstleistungsunternehmen werden könnten. Taufe und Hochzeit werden zu begehrten „spirituellen Dienstleistungen". Die Kirchen in den kleinen Nordseegemeinden sind voll, weil hier gewissermaßen „spirituelle Freizeitbedürfnisse" sich ankoppeln. Wallfahrten erleben einen Boom - als Katharsis und Selbsterfahrung. Das Kapital der Klöster ist nicht ausgeschöpft.

Kirche war in der agrarischen Gesellschaft Trost und nur allzuoft Ernährer der Bevölkerung. In den armen agrarischen Regionen bot sie der Bevölkerung Schutz und Ökonomie. Ihr Platz im Leben der Menschen war damals klar definiert. Mit dem Beginn des Industrialismus mußte sie dann konkurrieren: mit den verschiedenen weltanschaulichen und ideologischen Angeboten dieses Jahrhunderts. Zwischen dem Kommunismus und den Kirchen herrscht eine heftige, historisch gewachsene Konkurrenz; das ist auch einer der Gründe für den harten antikirchlichen Kurs aller kommunistischen Parteien.

In der Regelungs-Marktwirtschaft nach dem Krieg haben wir die Dinge in der typisch deutschen Weise geregelt. Wir haben die Kirche zu einer „verordneten Institution" gemacht. Dieser Kontrakt bricht jetzt, in der Blüte eines noch „unerlösten" Individualismus, auf und damit auch ein versteckter weltlicher Kontrakt, den man etwas zynisch so zusammenfassen kann: „Ihr haltet uns die Behinderten aus der Gesellschaft heraus, wir garantieren euch dafür die Kirchensteuer."

Unsere Zeit zeichnet sich dadurch aus, daß wir auf vielen Ebenen nach neuen, für das 21. Jahrhundert tauglichen *Kontrakten* suchen, die die großen Dynamiken unserer Zeit - Globalisierung, Individualisierung und Information als Rohstoff - auf unsere gesellschaftlichen Institutionen rückkoppeln.

- Wir benötigen einen neuen Kontrakt zwischen Individuen und Gesellschaft, der unser Sozialsystem vom primitiven Umverteilen auf eine „intelligentere Ebene" hebt.
- Wir benötigen eine neue Umverteilungsdiskussion; nicht über Geld, sondern darüber, was der Ursprung von Wohlstand in der Zukunft ist - nämlich Wissen und komplexe Intelligenz. Die Stichworte dazu sind „Neue Bildung" und Zugang zu den Informations-Ressourcen.
- Wir benötigen schließlich auch neue Mittler zwischen der Welt und dem Transzendenten.

Der Markenkern

Angenommen, die Kirchensteuerpflicht entfiele und Mitgliedschaft wäre nicht mehr an die Geburt gebunden. Wie weit würde Kirche dann schrumpfen? Ich denke, daß sich die Mitgliedschaft bei etwa 15 Prozent der Bevölkerung einpendeln wird. So viele aktive Mitglieder könnten eine Gesellschaft umkrempeln - weit nachhaltiger als 70 Prozent Zwangsmitglieder.

Deshalb könnte man einen kirchenoptimistischen Standpunkt auch so formulieren: Christliche Kirche wird sich auf ihre Kernbereiche zurückziehen und dadurch wieder den Status der Eindeutigkeit bekommen. Sie wird sich in diesem Sinne spiritualisieren und rationalisieren zugleich - wie eine Firma, die zu viele zu schlechte oder langweilige Produkte verkauft hat: *Christliches Re-Engineering.*

Es ist oft sinnvoll, die Dinge einmal unvoreingenommen in Kategorien des Marktes zu betrachten. Versuchen wir, den „Markenkern" der christlichen Religionen in den Sinn-Märkten der Zukunft zu orten.

Zunächst fällt auf, daß diese Märkte riesig und von geradezu extremen Nachfrageschüben geformt sind. Je mehr die zweite Moderne sich formt - die Individualgesellschaft -, desto tiefer wird das Bedürfnis nach Transzendenz. Je schneller die Takt-Raten der Informationsgesellschaft, desto wertvoller werden alle Dinge, die nicht zwangsläufig, aber doch möglicherweise im Umfeld der kirchlichen Kultur liegen. Je größer die unerlöste Komplexität der Individualgesellschaft, desto größer der Hunger nach Sinn. Und: Die Konkurrenten sterben wie die Fliegen. Die Ideologien des Politischen zerfallen.

Die diversen Versuche, Kirche mit *formalen Aspekten* zu „modernisieren“, gehen am Problem - oder besser: *an der Herausforderung* vorbei.

Techno in der Kirche, Schwulentrauung usw. kann man machen - aber es sind klassische Marketing-Tricks, die *nur im Rahmen eines großen Gesamtkonzeptes Sinn machen.* Wie bei einem etwas abgestandenen Joghurt versucht man hier, über etwas aufgeregte Kommunikation nach außen das Problem zu lösen. Und wie oft bei einem mißglückten Werbegag, geht die Sache nach hinten los, weil der „Kunde“ nun gar nicht mehr weiß, wofür das Produkt eigentlich stehen soll.

Ich sehe folgende wichtige *Markenkern-Werte* für die Kirche der Zukunft:

- *Vertrauen.* Wenn wir unsere Zeit betrachten, dann fällt zuerst der gigantische Vertrauensverlust auf, den die Menschen heute erleiden. Alle unsere Institutionen und Denkweisen, unsere Gewohnheiten und Gewißheiten scheinen mit immer schnelleren Halbwertszeiten zu zerfallen. Wir mißtrauen allem: dem Staat, den Behörden, der Familie, selbst der Natur. Und den Kirchen. Besonders der evangelischen, weil wir erleben, daß in jedem Dorf, das zwei Pfarrer hat, sich diese erbittert streiten.

Hier rächt sich für die evangelischen Kirchen auch, daß sie sich in den letzten zwanzig Jahren allzusehr vom Öko-Alarmismus haben anstecken lassen und mit in das apokalyptische Horn geblasen haben.

Wir wissen heute, als *Öko-Optimisten,* daß die wichtigsten Weichen in eine ökologischere Zukunft gestellt worden sind, daß unsere Flüsse, die Luft Tag für Tag wieder sauberer werden - aber wer verkündet diese frohe Bot-schaft? Sie gilt immer noch als Verrat an der guten Sache, und die gute Sache ist in Deutschland immer ein Dämon, dem man mit Ängsten opfert.

Das Glück, die ungeheure Entlastung des Ichs, die gelungene Transzendenz bietet, wird in der Kirche nur selten gekonnt inszeniert. Es findet in den kleinen Zirkeln statt, in deren Mitte die neuen, modernen Charismatiker sitzen, etwa bei den Pastoren Giesen in Sylt, Mohaupt in Hamburg. Aber wird sie durch die Organisation Kirche befördert? Wird klar, daß wir auf die Welt und ihre Systeme, *auch auf unsere gesellschaftlichen Systeme* vertrauen können? Daß die Welt nicht zum Nieder- und Untergang gebaut ist? Daß man glücklich wird, wenn man die Über-Komplexität des Lebens, die durch den Individual-Autonomismus unserer Tage (zusammengezogen: Autismus) wuchert, durch Vertrauen reduziert? Daß man glücklich wird durch Ja-Sagen - zum Partner, zur Welt?

● *Clearing.* Wissen Sie, wer dieses große Bedürfnis nach „Aufräumen", nach „Frieden machen" im Moment effektiv, wenn auch auf unappetitliche Weise bedient? Nicht mehr die Psychoanalyse - die ist in der Freizeitgesellschaft aus der Mode geraten - sondern „Scientology". Niemand versteht, was diese Sekte eigentlich macht und warum ihre Selbstbezeichnung als „Religion" nicht nur aus steuerlichen Gründen immer noch funktioniert. „Scientology" bietet den Gestrauchelten - vom Filmstar bis zum kleinen Angestellten, Penner werden nicht genommen, die haben kein Geld - einen Clearing-Prozeß, der sie zum „Thetan", zum Gott machen soll. Alte „Programmierungen" aus der Kindheit werden durch einen Hokuspokus-Prozeß „abgeschaltet" und „ausgelesen". „Scientology" ist eine Mischung aus Holzhacker-Psychologie mit bestimmten Funktionen, die auch die Kirche innehat, allerdings radikal verweltlicht, also als *Ausverkauf* von jeglichem transzendenten Moment.

In der Welt des Marketing bedeutet die Tatsache, daß ein schlechter Konkurrent den Markt aufrollt, lediglich, daß das eigene Produkt enorme Schwächen hat. Hier erklärt sich vielleicht auch, warum die Gegner von „Scientology" inzwischen beinahe genauso gefährlich und fanatisch sind wie die Anhänger und bald genausoviel Schaden anrichten. Wie beim Kindesmißbrauch ist Scientology ein „Projektionsspiegel", in den ganz viele unbewußte Sehnsüchte hineinprojiziert werden.

„Clearing" heißt ja nichts anderes, als mit den Dämonen, den Programmierungen der Vergangenheit, fertig zu werden. Abschließen und annehmen, bewußt werden und überwinden - die Dinge, die für das narzißtische Individuum am schwierigsten, aber auch am dringlichsten sind. Es ist im Kern eine psychotherapeutische Aufgabe. Eine Aufgabe, der in einer Individualgesellschaft zentrale Bedeutung zukommt. Wir werden in Zukunft immer mehr Selbstverantwortung lernen müssen. Wir werden in der Informationsgesellschaft *alle* neue Selbständige, ob wir einen Angestellten-Vertrag haben oder nicht. Wir werden in einer komplexeren Welt „Lebensunternehmer“, die eine ganz spezifische Biographie *erlernen* müssen.

Dafür müssen wir uns an irgendeiner Membran klären können, müssen die persönliche Geschichte vergessen können. Das kann Kirche durch Transzendenz befördern. Das war und ist eine ihrer zentralen Aufgaben.

Glorreiche Zukunft

● *Kontemplations-Luxus*. Der Luxus der Zukunft wird eine *Abkehr vom Materiellen* sein. Und auch hier sind die Märkte für die Kirchen heute ungleich günstiger als vor dreißig Jahren, zu Beginn des großen Wirtschaftswunder-Booms.

Wir leben heute im Übergang von der Überfluß- zur Überdruß-Gesellschaft.

Dazu ein Zitat aus der ‚Times‘:

„Der Slogan „time is money“ ist durch ein neues Zivilisations-Konzept ersetzt worden: Zeit ist für mich kostbar. Das Phänomen der freiwilligen Einfachheit wächst gerade in den Zeiten der Firmen-Verschlankung, der überall hörbaren Kündigungs-Axt. Diejenigen, die einer Veränderung ihres Lebens zustimmen, sind oft Herzinfarkt-Patienten, die in den Mühlen der beschleunigten Jobs erst einmal zusammenbrechen müssen, um dann eine substantielle Entscheidung für ihr Leben zu treffen.“

Diese „Kurve der Erfüllung“ stammt aus einem der typischen neuen Simple-life-Bestseller-Ratgeber aus den USA - „Your money and your life“ -, die inzwischen Millionen-Auflagen erreichen. Hier wird für einen Lebensstil jenseits ausschließlich materieller Kriterien geworben. In Amerika beginnt dies bereits zu einer Massenbewegung anzuschwellen. Dabei wird eine fundamentale Erfahrung von uns allen ausgesprochen: Ab einem gewissen Punkt macht die Ansammlung von Gütern und Einkommen keinen rechten Sinn mehr.

● Aus Wohlstand wird Streß.

- Aus Selbstverwirklichung wird Egozentrik.

Hans Magnus Enzensberger sagt in „Reminiszenzen an den Überfluß - der alte und der neue Luxus" („Spiegel" 51/96): „Merkwürdige Verkehrung einer Logik der Wünsche: Der Luxus der Zukunft verabschiedet sich vom Überflüssigen und strebt nach dem Notwendigen, von dem zu befürchten ist, daß es nur noch wenigen zu Gebote stehen wird. Das, worauf es ankommt, hat kein duty free shop zu bieten:

- Die Zeit.
- Die Aufmerksamkeit.
- Der Raum. Dazu gehört auch die Bereitschaft, sich aus dem Warenberg freizuschaufeln. Meist ist die ohnehin viel zu kleine Wohnung mit Möbeln, Geräten und Nippes verbarrikadiert. Was fehlt, ist jener Überfluß an Platz, der die freie Bewegung überhaupt erst möglich macht. Heute wirkt ein Zimmer luxuriös, wenn es leer ist.
- Die Ruhe.
- Die Sicherheit.

Die Zukunft des Luxus liegt nicht in der Vermehrung, sondern in der Verminderung, nicht in der Anhäufung, sondern in der Vermeidung. Der Überfluß tritt in ein neues Stadium ein, indem er sich negiert. Die Antwort auf das Paradox ist ein weiteres Paradox: Minimalismus und Verzicht können sich als ebenso selten, aufwendig und begehrt erweisen wie einst die ostentative Verschwendung."

Diese drei „Werte" - Vertrauen, Clearing und Kontemplations-Luxus - müßten nach dem Gesetz moderner Markenführung in jeder Predigt, jedem Gespräch, jeder Interaktion, jeder Teil-Institution, die mit Kirche verbunden ist, aufscheinen. Aber sie müssen, wie bei jedem Produkt, *kraftvoll, konsequent und „einmalig"* umgesetzt werden. Der Pfarrer, der sie nicht rüberbringt, wird sich wie jeder Marketing-Mensch, der sein Produkt nicht kommunizieren kann, einen anderen Job suchen müssen. Das Begegnungszentrum, das den modernen Geist - auch im Materiellen, in der Dienstleistung - nicht abbilden kann, muß geschlossen oder konsequent modernisiert werden. Was konsequente Markenführung bedeutet, kann man von McDonald's und Co. lernen. Dann prophezeie ich dem Traditionsprodukt aus dem Hause „Kirche" eine glorreiche Zukunft.

Die Krise überwinden

Beispiel Philips: Regeln für die Reorganisation

Von Manfred Schmidt

Das Unternehmen Philips ist über hundert Jahre alt; nach 99 Jahren geriet es 1990 in eine Existenzkrise. Die Spielregeln auf dem Markt hatten sich geändert. Die Konsequenz: Der Konzern mußte die veränderten Spielregeln lernen, sich neue Instrumente schaffen und diese dann in den Köpfen der Mitarbeiterinnen und Mitarbeiter verankern.

Krisen treten auch dann auf, wenn sich ein Unternehmen laufend verbessert, Produktivitätssteigerungen, neue Produkte und Ablaufprozesse, Kostensenkungen und ähnliches realisiert. Warum? Weil sich die Spielregeln, nach denen man handelt, ändern. Das war auch im Jahr 1990 bei Philips der Fall: in vielen Bereichen Europas und der Welt die Nummer eins - doch ist Größe nicht unbedingt gleichbedeutend mit Erfolg.

Dr. Manfred Schmidt ist Vorsitzender des Vorstandes der Philips GmbH, Hamburg, sowie u.a. Mitglied im Präsidium des Zentralverbandes Elektrotechnik- und Elektronikindustrie e.V. (ZVEI).

Die Krise des Unternehmens hatte sich schon eine Weile vorher angekündigt, wurde aber nicht richtig wahrgenommen. Erst als der Schuldenberg von Philips 18 Milliarden Gulden erreicht hatte, und das war 1990 der Fall, wurden die Banken unruhig und stoppten die Kreditlinien. Was hieß das? Zehn Jahre lang gewohnt, mehr Geld auszugeben als einzunehmen, mußte Philips über Nacht das Gegenteil tun: weniger Geld ausgeben als einnehmen. Es blieb kein Stein auf dem anderen.

In Europa wurden mehr als 30 000 Arbeitsplätze abgebaut und in Asien wurden 30 000 neue Arbeitsplätze geschaffen. Während in Europa also restrukturiert, umgebaut und Fabriken geschlossen wurden, wurden diese in Asien aufgebaut. Hier hat Philips Geld in den Umbau investiert und dort in den Aufbau.

Dieser Umbauprozeß in Europa vollzog sich in mehreren Schritten: erstens im Übergang zu europäischen Strukturen, zweitens im Schlüsselprozeß „Total-Quality-Management" und drittens mit „The Philips Way", den Unternehmenswerten des Konzerns, die schließlich - viertens - zur Übernahme unternehmerischer Verantwortung auf niedrigerer Ebene als bisher führten.

1. Europäische Strukturen

Vor der Umstrukturierung wurden nationale Märkte von nationalen Fabriken bedient. Diese wiesen in der Regel nur eine geringe Exportquote auf. Während des Übergangs zum europäischen Binnenmarkt mußte Philips seine Fabrikstruktur den internationalen Wettbewerbern anpassen. Viele Fabriken mußten geschlossen werden. Die Produktion wurde auf „International Product Center" (IPCs) konzentriert, d.h. der europäische Bedarf wurde, soweit es machbar war, in einem IPC zusammengefaßt. So konnte die Redundanz lokaler Produktionsaufteilungen beseitigt werden. In ähnlicher Weise wurden auch die Entwicklungsabteilungen neu gegliedert. Dadurch schuf der Konzern eine enge Verknüpfung zwischen Produktion und Entwicklung. Diese Verbesserung hatte zur Folge, daß die Zahl der Entwicklungsstellen reduziert wurde. Parallel dazu hat Philips zwei Drittel der Forschung auf Kontraktforschung umgestellt, d. h. geforscht wird nur, wenn es konkrete Projektverträge mit den einzelnen Geschäftsfeldern gibt. Die Finanzierung von Forschungsprojekten ist nach diesem Modell erst dann gesichert, wenn sich beide Parteien, Geschäftsfeld und Forschung, einig sind. Nur ein Drittel der Forschung ist Grundlagenforschung geblieben.

Umstrukturiert wurde das Produktmarketing, das jetzt über Ländergrenzen hinaus denken muß und enger mit der Produktion verbunden wurde. Auch wurde die Werbung im gesamten Konzern unter ein einheitliches Dach gestellt. Erstmalig in seiner Geschichte wirbt Philips mit einer Botschaft: „Let`s make things better". Dies hat heute, zwei Jahre nach der Einführung der Kampagne, äußerst positive Auswirkungen auf das Unternehmensimage, auf die Produktwerbung sowie auf die Kommunikation mit den Mitarbeitern.

Darüber hinaus wurde die Produkttiefe insgesamt optimiert. Zukünftig soll sich ein IPC nur noch dann betätigen, wenn es effektiver ist als die Unternehmen, bei denen auch eingekauft werden könnte. Das bedeutet, daß sowohl die internationalen Fabriken als auch deren Manager eine völlig neue Rolle innerhalb des Konzerns einnehmen. Da im Hause Philips aber nur bedingt die Mitarbeiter ausgebildet wurden, die man für den Änderungsprozeß von morgen brauchte, konnten nur wenige, die vorher eine lokale Fabrik geleitet hatten, Unternehmer eines IPCs werden.

Das alles ist ein gewaltiger Umbauprozeß an Menschen und Jobs. Deutschland ist von dem europäischen Umbau besonders stark betroffen.

Warum geschah dieser Veränderungsprozeß in Europa und nicht in Asien? Philips hat den ostasiatischen Markt von Anfang an mit den richtigen Strukturen betreten. Dort ist das Unternehmen in hohem Maße wettbewerbsfähig. In Europa sind jedoch andere Unternehmen in den Markt eingedrungen, nämlich die fernöstliche und amerikanische Konkurrenz; sie haben die länderspezifischen Strukturen, mit denen Philips groß geworden ist, gar nicht erst aufgebaut. Deshalb mußte sich Philips hier schmerzvoll anpassen.

2. „Total-Quality-Management-Prozeß"

Der Umbauprozeß wurde von einer Optimierung der gesamten Durchlaufprozesse im Unternehmen begleitet. Dabei ging es nicht länger darum, die Ideen der Manager durch die Hände der Mitarbeiter zu realisieren, sondern die Hände und Köpfe aller Mitarbeiter zu nutzen.

Voraussetzung für einen solchen Prozeß ist allerdings eine genaue Zieldefinition. Diese muß so lange kommuniziert werden, bis jeder Mitarbeiter widerspruchsfrei weiß, aus welchen Elementen seine Teilaufgabe besteht und wie sich diese in das Gesamtziel einordnet. Der „Total-Quality-Management-Prozeß" überprüft diesen Vorgang permanent. Manager, Abteilungsleiter und Mitarbeiter - alle werden nach ihren Zielen befragt, und erst wenn auf allen Ebenen widerspruchsfreie Antworten vorliegen, gilt ein Ziel als klar definiert.

Auf dieser Basis wurden in den Fabriken beispielsweise teilautonome Gruppen organisiert. Das hatte zur Folge, daß Industrie-Meister bei Philips ihre klassische Vorarbeiter-Funktion verloren haben. Die Gruppen müssen sich jetzt eigenverantwortlich organisieren. Man benötigt nur noch einen Coach, einen Moderator, der die Gruppe betreut. Der Erfolg dieses Systems sind Produktivitätssprünge von 25 bis 30 Prozent. Wer eine solche Fabrik besucht, dem erklärt nicht mehr das Management, was dort gemacht wird, sondern die Sprecher der teilautonomen Gruppen. Es ist beeindruckend, wenn jemand, der bisher nur am Band tätig war, sich jetzt an ein Flip-Chart stellt und erläutert, welche Verbesserungen die Gruppe erarbeitet hat. Allerdings stellte sich ein Problem: Nur ungefähr ein Drittel der Meister eignete sich für die neuen Aufgaben eines Coaches, zudem kann ein Coach ohne Schwierigkeiten drei Gruppen betreuen.

Unter dem Strich wurde der gesamte Prozeß, also Entwicklung, Einkauf, Lieferanten, Produktion, Verkauf usw., optimiert und nicht länger in die kleinen Kästchen der vormaligen Organisation gegliedert. Durch zusätzliche Schulungsmaßnahmen mit den gemeinsamen Zielen vertraut gemacht, nehmen die Mitarbeiter aktiv am Verbesserungsprozeß teil.

3. „The Philips Way"

Ein weiterer Bestandteil des Umbauprozesses sind die im „The Philips Way" verankerten Unternehmenswerte. Die Konzernführung hatte sich mit allen Mitarbeitern und Gremien auf die folgenden Unternehmensziele geeinigt:

- Erfreuen Sie die Kunden.
- Betrachten Sie Menschen als wertvollste Ressource.
- Liefern Sie in jeder Hinsicht Qualität und Spitzenleistungen.
- Erzielen Sie eine erstklassige Rendite des Eigenkapitals.
- Fördern Sie unternehmerisches Handeln auf allen Ebenen.

Nur wer die Umsetzung dieser Werte regelmäßig mißt, der kann Prozesse und Produkte permanent verbessern:

Deshalb wurde zuerst durch eine Bestandsaufnahme der Ist-Zustand ermittelt. Außerdem wurden Aktionspläne erstellt, die sicherstellen, daß die formulierten Ziele realisiert werden. Ein Jahr später wurde und wird dann analysiert, was erreicht worden ist.

Gemessen wird u.a. mittels einer komplexen, weltweiten Mitarbeiterbefragung. Mit Hilfe dieses abgestuften Systems wird beispielsweise regelmäßig untersucht, wie Mitarbeiter sich selber behandelt fühlen, ob und wie sie den Änderungsprozeß aktiv mitgestalten und ob sie genügend Freiheiten besitzen.

Wichtig bei diesem Prozeß ist also die Zielsetzung für das nächste Jahr, die Maßnahmenplanung jedes einzelnen Betriebes zur Erreichung der Ziele und schließlich die Analyse ein Jahr später, die aufzeigt, in welchen Bereichen die Ziele realisiert werden konnten und in welchen nicht. All dies ist Teil des „Total-Quality-Management-Prozesses".

Sollte eine bestimmte Zielsetzung nicht erreicht werden, muß die betroffene Einheit entweder einen Plan vorlegen, wie sie sich diesem Ziel in einer akzeptablen Zeitspanne nähert. Andernfalls, wenn sie dies nicht kann oder erneut den Plan nicht erreicht hat, muß das Top-Management entscheiden, ob es sich um ein schlechtes Geschäft oder ein schlechtes Management-Team handelt. Für beides gibt es Lösungen. Die Zielsetzung wird deshalb nicht aufgegeben. Entweder muß sich der Konzern von dem Geschäft trennen oder einem anderen Management-Team eine Chance geben.

4. Jedes Geschäftsfeld ist unternehmerisch verantwortlich

Aufbauend auf den fünf Unternehmenswerten hat Philips seine Unternehmensorganisation im Verlauf des Jahres 1996 weiter verfeinert. So liegt die unternehmerische Verantwortung nun nicht mehr bei den großen Produktsektoren, sondern bei den über 120 direkt mit dem jeweiligen Geschäft befaßten Einheiten („Business"). Gleichzeitig wurde der Umfang der Stabsfunktionen sowohl in der Konzernzentrale als auch in den Produktdivisionen und Länderorganisationen auf das strategisch Notwendige reduziert. Das Neue dieser bei Philips als „Governance-Model" bezeichneten Organisation ist, daß den einzelnen Management-Teams für ihre Geschäftsfelder klare Ziele gestellt werden und damit vor allem Verantwortung übertragen wird. Die Konzernfunktionen erhalten - soweit sie nicht zur strategischen Führung erforderlich sind - Servicecharakter. Dies bedeutet, daß jeder Geschäftsbereich künftig selbst entscheidet, welchen Wert übergeordnete Funktionen für ihn haben und ob sie zur Zielerreichung beitragen. Ist dies nicht der Fall, besteht keine Wahlpflicht. Mit dieser Konzentration auf das Wesentliche bewegt sich Philips noch mehr hin zum Kunden, ja wird insgesamt beweglicher und damit wettbewerbsfähiger.

Was ist denn nun davon möglicherweise auf die Kirche übertragbar? Das müssen diejenigen herausfinden, die in der Kirche die Verantwortung tragen. Eventuell kommt man dann zu dem Schluß, auch für das „Unternehmen" Kirche mit einem „Total-Quality-Management-Prozeß" zu beginnen.

„Allein aus Gnade“

Gegen den Wahn von der Machbarkeit

Ein Zwischenruf von Matthias Kroeger

Alles nur eine Mode? Die Ideen von ökonomischen Strategien für die Kirche nur ein vorübergehender Wahn? Theologieprofessor Matthias Kroeger mahnt zur Umsicht, zur kritischen Distanz - und zu neuen Wegen und neuer Sprache in den Gemeinden.

Der Kirche geht das Geld aus. Auf vielen Seiten ist zu hören: Die Kirche muß die verbleibenden Mittel wirkungsvoller einsetzen. Muß sie, kann sie von der Wirtschaft lernen?

Wenn es klug geschieht, ja. Es gibt eine hausbackene kirchliche Weise des Wirtschaftens, die der Revision bedarf. Andererseits gibt es eine Mode, kirchliche Anliegen den Organisations- und Marketingfragen stromlinienförmig so anzupassen, daß die Inhalte der kirchlichen Sache verletzt werden.

Prof. Dr. Matthias Kroeger lehrt Kirchengeschichte an der Universität Hamburg. „Die Notwendigkeit der unakzeptablen Kirche - eine Ermutigung zu distanzierter Christlichkeit" lautet der Titel seines jüngsten Buches. Mit Kroeger sprachen Eduard Kopp und Jürgen Wandel, theologische Redakteure des DS - DAS SONNTAGSBLATT.

Wo zum Beispiel ist Altbackenes zu ersetzen?

Zum Beispiel können die Kirchen neben der Kirchensteuer auf die Möglichkeit zurückgreifen, Kirchgeld zu erheben, wie es bereits ansatzweise geschieht. Die Kirchensteuer hat vielfach geradezu lächerlich geringe Ausmaße erreicht, zum Beispiel bei gut Verdienenden. Und dieser Anteil wird sich noch weiter verringern. Auch mit Sponsoren läßt sich manches bewegen.

Sollte man Eltern, die aus der Kirche ausgetreten sind, gesondert zur Kasse bitten, wenn ihre Kinder einen kirchlichen Kindergarten besuchen?

Ich finde derartige Vorschläge furchtbar. Es darf nicht passieren, daß kirchliche Dienste so stark mit finanziellen Aspekten in Verbindung gebracht werden. Sicherlich: Es muß Geld herangeschafft werden, damit nicht eine Unmenge kirchlicher Aktivitäten beschnitten werden muß - übrigens mehr zum Nachteil der Gesellschaft als der Kirche selbst.

Also keine besonderen Gebühren für Nichtmitglieder?

Im Einzelfall kann man das bei Kindergärten und anderen Einrichtungen entscheiden. Doch es darf nicht generell im Hinblick auf Bestattungen oder Trauungen gelten, daß wer nicht Mitglied ist, bezahlen muß. Dann muß die Kirche lieber bluten, als sich auf die Marktförmigkeit einzulassen. Die Kirche soll dasein und helfen, aber nicht für alles kassieren. Sie bekommt ja eine große Grundausstattung durch die Kirchensteuer.

Wäre ein Mehr an Werbung ein Erfolgsrezept?

Es gibt da leider stilistische Einbrüche - denken Sie nur an die Werbung der evangelischen Kirche in Köln. Sie blieb, Gott sei Dank, ohne Effekt. Es wurde mit großem finanziellen Aufwand ein Werbeunternehmen beauftragt. Ich bin sehr zufrieden, daß dies nichts gebracht hat. Und es gab mit Recht sehr viel Hohn für diesen Vorgang.

Warum hat Sie das befriedigt?

Weil dies keine Art ist, wie die Kirche verfahren soll.

Es gibt so viele Dinge, die die Kirche für Menschen unannehmbar macht und an denen sie arbeiten sollte.

Als die McKinsey-Studie herauskam, waren die ersten Reaktionen kirchenleitender Personen: McKinsey hat uns bestätigt, daß wir ein gutes Produkt haben, es aber nicht gut verkaufen. Also müssen wir an der Stelle etwas tun. Die bayerische Landeskirche ließ sich also anhand von Marktkategorien darin bestätigen, ihren alten theologischen Weg unverändert weiterzugehen. Das ist eine vollkommene Verdrehung der Sachverhalte. Der Kontakt zwischen der Kirche und den Menschen bricht nicht ab, weil die Kirche unkommunikativ ist, sondern weil ihre theologische Botschaft nicht mehr angebunden ist an die religiösen Erfahrungen der Menschen - hier liegt der Mangel an religiöser Kommunikation.

Wo zum Beispiel haben sich die theologischen Angebote der Kirche von den religiösen Erfahrungen der Menschen entfernt?

Die Kirche versteht sich konfessionell, sie definiert sich aus dem theologischen Bestand des konfessionell festgeschriebenen reformatorischen Erbes. Dieses geschieht in den sprachlichen Formen der Christologie, der Rechtfertigungslehre, es ist eine theistische Art, von Gott zu sprechen: „Da ist ein Gott, der alles macht, der die Menschen zur Buße ruft, der sie straft, der sie heilt, der sie in Versuchung führt, der die Welt in den Händen hält..." Dieses theistische Gottesbild bricht heute zusammen.

Das war ja zu Luthers Zeiten noch anders.

Ja, die Theologie der Reformatoren war noch völlig auf die Lebenswelt der Menschen dieser Zeit bezogen. Wir müssen heute wieder den Mut haben, uns auf religiöse Erfahrungen einzulassen, ohne zuvor jedesmal zu erklären: Wir glauben an einen Gott, der so oder so aussieht. Umgekehrt muß der Weg sein: Wir müssen Menschen in Erfahrungen hineinführen. Am Ende kann dann die Aussage stehen: Ich bin bereit, diese Erfahrung mit dem Wort Gott, Gnade, Heiliges zu bezeichnen. Die Kirche soll kein Definitionsmonopol beanspruchen: Sie soll den Menschen überlassen, wie sie diese Erfahrungen benennen. Daraus ergeben sich die fälligen theologischen Wandlungen und Kommunikationen. Wir brauchen also eine völlige Umkehrung der Logik. Wissenschaftlich gesprochen: Theologie muß induktiv, nicht deduktiv sein.

Was bedeutet das für die Gemeinde am Ort?

Die ausschließliche Konzentration auf die Kerngemeinde und ihren Gottesdienst als Kriterium von Christlichkeit, die heute noch üblich ist, muß aufgehoben werden. Es gibt viele Menschen, die sich aus guten Gründen an Kirche halten, aber nicht an ihre Gemeinde und deren Gottesdienste. Deshalb sind die übergemeindlichen Angebote sehr wichtig: Akademieveranstaltungen, Kirchentage und Konzerte. Es ist ein fundamentaler Unterschied, ob man in den Kirchengemeinden so spricht, daß nur die Kerngemeinde es versteht, oder ob die Sprechform auch die anderen Menschen erreicht, die „atheistisch an Gott glauben wollen", wie Dorothee Sölle einmal sagte.

Die beste Werbung ist, wenn Menschen wissen: Ich darf mit meinen Fragen, meinem Nichtwissen und meiner Nachdenklichkeit in die Gemeinde kommen.

Und das ist nicht der Fall?

Leider ist es anders. Die christlichen Kirchen vernichten mehr als andere Kirchen die religiöse Kompetenz ihrer Mitglieder, wie ein Soziologe bei einem Vergleich der verschiedenen Religionen jüngst festgestellt hat. Wie sollen Menschen in den Kirchen willkommen sein, wenn dort nicht nach ihren religiösen Erfahrungen gefragt und ihre religiöse Autonomie dort nicht willkommen geheißen wird?

Wird der evangelischen Kirche ihre eigene Aufgeklärtheit zum Verhängnis? Sollte sie nicht besser den Weg der Mystik gehen?

Das ist doch kein Gegensatz. Es gibt sehr viele Menschen, die auf mystischen Spuren ihre Religiosität entdecken, wenn nicht intellektuelle Absurditäten und Unaufgeklärtheiten ihnen diesen Weg von vornherein verschließen. Jede religiöse Biographie wandelt sich, und das Spektrum erweitert sich. Menschen sind sehr verschieden. Für manche ist Mystik der richtige Weg, nicht aber für alle. Andere ziehen sakramentale oder politisch-ethische Wege zum Göttlichen vor.

Müßte sich das Angebot der Kirche noch stärker differenzieren? Sollten die Freiräume für religiöse Lebensäußerungen größer sein?

Ja, das meine ich. Es gibt sehr verschiedene religiöse Zugänge und religiöse Kompetenzen.

Sind Sie dagegen, nur bei den übergemeindlichen Einrichtungen zu sparen - etwa, weil die Gemeinden das Wichtigste in der Kirche sind?

Das ist eine verheerende Ideologie. Wo Sie hinschauen: Die Kerngemeinde gilt als Leitbild. Die berlin-brandenburgische Landeskirche hat soeben serienmäßig die Stellen der Krankenhausseelsorger gestrichen. Darin spiegelt sich zutiefst eine Unwahrheit der kirchlichen Situation. Man sollte zum Beispiel erwägen, Gemeinden bestimmten engagierten Trägerkreisen zu übergeben, statt sie bei Geldmangel zu schließen. Gemeinden hängen nicht nur an den Pastoren. Hier könnte eine Ablösung schrittweise in Gang gesetzt werden.

Sind die Kirchen mit der Vielzahl ihrer diakonischen Verpflichtungen Einrichtungen in einem goldenen Käfig? Haben sie sich abhängig gemacht von endlos vielen öffentlichen Zuschüssen?

Da sind Aspekte von Gefängnis drin, ohne Zweifel. Doch Kirche muß sich an der sozialen Arbeit beteiligen, weil Glaube und Liebe zusammengehören. Und: Im Augenblick haben wir eine dramatische Entleerung der Gesellschaft von ethischen, humanen und religiösen Kategorien.

Es regieren nur noch die Fragen der Rendite und Ökonomie.

Auch die Politik läuft heute vielfach nur noch der Ökonomie hinterher, sie gestaltet sie nicht mehr. Die Kirche ist die einzige Institution, die öffentlich festhält: Es gibt Leitmarken der Humanität, Gebote und Grenzen. Wir dürfen nicht alles, was wir können. Und: Es gibt ein Leben, das kein Mensch machen kann, sondern das ein Geschenk ist. Die evangelische Lehre vom Leben „allein aus Gnade“ ist der schärfste Widerspruch zum Wahn von der Machbarkeit aller Dinge, der in unserer Gesellschaft grassiert.

Wäre eine deutlichere Trennung von Staat und Kirche sinnvoll?

Wir haben ja keine vollkommene, sondern eine hinkende Trennung von Kirche und Staat. Die Trennung wird zunehmen, aber die Kirche tut gut daran, nicht auf ihre öffentlichen Funktionen zu verzichten, weil sich sonst das öffentliche Vakuum in Sachen Humanität unendlich vermehren würde.

Sie wollen eine Kirche, die die religiösen Erfahrungen der Menschen ernst nimmt, die verschiedene Angebote macht, weil die Menschen eben verschieden sind. Was müßte sich an den Strukturen ändern, damit eine solche Kirche entstehen kann?

Eine eindeutige Antwort auf Ihre Frage kann ich nicht geben. Denn die Lösung gibt es nicht, sondern nur einzelne Schritte. Generell gilt: Wir Menschen sind das Hauptproblem. Auch unter neuen Strukturen bleiben wir zweideutig. So kann die Stärkung des Gemeindeprinzips auch eine Vermehrung von Provinzialität bedeuten. Im übrigen sehe ich auch unter Theologen einen Verlust an theologischer Kompetenz und religiöser Tiefe. Sie erreichen oft nur den Verstand des Menschen, aber nicht sein Herz.

Das erfordert aber doch eine veränderte Ausbildung der evangelischen Theologen.

Genau. Doch die Kirchen haben das Gegenteil getan. Gemeinsam mit den theologischen Fakultäten haben sie den Schwerpunkt erneut auf das Erlernen der drei alten Sprachen und die historischen Fächer gelegt und diese Tendenz jüngst noch einmal verschärft.

Welche Schritte müßten denn eingeleitet werden, um die religiöse Kompetenz der Pfarrerinnen und Pfarrer zu stärken?

Zunächst haben wir am theologischen Fachbereich der Hamburger Universität sehr viele Studierende, die aus nichtkirchlichen Familien kommen und von Bibel und Gesangbuch keine Ahnung haben. Hier haben wir eine fundamentale Bildungsarbeit zu leisten und auch historisches Wissen zu vermitteln. Aber die Studierenden müssen auch Zeit haben, sich die Frage zu stellen, was Theologie für sie persönlich bedeutet. Man kann nicht die historischen Fächer in den Mittelpunkt des Studiums stellen und einen entsprechenden Examensdruck ausüben und gleichzeitig erwarten, daß die Studierenden sich von den theologischen Texten existentiell ergreifen lassen. Doch wenn sie das am theologischen Fachbereich nicht lernen, werden sie es in der Gemeinde erst recht nicht praktizieren.

Wie müßte man sich denn einen theologischen Fachbereich vorstellen, in dem die von Ihnen geforderte existentielle Aneignung theologischer Texte möglich wird?

Die theologisch-historischen Stoffe müssen in den einzelnen theologischen Disziplinen mehr mit den Lebensprozessen der Beteiligten verbunden werden. Dazu gibt es unter meinen Kollegen zum Teil eine große Bereitschaft. Doch die erwähnte Forcierung der alten Sprachen und der historischen Fächer hat dazu geführt, daß die Studierenden immer mehr die Vermittlung der Lehrinhalte verlangen, die sie für das Examen brauchen.

Haben Sie einmal im Kaffeesatz gelesen und überlegt, wie die evangelische Kirche Deutschlands in 20 Jahren aussieht?

Auch wenn die Mitgliederzahlen etwas zurückgehen, werden die Kirchen längerfristig wesentliche Kräfte in der Gesellschaft sein. Ob sie auch eine geistige Bedeutung für unser Land haben, hängt davon ab, ob sie sich fundamentalistisch verengen und alles abweisen, was nicht eindeutig ihrem Bekenntnis entspricht, oder ob sie mit geistlicher Kraft die Vielfalt und auch Zweideutigkeiten der religiösen Erfahrungen von Menschen aufnehmen und ihnen eine Heimat geben und zugleich politisch eindeutiger werden, wie das im Sozialwort der beiden Kirchen kürzlich ansatzweise geschehen ist.

Arbeitsbereiche

Mut zu Entscheidungen

BWL und Kirche: Eine Einführung in ökonomisches Denken und Handeln

Von Joachim Fetzer

So hatten wir uns den Dialog von Ökonomie und Theologie nicht vorgestellt. Da gab es noch vor Jahren den Ruf, die Weltwirtschaft heute als Feld für eine bekennende Kirche zu betrachten. Nach 50 Jahren Funkstille erscheint wieder eine theologische Wirtschaftsethik, und die evangelische Kirche veröffentlicht eine Denkschrift ① zum Thema. Ökonomische Alphabetisierung soll helfen, der Glaubensbotschaft im Wirtschaftsalltag Resonanz zu verschaffen. Eine kleine Schar junger Theologinnen und Theologen zieht aus, das ökonomische Handwerk zu lernen, um so die Unternehmenswelten zu verbessern. Und nun kommt die Welt - die Welt der Betriebswirte - und beginnt, die Kirche zu reformieren. So hatten wir uns das nicht vorgestellt.

Auf was lassen wir uns da eigentlich ein? Sind das neue und vermutlich falsche Propheten mit der Heilsverheißung von Effizienz und deshalb Erfolg? Könnte es sein, daß die Jongleure mit Statistiken, Bilanzen und anderem Zahlenmaterial das Wort verdunkeln? Sind Ökonomen nicht die, welche von allem den Preis und von nichts den Wert kennen? Oder können wir einfach ein Stück Weltweisheit lernen, die schon immer nötig war, um die Torheit vom Kreuz unter den Menschen auszurichten?

Wo können wir etwas lernen und wo nicht? Gibt es überhaupt eine Betriebswirtschaftslehre für die Kirche? Kann es sie geben?

Kirchenbetriebslehre: die ersten Fallstricke

In den Vorlesungsverzeichnissen und zu Beginn vieler betriebswirtschaftlicher Lehrbücher findet sich ein Überblick über die verschiedenen Fächer und Forschungsbereiche innerhalb des mittlerweile weitverzweigten Faches. Üblich ist die Unterscheidung von allgemeinen und speziellen Betriebswirtschaftslehren oder präziser: von Funktions- und Institutionenlehren.

Dipl.-Volkswirt Joachim Fetzer hat nach dem theologischen Examen in Bayern in Heidelberg, Kassel und Göttingen Ökonomie studiert. Der Pfarrmann arbeitet zur Zeit an einer Dissertation im Bereich Unternehmensethik.

Die Funktionslehren behandeln Fragestellungen, die in allen Betriebsarten zumindest in ähnlicher Form auftreten, beispielsweise

① Gemeinwohl und Eigennutz: „Wirtschaftliches Handeln in Verantwortung für die Zukunft", Denkschrift der Ev. Kirche in Deutschland, Gütersloh 1991.

Organisationsgestaltung, Personalwirtschaftslehre, Produktion, Marketing, Controlling, Finanzwirtschaft. Die Institutionenlehren behandeln diese Funktionen im Zusammenhang, aber ausgerichtet auf verschiedene Wirtschaftsbereiche und Sektoren. So gibt es zum Beispiel eine Industriebetriebslehre, eine Handelsbetriebslehre, Bank- und Versicherungsbetriebslehre.

Das Unternehmen Kirche stellt nun als erstes fest: Es gibt keine Kirchenbetriebslehre. Hier werden also schon die ersten Fallstricke lauern. Denn für die Ausbildung der verschiedenen Institutionenlehren gab es gute Gründe: Die Produktion oder Leistungserstellung in einem Industriebetrieb hat einen anderen Charakter als die in einem Handelsunternehmen oder einer Bank, und das Marketing von Waschmitteln trifft auf ganz andere Strukturen als das Marketing industrieller Anlagen - oder eben als das Marketing im kirchlichen Bereich. Um dies festzustellen, muß man also keine theologischen Argumente von der prinzipiellen Andersartigkeit der Kirche aufgrund ihres besonderen Auftrags in dieser Welt bemühen.

Die Betriebswirtschaftslehre (BWL) der Kirchen muß erst noch erarbeitet werden - aufbauend auf den existierenden Funktionslehren und vielen Forschungen der praktischen Theologie sowie der Religions- und Kirchensoziologie. Derzeit jedenfalls ist die Übernahme von Rezepten aus anderen Bereichen der BWL mit dem Problem behaftet, daß es kein Konzept kirchlicher Betriebswirtschaftslehre gibt - womit nicht gesagt sein soll, daß es dieses nicht geben kann.

Um so wichtiger ist es deshalb, sich Rechenschaft darüber abzulegen, mit welchen Denkwelten man es im Milieu der Betriebswirte zu tun bekommt. Was ist dort anders?

Erfolgskontrolle

Jeder angehende Betriebswirt, und selbstredend auch sein weibliches Pendant, lernt explizit oder implizit das berühmte Diktum Max Webers aus dem Werturteilsstreit zu Beginn des Jahrhunderts: „Eine empirische Wissenschaft vermag niemanden zu lehren, was er soll, sondern nur, was er kann und - unter Umständen - was er will.“ [2] Es interessiert hier weniger die Frage, unter welchen Bedingungen ein Forschungsbereich sich das Prädikat „Wissenschaft“ geben darf und ob sogenannte Freiheit

② Max Weber: „Die Objektivität sozialwissenschaftlicher und sozialpolitischer Erkenntnis“ (1904), in: Ders.: „Soziologie - Weltgeschichtliche Analysen - Politik“, hg. v. Johannes Winckelmann, 2. Aufl., Stuttgart 1956, S. 186-262; dort S. 190.

von Werturteilen dafür eine notwendige Voraussetzung ist. Aber relevant ist das Selbst- und Fachverständnis, welches die künftigen Führungs- und Fachleute dadurch erhalten: Experten dafür zu sein, effiziente Mittel für gegebene Ziele zu finden. Sind Ziele gegeben, dann können Probleme der Zielerreichung festgestellt, Alternativen gesucht und deren Auswirkungen prognostiziert werden. Auf dieser Informationsbasis können Entscheidungen getroffen, durchgesetzt und realisiert werden. Bei gegebenen Zielen können Soll-Ist-Vergleiche vorgenommen, Abweichungen analysiert und Anpassungen vorgenommen werden.

Idealtypische Planung und Steuerung

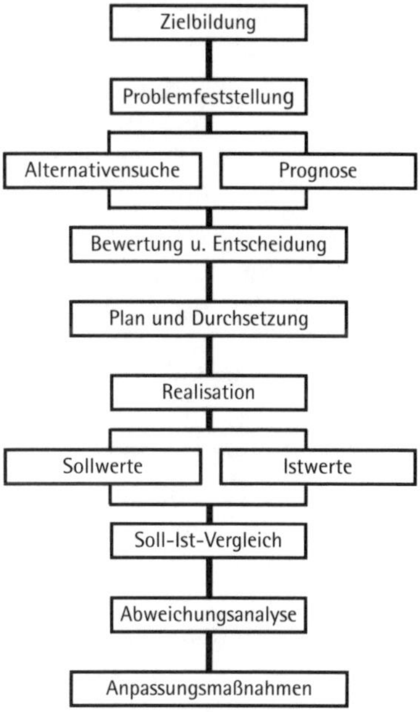

Ziele auf demokratischem Wege zu bestimmen ist dazu kein Widerspruch. Aber sie müssen bestimmt werden, und zwar möglichst meßbar formuliert, eindeutig und widerspruchsfrei und in Teilziele zerlegbar. Wie sollte sonst am Ende der Erfolg kontrolliert und wie sollten gegebenenfalls Anpassungen ausgelöst werden? Die Bestimmung der Zielinhalte jedoch ist nicht Gegenstand der Betriebswirtschaftslehre.

Zugespitzt formuliert: Ein Management, welches seine Ziele nicht kennt, hat kein betriebswirtschaftliches Problem, sondern eine Führungsschwäche.

Gewinnprinzip und Marktorientierung

Bei dieser Bedeutung von Zielsetzungen sollte man erwarten, daß Fragen der Zielfindung, der Orientierung, der Auswahl von Leitbildern einen hohen Stellenwert innerhalb der BWL einnehmen. Doch weit gefehlt. Für diesen Sachverhalt gibt es mehrere Gründe. Einer mag das genannte Postulat der Werturteilsfreiheit der Wissenschaft sein. Denn Zieldiskussionen kommen an ethischen Fragen nicht vorbei: Was legitimiert eigentlich diese oder jene Zielsetzung? Viel wichtiger ist jedoch ein zweiter Grund: die legitimierende Funktion marktwirtschaftlicher Systeme. Denn üblicherweise erstellen Unternehmen ihre Produkte und Dienstleistungen nicht für sich, sondern für ihre Kunden, d.h. für Menschen oder für andere Unternehmen. Sofern diese daraus einen Nutzen ziehen (und zahlungskräftig sind), werden sie dafür einen Preis zu zahlen bereit sein. Daß Unternehmen daraus Erlöse erzielen und - bei entsprechender Kostenstruktur - Gewinne machen, ist jedem bekannt. Daraus hat sich ein Grundverständnis entwickelt, wonach Gewinne macht, wer anderen nützt. Es ist diese Kopplung von Konsumentennutzen und Gewinnen, die in hohem Maße davon entlastet, die Auswahl der obersten Unternehmensziele einzeln zu legitimieren, beispielsweise welche Produkte und Dienstleistungen wie erstellt werden sollen. Wenn sie erfolgreich sind, sind sie gut. Das klassische Zitat hierzu stammt von Adam Smith und lautet: „Nicht vom Wohlwollen des Metzgers, Brauers und Bäckers erwarten wir das, was wir zum Essen brauchen, sondern davon, daß sie ihre eigenen Interessen wahrnehmen. Wir wenden uns nicht an ihre Menschen-, sondern an ihre Eigenliebe, und wir erwähnen nicht die eigenen Bedürfnisse, sondern sprechen von ihrem Vorteil.“ ③

Und umgekehrt: Wer auf Märkten handelt, muß nicht sein Gewissen befragen, ob er die Gewinne des Unternehmens als Selbstzweck ansieht oder einfach mit seinen Produkten und Dienstleistungen anderen „zu Nutze ist“. Das Ergebnis ist dasselbe. Daß auch Märkte nicht immer „funktionieren“, daß es für manche Güter keine Märkte geben kann und daß schließlich gesellschaftliche Verteilungsprobleme nicht auf Märkten gelöst werden können, ist auch jedem Betriebswirt bekannt. Doch für diese und ähnliche Fragen sind in schiedlich-friedlicher Arbeitsteilung die Volkswirte zuständig.

Unternehmensintern hat die Orientierung an Märkten und Gewinnen zwei wesentliche Folgen.

Erstens: Rechnerische Größen wie Gewinn, Umsatz oder Rentabilität dienen einem normalen Unternehmen und seinem Management zumindest teilweise als einheitlicher Legitimationsausweis. Alle Entscheidungen, angefangen von der Auswahl der Produkte über die Produktionsverfahren bis zum Personaleinsatz und den Absatzwegen, lassen sich in ihrer Effizienz auf das Ziel „Gewinn“ beziehen.

③ Adam Smith: „Der Wohlstand der Nationen. Eine Untersuchung seiner Natur und seiner Ursachen“, München, dtv 1978, I.ii.2; S. 17.

Das Rechnungswesen und daraus abgeleitet das Controlling findet darin einen einheitlichen Bezugspunkt. Genau dieser einheitliche Bezugspunkt fehlt im Unternehmen Kirche wie in allen Non-profit-Organisationen. Hier wird das Management (und zwar nicht nur das obere) bei verschiedenen Gruppen mit unterschiedlichen Anspruchsniveaus und ganz unterschiedlichen Effizienzkriterien konfrontiert. Entscheidungsprozesse werden dadurch umständlicher, und die Führungsaufgabe wird schwieriger. Die Unflexibilität, die den Non-profit-Organisationen verschiedentlich nachgesagt wird, ist zumindest teilweise auf derartige Legitimationsprobleme zurückzuführen. Ein kirchliches Controlling wird an dieser Differenz nicht vorbeikommen. Da es selbst eine Legitimationsfunktion ausübt, wird es noch mehr als in gewinnorientierten Unternehmen auf Transparenz und Akzeptanz zu achten haben.

Controlling

ist mehr als Kontrolle und am ehesten mit Unternehmenssteuerung zu übersetzen. Es hat sich aus dem Rechnungswesen entwickelt, ist aber von vergangenheits- und an starren Richtlinien orientierter Buchführung zu einem umfassenden Führungsinstrument geworden. Sofern eigene Controllingstellen eingerichtet werden, so haben sie keine Führungs-, sondern eine Servicefunktion für das Führungssystem. Controlling koordiniert das Führungshandeln, das nicht nur „oben" stattfindet, durch Bereitstellung und Vernetzung von Information, durch Aufzeigen von Handlungsalternativen und Umweltänderungen. Controlling ist Lotsendienst. Es soll verhindern, daß eine Hand nicht weiß, was die andere tut.

Zweitens: Das Gewinnprinzip führt zu einer hohen Markt- und damit Kundenorientierung. Ein Unternehmen, welches die Situationen und Bedürfnisse seiner Kunden aus dem Auge verliert oder Änderungen zu spät erkennt oder sich diesen nicht anpaßt, wird Mühe haben, zu überleben - es sei denn, es gelingt ihm, auf den politischen Märkten des Lobbyismus genügend Subventionen durchzusetzen. Auch dies ist im Unternehmen Kirche anders.

Betriebswirtschaftlich sind Kirchen eben keine Unternehmen, sondern Haushalte:

Unternehmen produzieren nicht für sich, sondern decken Fremdbedarf und haben Kunden. Haushalte dagegen decken Eigenbedarf und haben Mitglieder. Aber ist der Unterschied zwischen Mitgliederorientierung und Kundenorientierung wirklich so groß? Leben Kirchen (als Organisationen!) nicht ebenso von der grundsätzlichen Zustimmung ihrer Mitglieder wie Unternehmen von ihren Kunden? Die meisten Betriebswirte werden den Mitgliedern der Kirche zumindest eine ähnliche Funktion wie Kunden zuschreiben. Ihren

Nutzen zu mehren ist in dieser Sicht zumindest *eine* wesentliche Funktion des Unternehmens Kirche.

Marketing und Produktgestaltung

Die Tendenz zu intensiver Kundenorientierung hat sich in den letzten Jahrzehnten fortlaufend verstärkt, was sich beispielsweise in der gestiegenen Bedeutung und dem gewandelten Verständnis des Marketing zeigt. Vor wenigen Jahrzehnten noch wurde Marketing vor allem als Absatzpolitik verstanden. Die Leistungen des Unternehmens waren dieser Unternehmensfunktion vorgegeben, und die Aufgabe der Absatzwirtschaft war es, die Produkte und Dienstleistungen möglichst gewinnbringend zu verkaufen. Dies gibt es selbstverständlich weiterhin. Neuere Marketingkonzeptionen versuchen jedoch, alle Aktivitäten eines Unternehmens schon vom Markt her zu entwickeln.

Es geht also nicht nur darum, wie sich erzeugte Produkte „an den Mann oder an die Frau bringen lassen", sondern welche Produkte und Dienstleistungen nachgefragt und deshalb erst entwickelt werden müssen. Was könnte dies für das Unternehmen Kirche bedeuten, in dem sich Marketingaktivitäten steigender Beliebtheit erfreuen? Reichen Imagekampagnen und Werbeanstrengungen aus?

Am Anfang des Marketing steht die Marktanalyse. Wer ist der religiöse Nachfrager? Wie lassen sich seine Bedürfnisse und sein Verhalten so beschreiben, daß kirchliche Angebote darauf abgestimmt werden können?

Was ist das für ein Gut, welches der professionelle Teil der Kirche den Mitgliedern verkauft? Hier mögen alle theologischen Alarmglocken läuten. Und das sollten sie auch, damit am Ende nicht nur das Für-wahr-Halten theologischer Lehrsätze und die Teilnahme an kirchlichen Veranstaltungen als Erfolgskriterien kirchlicher Aktivität übrigbleiben oder Marktforschung mit Zählstatistiken über Gottesdienstbesuche endet. Es könnte dennoch lohnend sein, genauer die Nachfragebedingungen für kirchliche Angebote zu untersuchen. Dazu gibt es in der BWL wenige, doch erste Ansätze.①

Religion läßt sich nicht wie ein Konsumgut verkaufen und kaufen, sondern muß in die alltägliche Lebensführung umgesetzt werden. Kirchliche Angebote sind allenfalls „inputs" für die Ausbildung von Religiosität. Es ist sicher ein guter Slogan, daß

④ Instruktive Überlegungen hierzu finden sich bei Steffen W. Hillebrecht: „Der religiöse Nachfrager. Eine Annäherung aus Marketingsicht", in: „Die Unternehmung" 5 / 95, S. 339 - 349.

Kirche „Sinn macht". Doch der eigentliche Produzent von Religion ist der Nachfrager kirchlicher Angebote. Kirchliches Marketing ist dann nicht Konsum-, sondern Investitionsgütermarketing. Werbung in Massenmedien ist dabei mehr als flankierende Maßnahme zu sehen. Eine weitaus größere Rolle spielt die kommunikative Seite des persönlichen Verkaufs und der Kontaktpflege, der Aufbau von Vertrauen zum Lieferanten und das Eingehen auf die individuellen Kundenbedürfnisse. Man sieht: Die kirchliche Arbeit muß nicht neu erfunden werden. Auch Preishöhe und Preisgestaltung sind nicht unbedeutend; doch viel entscheidender ist die gesamte Kosten-Nutzen-Bilanz des potentiellen Nachfragers. Ein EDV-System, welches sich erst nach vielen gescheiterten Versuchen in die Unternehmensorganisation einfügt, ist teuer, auch wenn es billig ist. Und wenn erst zehn Jahre intensiver kirchlicher Sozialisation nötig sind, um mit den christlichen Symbolbeständen die eigene Alltagswelt deuten zu können, so ist dies eine beträchtliche Investition. Ökonomisch gesehen sind deren Kosten auch und gerade für Vielverdiener höher als die Summe aller gezahlten Kirchensteuern. Kirchenmarketing wird auch zur Anfrage an die Theologie.

Marketing und Organisationsentwicklung

Nicht nur im Bereich der Produktentwicklung, sondern auch durch die Gestaltung der Unternehmensorganisation wird heute versucht, möglichst schnell neuere Entwicklungen der Kundenbedürfnisse zu erkennen und in der Unternehmenspolitik auf allen Ebenen umzusetzen. Beispielsweise in den sogenannten „Lean"-Konzepten: Lean Production, Lean Marketing, Lean Banking, Lean Management. In all diesen Fällen sucht man einen direkteren Weg zum Kunden, um diesen unmittelbar und ohne die hierarchischen Umwege der unternehmensinternen Organisation zu bedienen. Lean Management, eines der großen Modeworte in der Managementliteratur der vergangenen Jahre, ist ein Sammelbegriff für eine ganze Reihe von Reorganisationsmaßnahmen, die einzeln teilweise schon lange bekannt sind. Die Hinwendung zur Teamarbeit wurde schon in den siebziger Jahren unter der Überschrift „Humanisierung der Arbeitswelt" diskutiert und wenig praktiziert. Es sieht so aus, als ob sie jetzt unter anderen Vorzeichen zu breiterer Anwendung kommt. Selbiges gilt für die geringere Trennung von Kopf- und Handarbeit. Verringerung der Entscheidungsebenen, Verlagerung der Qualitätsverantwortung nach unten, Bildung kleinerer Unternehmenseinheiten mit höherer Erfolgsverantwortung, Einbezug der Lieferanten in die Entwicklungsplanung, enge Kommunikation zwischen Lieferanten, Herstellern und Kunden, Minimierung der Lagerhaltung durch Just-in-time-Lieferungen, Verkürzung der Entwicklungszeiten für neue Produkte usw. - all das ist nicht unbedingt neu. Wenn überhaupt etwas neu ist, dann ist es die gestiegene Bedeutung des Faktors Zeit. Lean, also schlank, sein heißt wendig sein. Dafür ist nicht nur „Hungern" im Sinne von Stellenabbau nötig, sondern auch Training, d.h. Bildungsarbeit. Namhafte Protagonisten der Lean-Idee sehen daher mit Sorge, daß in manchen deutschen Unternehmen einfach Stellenabbau im Produktionsbereich als Lean Production verkauft wird. Auch die „Lean Church" wird nicht vom Finanzressort aus durch Stellenabbau geschaffen. Lean-Unternehmen sind schnell lernende Unternehmen.

Die Knappheit und das Alternativkostenkonzept

Nichts ist umsonst. Für den Ökonomen sind auch in einer Überflußgesellschaft Mittel und Güter knapp. Diese Knappheit beruht auf simplem Alltagswissen: Der Tag hat 24 Stunden. Wenn ich zwei Besuche mache, kann ich in dieser Zeit keine Predigt schreiben. Ökonomisch gesprochen ist dies das Konzept der Alternativkosten: Jede Entscheidung für eine Maßnahme, für ein Produkt usw. führt dazu, daß irgend etwas anderes nicht gewählt wird. Die nächstbeste Alternative, die eben nicht durchgeführt wird, bestimmt die Kosten meiner Entscheidung. Dies zu beachten ist nur scheinbar selbstverständlich.

Im Bereich von Politik und öffentlichen Verwaltungen wird typischerweise gefragt, ob dies oder jenes eine sinnvolle und politisch erwünschte Aufgabe ist. Wenn ja, wird nach Finanzierungsmöglichkeiten gesucht. Es wird jedoch nicht unmittelbar untersucht, welche Aufgaben statt dessen wahrgenommen werden könnten und was insofern die Alternativkosten sind. Erst in Zeiten knapper werdender Finanzmittel taucht diese Frage wieder auf - häufig in Gestalt von Verteilungskämpfen zwischen verschiedenen Ressorts.

Die ökonomische Herangehensweise wäre: Welche Ressourcen bindet diese Maßnahme, und welchen Beitrag leistet sie zur Zielerreichung im Vergleich zu anderen Maßnahmen? Dies bedeutet nicht, daß die schlechtere Alternative wertlos wäre. Die Frage ist nicht, ob etwas sinnvoll oder sinnlos, wünschenswert oder nicht ist; gefragt wird, ob eine Maßnahme der Zielerreichung besser oder schlechter dient.

Wenn es eine gedankliche Mitte der Betriebswirtschaftslehre gibt, so ist es das sogenannte Rationalprinzip: Handle stets so, daß mit den vorhandenen knappen Mitteln (Gütern) optimale Ausprägungen der gesetzten Ziele erreicht werden.

Fazit

Was Kirche von den Betriebswirten lernen kann, ist noch lange nicht ausgeschöpft: Viele Konzepte und Erfahrungen aus Organisationsgestaltung und Personalführung, Rechnungswesen und Marketing können unter Beachtung der Besonderheiten der Religionsbranche für kirchliche Belange angepaßt und übertragen werden. Doch noch heilsamer könnte die Frage sein, für die nur das Unternehmen Kirche selbst die Antwort geben kann: Welche Ziele haben wir? Was wollen wir? Aber nicht: Welche Welt wollen wir? Sondern: Was wollen wir tun? Welche Angebote wollen wir unseren Mitgliedern machen? Ökonomisches Denken fordert vor allem eines: Mut zu Entscheidungen.

Mal eben 'ne Million?

Über Vorteile und Risiken des Sponsoring

Von Manuela Rousseau

„Sponsoring" ist ein magisches Zauberwort, hat aber mit Zauberei wenig zu tun. Vielleicht liegt es daran, daß uns Zauberei in Staunen versetzt und wir für einen Augenblick die Realität etwas verklärt sehen. Als Zuschauer vergessen wir dabei leicht, wieviel Arbeit dazugehört, diese Leichtigkeit zu erzielen.

Manuela Rousseau ist Leiterin PR-Programme und stellvertretende Konzernsprecherin der Beiersdorf AG, Hamburg. Seit 1992 lehrt sie zudem an der Hochschule für Musik und Theater als Dozentin im Studiengang „Kulturmanagement"; daneben zahlreiche Vorträge im In- und Ausland; langjähriges Vorstandsmitglied des Förderkreises „Rettet die Nikolaikirche e.V."; jetzt Vizepräsidentin und Sprecherin von „New Generation e.V."

Jeder gute Zauberer hat sein Handwerk von Grund auf, meist mit viel Mühe und auch Pannen erlernt. Sponsoring ist solides Handwerk, das sich erlernen läßt. Professionelles Sponsoring setzt voraus, daß man die Methoden, Kniffe und Spielregeln kennt und beherrscht. Allein bei Beiersdorf treffen täglich durchschnittlich 60 Sponsoring- und Spenden-Bitten ein. Da müssen sich die Bittsteller schon etwas einfallen lassen, um überhaupt aufzufallen. Der Wert einzelner Anfragen reicht von einmalig hundert Mark bis zu „mal eben" einer Million Mark. Die meisten Anfragen kommen ohne irgendeinen Vorschlag, welche Gegenleistung der Sponsor erwarten kann.

Dazu gehört zuerst einmal die Unterscheidung zwischen „Spende" und „Sponsoring": Für die Spende erwartet der Spender keine Gegenleistung. Man kann also sagen, daß der Spender durch seine soziale oder gesellschaftliche Verantwortung motiviert wird.

Eine Spende kann steuerlich abgesetzt werden, allerdings betragsmäßig begrenzt: Von seinen Umsatzerlösen darf er fünf Prozent an Spenden ausgeben. Spenden müssen vom Empfänger nicht versteuert werden.

Ganz anders sieht es beim Sponsoring aus: Es beruht auf Leistung und Gegenleistung. Die Partner erreichen im optimalen Fall ihre Ziele gemeinsam. Sponsoring basiert auf einer Wechselbeziehung, denn beide bringen etwas in das Projekt ein. Sponsoring-Ausgaben lassen sich steuerlich ohne Begrenzung als Betriebsausgaben absetzen, sofern - und das ist der ganz entscheidende Punkt - eine Gegenleistung vorliegt. Sponsoring ohne Gegenleistung ist kein Sponsoring. Die Empfänger müssen diese Sponsoring-Zahlungen als Einnahmen versteuern. Das ist ein gravierender Unterschied zur Spende.

Leistung und Gegenleistung

Sponsoring-Maßnahmen tragen dazu bei, Kommunikations- und Marketing-Ziele zu erreichen, die durch klassische Werbung nicht ohne weiteres realisierbar sind: zum Beispiel die Erhöhung oder Stabilisierung eines vorhandenen Bekanntheitsgrades; aber auch Veränderung oder Stabilisierung bestehender Images von Produkten oder Unternehmen; Kontaktpflege, Kontaktausbau oder -aufbau zu relevanten Zielgruppen; Steigerung des Absatzes von Produkten. Die Gegenleistung des Sponsornehmers besteht darin, daß er zu dieser Zielsetzung aktiv oder passiv entscheidend und meßbar beiträgt.

Wenn eine der zahlreichen Anfragen auf dem Schreibtisch liegt, ist zu beurteilen, ob diese Sponsoring-Idee in die Gesamtkonzeption des Unternehmens paßt. Außerdem ist es wichtig, ob ein Sponsoring-Konzept mit klarer Definition von erwarteter Leistung und möglicher Gegenleistung vorgestellt wird; und ob ein enger und nachvollziehbarer Sinn-Zusammenhang zwischen dem Projekt und dem Unternehmen besteht. Weitere Auswahl-Kriterien sind: Ist eine partnerschaftliche Zusammenarbeit möglich und überhaupt gewollt? Können die Unternehmensziele mit der angebotenen Maßnahme realisiert werden? Lassen sich mit dem Angebot Erlebnis-, Nachrichten- oder Image-Werte schaffen? Können Mitarbeiter einbezogen werden? Werden Gründe genannt, warum das Unternehmen als Sponsor überhaupt angeschrieben wurde? Ist das Anschreiben individuell verfaßt?

Erfahrungen

Ein Beispiel für Sponsoring ist die Kooperation zwischen Beiersdorf und der DLRG. Der Sinn-Zusammenhang beginnt hier mit der Geschichte: Die Marke *Nivea* wurde 1912 erstmals verkauft; die DLRG wurde 1913 gegründet. *Nivea* wurde zur größten Körperpflegemarke der Welt, die DLRG zur größten Wasserrettungs-Organisation mit über 500 000 Mitgliedern - und beide entwickelten sich zum Synonym für Fürsorglichkeit, Vertrauen und Kompetenz. Der eine in Sachen Hautpflege, der andere in Sachen Wasserrettung. Es gibt noch mehr Berührungspunkte: Die DLRG war immer am Wasser zu Hause - Sonnenschutz gehört unmittelbar an den Strand.

Die Partnerschaft zwischen Beiersdorf und der DLRG begann schon 1950; sie wurde 1989 ausgebaut, neu konzipiert und auf Erfolgskontrolle umgestellt.

Gemeinsam haben wir Ziele definiert: Das Image der Marke *Nivea*, wie Fürsorglichkeit, Kompetenz im Schützen, Pflegen und Vorbeugen, auszubauen und letztlich auch die Präsenz am Strand sicherzustellen. Die DLRG hat noch weitere Ziele: Neue Mitglieder, besonders Jugendliche, gewinnen und die eigene Attraktivität erhöhen. Der hohe Bekanntheitsgrad und das positive Image der Marke *Nivea* können mithelfen, die DLRG-Ziele zu erreichen.

Zahlreiche DLRG-Projekte werden von *Nivea* kontinuierlich unterstützt und gefördert. Dazu gehört beispielsweise seit 1989, daß in den Sommermonaten eine Strandfest-Tournee an der Nord- und Ostseeküste stattfindet. Ein ehrenamtliches Team der DLRG ist sechs Wochen lang unterwegs. Erlebnisse, Spiele und Bewegung für groß und klein stehen auf dem dreistündigen Breitensportprogramm. An einer Spielstation gibt es *Nivea*-Blaubären zu gewinnen. Bei diesem Basketballspiel zahlen die Besucher fünf Mark. Dieser Betrag wird von *Nivea* verdoppelt und zur Anschaffung von neuen Rettungsbooten verwendet. Auch der Kurdirektor des jeweiligen Veranstaltungsortes wird eingeladen; er erbringt z.B. auf einem Trimmrad innerhalb von einer Minute eine bestimmte Kilometerleistung, die dann ebenfalls von *Nivea* in D-Mark umgewandelt wird.

Auf diese Weise können pro Jahr ein oder zwei neue Rettungsboote angeschafft werden - mittlerweile sind 21 *Nivea*-Boote im Einsatz. Die Strandfeste finden großen Zuspruch; mehr als zwei Millionen Badegäste beteiligen sich aktiv, und die Medien berichten regelmäßig über diese Strandfest-Tournee, so daß die DLRG und *Nivea* öffentlich wahrgenommen wurden.

Spontanes Handeln und finanzielle Unterstützung waren nach der Grenzöffnung in den neuen Bundesländern gefragt. Der Aufbau eines funktionstüchtigen Rettungsdienstes mußte von der DLRG realisiert werden. *Nivea* sicherte Unterstützung zu und half, 40 neue Rettungsstationen aufzubauen.

Eine weitere erfolgreiche Sonderaktion lief unter dem Motto „Lerne retten". Mit dieser Maßnahme wurde für das Rettungsabzeichen der DLRG geworben. Sinn und Zweck war es, mehr Menschen in die Lage zu versetzen, im Notfall helfen zu können. Unterstützt wurde diese Aktion von den Medien und RTL mit Hans Meisers Sendung „Notruf". Ergebnis nach der Kampagne: 60 000 Menschen absolvierten das Rettungsabzeichen; das waren 9000 Ausbildungen mehr als im Jahr zuvor.

Seit 1989 zeichnet *Nivea* das hohe Engagement der DLRG und das ihrer vielen ehrenamtlichen Helfer mit dem *Nivea-Delphin* aus. Damit werden Menschen geehrt, die unter Einsatz ihres Lebens andere vor dem Ertrinken bewahrt oder sich im Dienst der DLRG besonders verdient gemacht haben. Jeder der drei Preise ist mit 3000 Mark und einer Bronze-Skulptur dotiert. Das Bundesministerium für Familie sowie Olympiasieger und Schwimmweltmeister Dr. Michael Groß sind Paten für diese Auszeichnung.

Darüber hinaus hilft Beiersdorf der DLRG mit personeller Unterstützung bei der Medienarbeit. In Promotion-Aktionen wird das Know-how der DLRG eingebunden: In den Freizeitparks Soltau und Rust befinden sich *Nivea-Kinderländer.* Eltern mit Kleinkindern finden hier Ruhezonen, in denen *Nivea* und die DLRG anhand von praktischen Übungen den sicheren Umgang am und im Wasser zeigen.

Sponsoring wird sehr partnerschaftlich praktiziert. Die gesamte Kooperation beruht auf Vertrauen und Kontinuität. Sie lebt auch davon, daß die Kontaktpersonen über Jahre hinweg größtenteils dieselben geblieben sind und daß regelmäßige persönliche Treffen mit sehr offenen Gesprächen stattfinden. Die Konzepte werden gemeinsam erarbeitet. Das hat zu einer ausgesprochen effektiven und offenen Zusammenarbeit geführt. Beide Partner sind mit den angestrebten und erreichten Zielen sehr zufrieden. Jedes Jahr wird neu überprüft: Was planen wir an Aktionen? Warum wollen wir das tun? Was können wir nach außen bewirken? Welche neuen Ziele können gesetzt werden?

Die Medien spielen bei Sponsoring-Projekten eine wichtige Rolle. Aus unseren Aktionen sollten stets neue Nachrichten entstehen, die die allgemeine Öffentlichkeit interessieren.

Ohne Wahrnehmung in der breiten Öffentlichkeit ließen sich die Ziele, z.B. neue Mitglieder für die DLRG zu gewinnen, nicht erreichen. Sponsoring ohne Medien ist für beide Seiten nicht sonderlich attraktiv. Wer noch keine aktive Öffentlichkeitsarbeit betreibt, sollte damit erst einmal anfangen.

Ein anderes Beispiel: *Tesa* ist eine Marke, die 1936 in Hamburg erfunden wurde und heute u.a. für „Do it yourself", Reparieren und Renovieren steht. Die Kindergärten in den neuen Bundesländern hatten einen hohen Renovierungsbedarf. Das war der Ausgangspunkt. Als Ziel hatten wir uns gesetzt, das Image der Marke *Tesa* („Hilfe zur Selbsthilfe", schnelle und einfache Lösungen) weiter auszubauen, und zwar speziell in den neuen Bundesländern.

Die Kindertagesstätten („Kita") in Sachsen mußten dringend ihre Räume renovieren. Nur gab es dafür keine öffentlichen Gelder. Die Leistung von *Tesa* bestand nun darin, die Kosten der Renovierung von hundert Kindertagesstätten zu übernehmen sowie die gesamte Aktion zu organisieren, einschließlich eines Empfangs für 500 geladene Gäste aus Politik und Wirtschaft. Die Gegenleistung der Kindertagesstätten bestand darin, aktiv bei der Renovierung mitzuhelfen. Die notwendigen politischen Kontakte vermittelte das Hamburg-Büro in Dresden; eine persönliche Bekanntschaft zum dortigen Leiter wurde dafür aktiviert. Das Büro ist auch als Einladender aufgetreten und wir als Sponsor. Nicht *Tesa*, sondern das Hamburg-Büro hat eingeladen - mit Unterstützung von *Tesa*. Die Pressearbeit wurde so angelegt, daß die Medien in sechs Schritten über die Aktion berichteten:

1. Ankündigung der Renovierungsaktion in Sachsen
2. Vorberichterstattung zur Auftaktveranstaltung in Dresden
3. Berichterstattung über die erste Renovierung einer Kita mit dem Oberbürgermeister
4. Berichterstattung in der absatzrelevanten Fachpresse
5. Wiederholung der *Tesa*-Aktion in anderen sächsischen Städten
6. Große Kaffeetafel mit Eltern und Kindern in der renovierten Dresdener Kita

Voraussetzungen

Die Voraussetzungen für Sponsoring-Projekte im Unternehmen Kirche lassen sich so zusammenfassen: Sie müssen absolut professionell vorgehen. Sie brauchen dazu ein spezielles Know-how. Sie brauchen personelle Kapazität. Sie brauchen Grundsätze und Prinzipien, was Sie an Leistung anbieten wollen und können - und was sie als Gegenleistung erwarten können. Dabei sind die Chancen und die Risiken sorgsam abzuwägen.

Es gibt im Bereich der Kirche durchaus positive Beispiele: An der Hamburger Hauptkirche St. Michaelis, dem „Michel", wird es richtig gemacht. Dort wurde die Renovierung der Kirche durch Spenden und Sponsoring realisiert; Sponsoringpartner ist die Hamburger Sparkasse, die viele gute Voraussetzungen für diese Partnerschaft mitbringt; eine davon ist sicher das flächendeckende Netz von Filialen in Hamburg, die strikte Heimatbezogenheit und das positive bürgernahe Image. Diese Partnerschaft hört sich von vornherein sinnvoller an als etwa die Kombination Hamburger Michel und Deutsche Bank. Einfach vom Eindruck her, der in der Öffentlichkeit entsteht. Beim „Michel" wurde auch stark auf Spenden gesetzt, und es wurde für die Einbindung der Medien gesorgt. Ein zweites Beispiel ist die Gedenkstätte der alten Hamburger Hauptkirche St. Nikolai. Die Erhaltung und Restaurierung dieses Mahnmals wurde zu circa 20 Prozent mit Sponsoring finanziert und zu 80 Prozent durch Spenden. Sponsor war auch „McDonald's". Es gab eine Wetterschutzhalle über dem Kirchenschiff, auf der die Logos der beteiligten Firmen gezeigt wurden. Das war dann schon an der Grenze dessen, was in so einem Projekt machbar ist. Dies nur als Hinweis, mit wieviel Fingerspitzengefühl Sponsoring umgesetzt werden muß.

Risiken

- **Kirche vermarktet sich.**
- **Ablehnende Reaktionen bei Mitgliedern und Öffentlichkeit.**
- **Sponsor könnte versuchen, ideellen Einfluß zu nehmen.**
- **Öffentliche Diskussionen um kirchliche Aktionen und Äußerungen könnten sich negativ auf das Verhältnis zum Sponsor auswirken.**

Ein Blick auf die Nachteile und Risiken von Sponsoring im Unternehmen Kirche: Es gibt natürlich das Risiko „plumper Vermarktungsmätzchen". Ich will es gerne überspitzt darstellen: Wenn der Kirchentag auf seiner Abschlußveranstaltung große Plakate mit dem Aufdruck „*Tesa* - ein Stück heile Welt" präsentieren würde, dann täte das nicht nur dem Kirchentag und seinen Teilnehmerinnen und Teilnehmern weh, sondern dem Sponsor genauso. Eine plakative Werbeaussage hat auf dem Kirchentag nichts zu suchen. Das wäre unsensibel oder schlicht „daneben". Dann fehlt nur noch ein Sponsor, der entscheiden möchte, was am

Sonntag gepredigt wird. Soweit darf es nie kommen! An die Kirche werden hohe moralische Erwartungen gestellt, die nicht enttäuscht werden dürfen. Ansonsten bestände das Risiko, daß die Menschen sich von der Kirche abwenden oder sogar die Glaubwürdigkeit der Kirche auf dem Spiele stände.

Auf der anderen Seite trägt auch der Sponsor ein Risiko, nämlich daß durch Aussagen der Kirche sein Image falsch vertreten wird. Die Kirche steht nun einmal im Blickpunkt des allgemeinen Interesses, so daß sie häufig Anlaß zu emotionalen, öffentlichen Diskussionen gibt. Dies kann sich natürlich auf das Verhältnis zum Sponsor negativ auswirken.

Die Vorteile sollen dabei nicht vergessen werden: Richtig gemacht, tun sich neue Einnahme-Quellen auf; Kirche tritt als Partner auf, der etwas anzubieten hat; Kirche agiert aktiv, wartet nicht passiv auf freundliche Spender; überdies kann man mit Hilfe eines Sponsors das eigene Kontaktnetz aufbauen oder erweitern.

Vorteile:

- **Zusätzliche Einnahmen.**
- **Auftritt als Partner, der etwas zu bieten hat.**
- **Aktiv sein; nicht passiv auf „freundliche Spender" warten.**
- **Eigene Kontakte aufbauen und erweitern.**

Wer sich auf die Suche nach einem Sponsor machen will, muß zuerst bei sich die Voraussetzungen für solche Projekte schaffen: Dazu gehören Kontakte zu Medien, Meinungsbildnern, Politikern und Behörden, zu Prominenten und Geschäftsleuten im Umfeld; dazu gehört eine Person oder ein Team für Konzeption und Organisation des Sponsorings.

Dann muß das zu finanzierende Projekt analysiert werden: Wie hoch ist der Finanzbedarf? Werden Sach- oder Geldmittel benötigt? Warum eignet sich dieses Projekt dazu, durch Sponsoring realisiert zu werden? Läßt sich das Projekt auch zusätzlich mit Spenden realisieren und ist es zeitlich begrenzt?

Im nächsten Schritt sollten potentielle Sponsoren ermittelt und überzeugende Antworten auf viele Fragen formuliert werden: Wer kann die benötigten Sach- oder Geldleistungen überhaupt erbringen? Welche Vorteile könnten Sponsoren von einem Engagement erwarten? Worin liegt der enge Sinn-Zusammenhang, wenn das Projekt mit Firma XY realisiert wird? Steht der benötigte Etat auch im richtigen Verhältnis zum Sponsor? Will man mit einem oder mit mehreren Sponsoren zusammenarbeiten? Lassen sich mehrere Sponsoren einbinden? Gibt es Branchen-Exklusivität? Worin besteht die individuelle Gegenleistung, die angeboten werden kann? Welche Image-Werte oder -Kontakte kann der Sponsornehmer vermitteln? Ist mit öffentlichem Interesse zu rechnen? Werden die regionalen und überregionalen Medien berichten?

Der Wunschpartner sollte über persönliche Kontakte angesprochen werden. Wenn Sie ihn nicht direkt kennen, suchen Sie sich jemanden, der ihn direkt kennt. Erkundigen Sie sich zumindest vorab telefonisch, wer der Ansprechpartner ist. Dabei können Sie das Schreiben schon ankündigen. Erkundigen Sie sich, welche Projekte bereits unterstützt wurden, ob es eine Sponsoring-Konzeption gibt, welche Wünsche und Möglichkeiten berücksichtigt werden sollen. Versenden Sie Ihr schriftliches Konzept mit einem persönlich und individuell verfaßten Anschreiben, und fragen Sie einige Tage später nach.

Kommt es zu Verhandlungen, empfehle ich, zum ersten oder zweiten Treffen alle am Projekt beteiligten Personen einzuladen. Das könnte zum Beispiel auch ein Architekt sein, wenn es um eine Dachrenovierung geht. Achten Sie etwas auf die Hierarchien, zugespitzt gesagt: Wenn der Pastor seine Kirche renovieren möchte, sollte nicht der Hausmeister den Sponsor empfangen. Bieten Sie an, daß das Gespräch bei Ihnen stattfindet, damit sich der Gesprächspartner ein persönliches Bild verschaffen kann. Wenn beispielsweise ein Kindergarten entstehen oder renoviert werden soll, wird es natürlich viel erlebbarer, wenn er selbst in Augenschein genommen wird. Und zeigen Sie die Vorteile für den Sponsor auf; heben Sie hervor, wie wichtig sein Engagement für Ihr Projekt ist. Bei Vertragsabschluß halten Sie alle Vereinbarungen schriftlich fest. Anschließend ist es hilfreich, einen detaillierten Ablaufplan mit den entsprechenden Verantwortlichkeiten zu erstellen. Sehr wichtig ist die kontinuierliche Information der Sponsoren, auch schon mit Zwischenberichten. Und schließlich gehört der Sponsor auch bei Mediengesprächen eingebunden. Abschließend sollte eine Erfolgskontrolle erfolgen, die für beide Seiten aufzeigt, ob das anfangs vereinbarte Ziel erreicht wurde.

Perspektive

Lohnt sich all der Aufwand eigentlich? Wer von dem Sponsoring-„Kuchen“ etwas abhaben will, bemüht sich zur Zeit um einen Etat von ungefähr hundert Millionen Mark, den man sich noch dazu mit vielen anderen teilen muß, und das für Projekte mit all den genannten Risiken. Rund 100 Millionen Mark werden derzeit im Jahr für Sponsoring im sozialen Bereich ausgegeben. Verglichen mit dem, was die Deutschen pro Jahr spenden, sind das tatsächlich „Peanuts“: hundert Millionen gegenüber zehn Milliarden Mark; 34 Prozent davon entfallen auf religiöse und soziale Zwecke, sprich 3,4 Milliarden Mark an Spendengeldern. Das ist mehr, als überhaupt insgesamt für Sponsoring ausgegeben wird.[1]

Ausgaben für Spenden und Sponsoring 1995 in Deutschland

in Milliarden DM

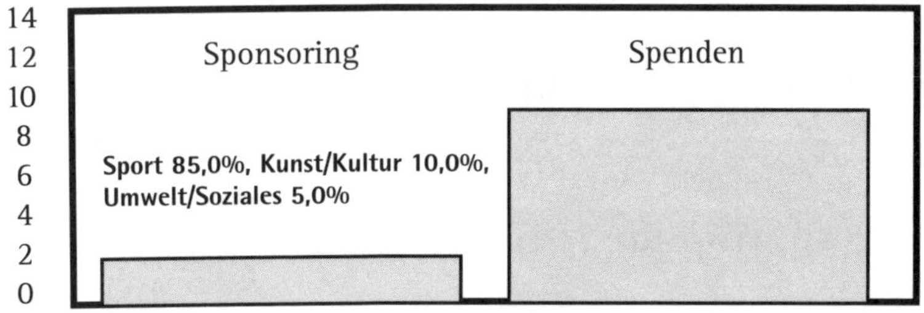

Diese Zahlen zeigen auch, daß die Kirche trotz vieler Kritik eine wichtige Bedeutung für die Menschen hat, für die es sich lohnt, sich zu engagieren. Die Menschen in unserem Land sind bereit, zu teilen. Das zeigen auch die Projekte der Diakonie, etwa das „Spendenparlament“ in Hamburg. Auch beim Mahnmal St. Nikolai habe ich das erlebt: 52 Glocken im Wert von 300 000 Mark mußten „an den Mann“ gebracht werden - und wir haben dazu vier Wochen gebraucht. Für mich ist es eine Bestätigung, daß Menschen einen unglaublichen „Goodwill“ gegenüber der Kirche und deren sozialen Einrichtungen zeigen. Die Menschen sind auf der Suche nach Anerkennung, „Gebrauchtwerden“ und nach gemeinsamen Erlebnissen, nach moralischen Werten, die ihnen die Arbeitswelt heute immer weniger vermittelt. Die Kirche hat diese moralischen Werte und damit eine bedeutende Basis, um Menschen anzusprechen und für sich zu gewinnen.

Bauen Sie auf diese Basis. Sehen Sie Gemeindemitglieder im Umgang zwar als Kunden, aber in erster Linie als Menschen, deren

[1] Quelle: Studie des Deutschen Spendeninstituts Krefeld

Wünsche es aufzugreifen gilt - und deren Anlehnung an die moralische Autorität Kirche. Binden Sie die Mitglieder intensiv in die Projekte ein. Geben Sie Ihnen das Gefühl, ein wichtiger Bestandteil der Gemeinde oder der Gesellschaft zu sein. Auf diese Weise läßt sich die positive Grundeinstellung ausbauen, und so gewinnt man neue Freunde und Mitglieder.

Ich will niemandem ausreden, Sponsoring als eine Möglichkeit zur Finanzierung von Projekten einzusetzen, sondern ich möchte sensibilisieren für ein Instrument, auf dem sich wunderbar musizieren läßt - wenn man damit umzugehen weiß; sonst bleiben am Ende nur schräge Töne.

Voraussetzungen für Sponsoring-Projekte sind: eigenes Know-how für professionelle Arbeit; einheitliche Grundsätze und Prinzipien für Sponsoring; Wissen um Chancen und Risiken.

Die Sponsoring-Checkliste

1. Schaffen Sie Grundvoraussetzungen

- Kontakte zu Medien, wichtigen Meinungsbildnern, Politikern, Behörden, Prominenten und Geschäftsleuten im Umfeld aufbauen.
- Eine Person oder ein Team mit der Organisation von Sponsoringprojekten beauftragen.
- Klares Konzept erarbeiten (s. a. die Punkte 2, 3, 4).

2. Analysieren Sie das Projekt

- Wie hoch ist der Finanzierungsbedarf?
- Werden Sach- und/oder Geldmittel benötigt?
- Warum eignet sich dieses Projekt dazu, durch Sponsoring realisiert zu werden?
- Läßt sich das Projekt auch oder zusätzlich mit Spenden realisieren?
- Ist das Projekt zeitlich begrenzt?

3. Ermitteln Sie potentielle Sponsoren

- Wer kann benötigte Sach- oder Geldleistungen erbringen?
- Welche Vorteile könnten Sponsoren von einem Engagement erwarten?
- Worin liegt der enge Sinnzusammenhang, wenn das Projekt mit Firma „XY“ realisiert wird?
- Steht Ihr benötigter Etat im richtigen Verhältnis zum Sponsor?
- Werden Sie mit einem oder mit mehreren Sponsoren zusammenarbeiten?

4. Überlegen Sie sich individuelle Gegenleistungen, die Sie dem Sponsor anbieten

- Welche Imagewerte oder Kontakte kann Ihre Gemeinde vermitteln?
- Ist mit öffentlichem Interesse zu rechnen?
- Werden die regionalen oder überregionalen Medien darüber berichten?

5. Kontaktaufnahme zu den Wunschsponsoren

- Nutzen Sie persönliche Kontakte, um Zugang zu Ihren Wunschsponsoren zu bekommen.
- Erkundigen Sie sich vorab telefonisch, wer für Ihr Anliegen der verantwortliche Ansprechpartner ist (evtl. schon Ihr Schreiben ankündigen).
- Erkundigen Sie sich, welche Projekte bereits unterstützt wurden, ob es eine Sponsoring-Konzeption gibt, welche Wünsche und Möglichkeiten berücksichtigt werden sollten.
- Versenden Sie Ihr schriftliches Konzept mit einem persönlichen und individuell verfaßten Anschreiben (evtl. fassen Sie nach einigen Tagen telefonisch nach).

6. Verhandlungen führen

- Zum ersten oder zweiten Treffen laden Sie alle am Projekt beteiligten Personen ein (z.B. Architekten, Hauptpastor,

Sponsorbeauftragten etc.).

- Bieten Sie an, daß das Gespräch bei Ihnen stattfindet, damit sich der Gesprächspartner ein persönliches Bild machen kann.
- Zeigen Sie die Vorteile für den Sponsor auf und heben Sie hervor, wie wichtig sein Engagement für Ihr Projekt ist.

7. Vertragsabschluß

- Halten Sie die Vereinbarungen in einem schriftlichen Vertrag fest, z.B. Ziele, Leistung, Gegenleistung, Zahlungsmodalitäten, Konditionen, Kündigungfristen, Ansprechpartner, Einbindung einer Agentur, Erfolgskontrolle, „Wer macht was", etc.

8. Vorbereitung und Umsetzung der Sponsoringmaßnahme

- Erstellen Sie einen detaillierten Ablaufplan (was wann von wem erledigt wird).

9. Kontinuierliche Information der Sponsoren

- Geben Sie Zwischenberichte; beziehen Sie den Sponsor bei Mediengesprächen ein; senden Sie Zeitungsberichte zu, die sich mit dem Projekt beschäftigen.

10. Abschließende Erfolgskontrolle

- Erstellen Sie einen Abschlußbericht mit einer Dokumentation (z.B. Fotos vorher/nachher, Zeitungsberichte).

Manuela Rousseau

„Wer nicht kommuniziert...

... wird vom Markt bestraft."

Ein Gespräch über Marketing mit Claudia Langer

Warum macht es keinen Spaß, in der Kirche zu sein? Warum laufen der Kirche die Mitglieder weg? Wer kann das ändern? Die Münchner Agenturchefin Claudia Langer wettert gegen Kirchenbeamte und plädiert für einen „lustvollen Glauben". Sie möchte, daß endlich „tolle Ideen auf den Tisch kommen". Irene Jung sprach mit ihr.

Sie stammen aus einer Pfarrerfamilie. Pfarrhaus und Werbeagentur - Welten prallen aufeinander. Oder gibt es doch Verbindendes?

Werbung und Kommunikation haben mit dem Menschen zu tun. Kirche auch. Es geht letztlich darum, Menschen zu begegnen. Mein Vater hat gesagt, er kann nur eine gute Predigt halten, wenn er weiß, wer in der Kirche sitzt. Und ich kann nur eine gute Anzeige entwerfen, wenn ich weiß, wer sie lesen wird.

Claudia Langer ist Mitbegründerin und Geschäftsführerin der Werbeagentur „start advertising" in München. Ihre Agentur betreut u.a. AOK Rheinland, Willy Bogner, Levi Strauss Germany, MTV und das Kunstmuseum Wolfsburg. Irene Jung ist beim Hamburger Abendblatt verantwortliche Redakteurin für das Wochenend-Journal und „HH Live".

Was bedeutet Ihnen Kirche?

Sehr viel. Ich finde sie unglaublich wichtig. Aber gleichzeitig finde ich diese verbeamtete Kirche auch wahnsinnig unattraktiv.

Warum?

Ich erlebe die evangelische Kirche als völlig orientierungslos. Die Marke „evangelische Kirche" ruft bei mir kein inneres Bild mehr wach. Und es ist der Anfang vom Ende, wenn man mit einer so großen und wichtigen Marke nichts mehr identifizieren kann.

Was stört Sie besonders?

Daß sie sich nicht die Mühe macht, den Leuten zu begegnen. Wir leben in einer totalen Informationsgesellschaft; wer nicht kommuniziert, geht unter. Jeder Politiker stellt einen Tapeziertisch auf die Straße und versucht, den Leuten zu begegnen. Nur die Kirche nicht. Sie gibt an mich als Kirchensteuerzahlerin kein Signal, daß sie mir begegnen möchte. Ich kann zwar ohne Anmeldung zum Gottesdienst gehen, aber es gibt nur dieses eine Angebot, und entweder gehe ich hin oder nicht - das ist kundenfeindlich! Sie tritt nur mit einer sehr kleinen Zielgruppe in Dialog, nämlich der, die sie ohnehin schon hat.

Jedes andere Unternehmen würde sagen: Wer sind all die Leute da draußen, die wir noch nicht haben? Mich stört auch, daß die Kirche keinen Mumm hat, keine Haltung erkennen läßt zu einer Gesellschaft, die sich im Moment völlig destabilisiert. Zwei Jahre hat man gebraucht, um ein Sozialwort der Kirchen herauszubringen! Und das scheint nicht viel zu bewegen.

Darüber hinaus weiß ich auch nicht, wer für die evangelische Kirche steht. Sie hat keinen Papst, keine Führungsstruktur, man kann sie einfach nicht personifizieren. Jeder kennt Bischof Karl Lehmann von den Katholiken, der ist dauernd im Fernsehen und kann mit den Medien umgehen. Aber die evangelische Kirche ist irgendwie niemand, ein weitverzweigter, basisdemokratischer, fast anonymer Konzern.

Es ist erschreckend zu sehen, wie das Bedürfnis der Menschen nach Spiritualität und Werteorientierung wächst, was sich in der Esoterikwelle überdeutlich zeigt. Gleichzeitig kann die evangelische Kirche davon nicht profitieren, weil sie offensichtlich kein relevantes Angebot dagegenzusetzen hat.

Was finden Sie denn gut an der Kirche?

Den Inhalt. Der ist heute wichtiger denn je. Die Leute brauchen Orientierung und die Auseinandersetzung mit den Werten: Es geht um Verbundenheit, Gemeinschaft, Freundschaft, Nachbarschaftlichkeit. Wer hat schon Gott? Die Kirche hat Gott. Das ist doch entscheidend. Nie haben wir ihn so gebraucht wie heute.

Was würden Sie tun, wenn die Kirche Sie mit einer Image-Kampagne betrauen würde?

Ich würde eine Image-Kampagne im Moment nicht annehmen, weil sie aufgesetzt wäre. Zuerst muß die Kirche mal ihre Hausaufgaben machen und klären: „Wer sind wir? Wofür stehen wir? Welche Position wollen wir in zehn Jahren in den Herzen und Köpfen der Menschen einnehmen?“ Und daraus ergeben sich dann sehr viele Aktionsfelder. Wenn die Kirche sich darüber mit uns unterhalten will, stehen wir gerne zur Verfügung.

Wie sollte die Kirche diesen Prozeß Ihrer Meinung nach in Bewegung setzen?

Die Kirche ist ein sehr großer Arbeitgeber, es ist schwierig, sich vorzustellen, wie sich dieses Schlachtschiff überhaupt in Bewegung setzen will. Als erstes muß sicherlich die Mitarbeiter-Kommunikation verbessert werden, damit sich die Leute intern bewegen können; auch Öffentlichkeitsarbeit gehört dazu. Ich würde mich freuen, wenn die Kirche auch in der Öffentlichkeit laut über die Rolle diskutieren würde, die sie in Zukunft in der Gesellschaft einnehmen will. Und dann kann man über Werbung diskutieren. Aber bis die Kirche eine klare Botschaft kommunizieren kann, muß viel passieren.

Auch andere Institutionen, etwa die Bundeswehr, mußten sich in Krisen verändern. Warum tut sich die Kirche so schwer?

Für mich sitzt sie ein bißchen wie das Kaninchen vor der Schlange: Wer nichts macht, macht auch nichts falsch. Diese Zeit ist voller Umbrüche. Die Kirche muß sehen, daß sie mit der Welle surft, ohne ihre eigene Identität zu verlieren. Lustigerweise hat die Kirche soviel Angst, ihre Identität zu verlieren, daß sie darum schon fast gar keine mehr hat. Aber sie kann sich nicht verbarrikadieren. Ich habe den Eindruck, sie ist sich zu fein, jemanden zu umwerben, weil sie denkt, daß sie von Gott kommt. Wenn Sie jemanden umwerben, versuchen Sie, charmant zu sein, Sie zeigen ihm, daß Sie ihn gut finden, werfen sich in Schale, wollen sympathisch sein. Einzelne Mitglieder oder Würdenträger der Kirche sind sympathisch, aber nicht das Kirchenbild, das die Leute haben. Nicht dieser Moloch Kirche.

Allein 1995 traten rund 36 000 Leute aus der Nordelbischen Kirche aus. Was bedeuten Kirchenaustritte? Liegt es an der Säkularisierung? Oder der Kundenfeindlichkeit?

Es gibt ein sehr schönes Zitat von Bischof Wolfgang Huber, das mich sehr beeindruckt hat: „Öffentliche Verantwortung kann eine Kirche nur in dem Maße wahrnehmen, in dem sie eine grundsätzlich wirksame Lebensform entwirft und für sie Zustimmung erhält." Ich glaube, die Austritte stehen nur für eins: Es hat keine Bedeutung mehr, Kirchenmitglied zu sein - es ist egal. Die Vermittlungsposition zwischen dem realen Leben und einer höheren Instanz oder einem größeren Kontext hat die Kirche nicht mehr.

Ich weiß nicht, ob sie sich mit den realen Erwartungen, die Menschen an Religion haben, noch auseinandersetzt - außer mit den Erwartungen der Sterbenden, da ist sie wirklich fit. Aber wenn es zutrifft, daß viele nur in der Kirche bleiben, weil sie fürchten, sie würden sonst nicht kirchlich beerdigt, dann ist das sehr, sehr bitter.

Hat die Kirche Aktivposten, die sie zuwenig nutzt?

Sie hat Glauben, ein unglaublich gutes Produkt. Sie hat an vielen Punkten auch eine sehr motivierte Mannschaft, sehr schöne Rituale und Räume, wunderschöne Musik. Sie kann Gemeinschaftserlebnisse bieten, die wir in unserer Single-Gesellschaft dringend brauchen. Meine Gemeinde zum Beispiel macht einmal im Monat abends eine „Thomas-Messe" für Zweifler; da geht es um Stille, Meditation, Kontemplation. Das ist dann der absolute Gegentrend zum Bungee-Jumping. Eine City-Kirche hier in München bietet eine Bergmesse an: Sie fahren Sonntag früh um sieben alle zusammen mit der S-Bahn los auf den Berg, feiern dort Gottesdienst, und dann wird gepicknickt. Da haben Sie Begegnungen und die Kraft der Kirche „live"!

Aus der Kraft der Rituale könnte die Kirche viel mehr machen. Konfirmationen zum Beispiel sind ein wirklich wichtiges Ritual in einer ganz intensiven, wichtigen Phase für Jugendliche, die dabei sind, erwachsen zu werden. Aber da tut die Kirche noch viel zuwenig. Ich habe schon so viele lieblose Konfirmationen, lieblose Taufen und lieblose Hochzeiten erlebt. Wo ist da die Freude, die dem Anlaß entspricht? Wer einmal in einem amerikanischen Gospelgottesdienst war, weiß, was es bedeutet, in einer Kirche ein Fest zu feiern, bei dem man über zwei Stunden emotional gefesselt ist und mit Gänsehaut die Kirche verläßt. Das gibt Kraft, das ist erbaulich für Körper und Seele.

Die Kirche verbietet sich jeden Sex-Appeal. Kann sie auf Spaß und Lust verzichten?

Darauf zu verzichten und nur den Kopf anzusprechen ist für mich intellektueller Dünkel. Es ist eine sehr reiche Welt, aus der die Bibel schöpft, voller Dramen, voller Gefühle, Glück und Unglück, mit einem Gott, der vergibt. Die Bibel war die erste Werbeschrift der Welt! Aber wenn ich die Bibel als das Leitbild der Kirche nehme und dann sehe, wie diese Firma das umsetzt, dann klafft da eine große Lücke.

Wenn Glaube nicht lustvoll ist, was habe ich dann davon? Die evangelische Kirche ist sehr verkopft, nicht besonders vergnüglich oder sinnlich. Ich kann mich noch nicht mal an ihr reiben, es gibt nichts zu erleben, nichts, was ich ablehnen, niemanden, mit dem ich streiten könnte; in der katholischen Kirche kann man das, die hat ihren Papst und ihre Erzkonservativen und die Kritiker, schönere Rituale und schönere Kirchen. Aber sehen Sie mal dagegen die entsetzlichen, neuen evangelischen Beton-Kirchen! So etwas wird vom Markt bestraft.

Viele Leute können mit „Heiliger Geist“ oder „Auferstehung“ nichts mehr anfangen. Ist die Bibelsprache noch verständlich?

Für mich ist nicht die Sprache das Wichtigste, sondern die Bereitschaft, offen zu sein für die Fragen der Menschen jetzt. Meine Religionslehrer haben mir die Bibel gezeigt, aber ich habe nie gewußt, wie sie selbst damit umgehen, ob sie glauben. Als Kind wollte ich mich nicht konfirmieren lassen, weil ich mir nicht sicher war, ob ich wirklich an Gott glaube. Mein Vater ist natürlich fast Amok gelaufen. Da hat der Pfarrer, der mich konfirmierte, zu mir gesagt: Wenn du versuchst, einigermaßen gut, ehrlich und hilfsbereit zu leben, bist du ein Christ, wie Gott ihn sich wünscht, und es ist mir völlig wurscht, ob du an ihn glaubst. Das war für mich eine handfeste Antwort, das hat Mut gemacht.

Gemeinden, Kirchenkreise und Kirchenleitung bremsen sich gegenseitig; Synoden fassen Beschlüsse, Bischöfe legen Veto ein. Fehlt der Kirche eine „Corporate Identity“?

Natürlich, aber vor allem fehlt der Blick nach draußen. Die streiten und philosophieren und vergessen völlig, daß es jemanden gibt, der für sie alle bezahlt - nämlich den Kunden. Viele Unternehmen, die viel intern und über sich selbst kommunizieren, geraten in eine regelrechte Problem-Trance, aus der sie ganz schwer wieder herausfinden. Die sitzen immer und immer wieder zusammen und diskutieren: „Der Kunde ist undankbar; warum hat er mein Produkt nicht gekauft?“ Aber keiner hat den Kunden gefragt. So ist das auch in der Kirche. Der Kunde will gefragt werden. Ich kann nicht erkennen, was die Kirche mich je gefragt hätte. Auch die fast „basisdemokratische“ Organisationsstruktur ist wohl nicht sehr hilfreich. Es scheint fast so, als wäre die evangelische Kirche ein unglaublich schwer zu manövrierender Tanker.

So kann keine Organisation und auch kein Unternehmen langfristig am Markt bestehen.

Wenn Sie Gemeinde-Pastorin wären, was würden Sie ganz konkret schon mal tun?

Ich würde mein Haus ganz weit aufmachen. Ich würde es vermieten, Lesungen, Ausstellungen und Partys reinholen. Ich würde auf den Marktplatz und ins Internet gehen und jeden Tag eine Live-Sprechstunde machen zu Fragen um „Glauben und Werte heute". Ich würde meine Kunden aus all den verschiedenen Zielgruppen ansprechen, damit sie selbst Programme zum Thema Glauben entwickeln - was meinen Sie, was für tolle Ideen dann auf den Tisch kämen!

Ich würde versuchen, die Klöster zu öffnen, damit jedermann, ob gläubig oder nicht, an diesen Orten der Kraft und Kontemplation wieder auftanken und unverbindlich Kontakt mit den Inhalten des Glaubens aufnehmen könnte. Das Schwierige ist, daß die Kirche heute kaum noch Bekenner hat, die jemanden überzeugen wollen. Im Marketing sind Bekenner Leute, die eine enge Beziehung zum Produkt haben und sie nach außen erklären können. Etwa ein Christ, der sagt: „Hör mal, ich bin in der Kirche, weil . . . , und du solltest da auch drin sein." Wer tritt denn heute noch für die Kirche ein? Und wo sind die Charismatiker in der Kirche, die Lust und Freude an der Aufgabe vermitteln? Bei denen auch der Pfarrer auftanken kann? In der Wirtschaft wird überall hervorgehoben, wie wichtig die „human resources" sind, die Menschen. Meine Kunden machen Hand- und Kopfstände, um ihre Mitarbeiter zu motivieren. Nur die Kirche ignoriert das.

Kann sich die Kirche überhaupt selbst verändern? Oder nur durch Druck von außen?

Es gibt zwei Möglichkeiten für Menschen, zu lernen: entweder durch Bewußtsein oder durch Leiden. Ich denke, jetzt hat die Kirche noch beide Möglichkeiten. Aber wenn sich die Marke weiter auflöst, bleibt nur noch Leiden. Dann ist sie der größte Sanierungsfall Deutschlands.

Lukrative Dienste

Das „Familien-Service-Zentrum 2005"

Von Alfons Scheitz

Es ist kein Kinderspiel, in diesen Zeiten einen Kindergarten zu betreiben oder eine Diakoniestation oder ein Altenpflegeheim. Doch wer zum Überleben das Angebot einschränkt, Personal abbaut oder gar ganze Einrichtungen schließt, geht den falschen Weg. Probleme löst man anders: Man lernt von der Privatwirtschaft.

Alfons Scheitz ist Mitinhaber von „Impulse Soziales Management" (Kassel). Zu den Schwerpunkten seiner Arbeit gehört die Organisationsberatung von Einrichtungsträgern der Kinder- und Jugendhilfe.

Unternehmen sind auf Profiterwirtschaftung ausgerichtet. Wer in der Wirtschaft erfolgreich sein will, muß profitabel arbeiten. Und wer auch morgen noch erfolgreich am Markt bestehen will, der muß sich mittlerweile einiges einfallen lassen und muß über den Tellerrand schauen. Denn zum einen sind die verfügbaren Ressourcen knapp, und der Zugriff auf sie wird letzten Endes über die Frage gesteuert, ob sie absehbar rentabel eingesetzt werden können, und zum anderen verändern sich Kundenansprüche, Zielgruppen und Märkte mit einer rasanten Geschwindigkeit.

Nun kann man dem entgegenhalten, daß Kirche nicht als profitorientiertes Unternehmen arbeitet, sondern einen sozialen Auftrag zu erfüllen hat. Ihre Dienstleistungen und produzierten Güter müssen eher an einem ideellen Engagement denn am wirtschaftlichen Erfolg orientiert sein. Gleichwohl scheint auch die Organisation Kirche in Bewegung zu geraten: „Unternehmen Kirche"! Und in dieser Neuorientierung befindet sie sich in guter Gesellschaft. Die Kommunen, die freie Wohlfahrtspflege, eigentlich alle sozial arbeitenden Organisationen sind intensiv mit der Neugestaltung ihrer Zukunftssicherung beschäftigt. Der Markt wird enger, die Konkurrenz größer.

Und die Fragen, die Führungskräfte und Entscheider in der Kirche beantworten müssen, werden sich nicht nur die Spitzen der Hierarchie, sondern auch die Verantwortlichen jeder kleinen organisatorischen Einheit des Großunternehmens Kirche, wie z.B. die des Kindergartens, stellen: Wollen Sie als kirchliche Einrichtung ein wirtschaftlich profitabel arbeitendes Unternehmen werden? Wollen Sie wirklich von Kunden- und Mitarbeiterorientierung, von Rentabilität und Unternehmenskultur sprechen? Wollen Sie, daß Kindertagesstättenleiterinnen die Managerinnen eines Dienstleistungszentrums werden?

Die Antwort sollte ein neugieriges Ja sein. Mir ist dabei wohl bewußt, daß das kirchliche Engagement immer verbunden ist mit der Frage nach dem Widerspruch zwischen Caritas und Profit. Da dieser Widerspruch ob seiner Dialektik prinzipiell nicht auflösbar ist, wird es Aufgabe der Führungskräfte sein, ihn als solchen zu akzeptieren, ihn immer wieder auszubalancieren und als besondere Qualität der eigenen Dienstleistungen zu verstehen. So wird aus der Not eine Tugend, die Dienen im Glauben und die moderne Dienstleistung am Markt miteinander verbindet. Für die Zukunftssicherung auch in den Kindertagesstätten bedeutet diese Neuorientierung eine Entwicklung kirchlicher Dienste hin zu einem modernen Dienstleister: der eigenen Kultur und Tradition verpflichtet, kunden- und mitarbeiterorientiert handelnd und der Wirtschaftlichkeit des Unternehmens ranggleich die ihm zustehende Bedeutung gebend.

Vor diesem Hintergrund fällt es mir dann auch gar nicht so schwer, eine Zukunftsvision für die heutigen Kindertagesstätten zu entwickeln. Eine Zukunftsvision, die ich unter das Motto „Familien-Service-Zentrum 2005" stellen möchte.

Diese Vision möchte ich an den drei Säulen Kundenorientierung, Mitarbeiterorientierung und betriebswirtschaftliche Steuerung erläutern und dabei überprüfen, welche externen Faktoren dabei maßgeblich und welche internen Veränderungen unabdingbar sind.

Dazu ein Beispiel:

Der Leiter der zentralen Personalabteilung einer deutschen Luftfahrtgesellschaft möchte im Rahmen eines umfassenden Personalentwicklungskonzeptes den Mitarbeitern helfen, ihr Familien-Leben und ihr Engagement im Beruf besser miteinander zu vereinbaren.

Aus diesem Anlaß sucht er einen zuverlässigen Kooperationspartner, der langfristig in der Lage ist, die vielfältigen und individuellen Bedürfnisse des Personals zu befriedigen. Die im Wohneinzugsgebiet der Mitarbeiter liegenden Kindertagesstätten werden mit diesem Anliegen konfrontiert.

Kindergarten - 24 Stunden geöffnet

Die erste Reaktion der Verantwortlichen und Mitarbeiter auf diese Anfrage ist Unverständnis, Ablehnung und Hilflosigkeit. Ein wichtiges Argument dagegen ist das des „Tagesgeschäftes". Es darf keine Störungen geben. Die Arbeitssituation ist ja sowieso schon angespannt. Außerdem hat es so etwas noch nie gegeben. Und schon gar nicht paßt es in den gerade frisch erstellten Dienstplan.

Aber nicht nur die Anfrage selbst ist befremdlich. Sondern das Fremde für die angefragten Kindertagesstätten ist auch in Gestalt des anfragenden Unternehmens repräsentiert. Es kann gut sein, daß dieses Unternehmen namentlich in der Einrichtung nie erwähnt wurde, obwohl z.B. Mitarbeiter dieses Unternehmens ihre Kinder schon seit Jahren in die Einrichtung bringen. Diese Kindertageseinrichtung leistet indirekt bereits einen Dienst für dieses Unternehmen. Dies kann für viele Einrichtungen eine gute Chance sein, vorhandene örtliche Potentiale zu orten, zu aktivieren und wirtschaftlich davon zu profitieren.

Der Betrieb in der Nachbarschaft wird somit ein Bestandteil und Mitglied der Kindertagesstätte, weil er als Kunde wahrgenommen und bedient wird.

Zurück zum Beispiel. Hier nimmt das genannte Privatunternehmen aber auch eine Stellvertreterfunktion für die Interessen der Eltern und die der Gesellschaft ein. Allein an der Frage der Kompatibilität der betrieblichen Arbeitszeiten und der Öffnungszeiten der Betreuungseinrichtung wird deutlich, wie kompliziert und komplex der von den Eltern zu bewältigende Alltag ist. Es zeigt aber auch, wie sich aus diesen Bedürfnissen die Anforderungen an die Qualität der Dienstleistung einer Kindertagesstätte ableiten lassen. Öffnungszeiten, die wirklich diesen Anforderungen gerecht werden, bedeuten radikale Einschnitte in die Abläufe eines Kindergartens, z.B. 24stündige Öffnungszeiten, an sieben Tagen in der Woche; zusätzlich Übernachtungsmöglichkeiten für Eltern; z.B. komplexe sogenannten Platz-Sharing-Verfahren, in denen das Produkt „Betreuungszeit" in Stundeneinheiten verkauft und eingekauft wird.

Und selbstverständlich werden auch hier heftigste Einwände, wie z.B. „wir wollen doch nicht zur Verwahranstalt werden" oder „es ist pädagogisch überhaupt nicht vertretbar", vorgebracht werden. Richtig ist, daß die Einrichtungen tatsächlich auf die neuen

Herausforderungen und sehr hohen Ansprüche auch mit neuen pädagogischen Konzepten antworten müssen.

Familien sehen sich auch anderen Alltagsfragen, die weniger mit den Kindern zu tun haben, gegenübergestellt. Dort ist die Oma, die mittags verpflegt werden muß. Da ist der Opa, der im Leben viel erlebt hat und wunderbare Geschichten erzählen könnte - aber keiner ist da, der ihm zuhört. Da ist die zu kleine Wohnung, um eine Geburtstagsparty für die Tochter und ihre zehn Freunde auszurichten. Da ist der langersehnte Kinoabend der Eltern, und der Babysitter sagt ab. Da ist der Vater, der als Kraftfahrer arbeitslos geworden ist und nach einer sinnvollen Beschäftigung sucht. Es wird deutlich, daß sich ein neues Spektrum moderner Dienstleistungsangebote in der Form von Hilfen zur Lösung von Alltagsproblemen auftut, wenn der Markt von den Tageseinrichtungen erst einmal entdeckt und als solcher akzeptiert wurde.

Wer einmal ohne Vorbehalt darüber nachdenkt, sieht, daß die Zukunft der heutigen Kinderbetreuungseinrichtungen nicht mehr ausschließlich in der Arbeit an und mit dem Kind liegt, sondern in der Betreuung der Familienangehörigen. Die Kindertagesstätten werden zu umfassenden sozialen Dienstleistern.

Und das Produkt „Erziehung des Kindes“ ist neben einem möglichen Catering-Dienst für ältere Menschen oder einem Vater-Kind-Treff am Samstagnachmittag oder der nicht stationär gebundenen flexiblen Vermittlung von Kinderbetreuung eben nur eines unter einer Vielzahl mehrerer Produkte.

Entscheidend für den Erkenntnisgehalt dieser Beispiele ist, daß sich die Qualität der angebotenen Produkte zwingend aus der von den Eltern formulierten oder der von der Einrichtung antizipierten Bedarfslage der Familie her ableiten läßt. Im privaten Dienstleistungssektor wird diese Haltung mit dem Begriff der Kundenorientierung bezeichnet. Kundenorientierung ist aber gleichzeitig ein wichtiges unternehmensstrategisches Steuerungsinstrument. Erst die Sicherung des Dialogs mit den Familien, z.B. durch Elternbefragungen oder die Einrichtung von Feedback-Systemen, sichert auch die zukunftsorientierte Produktpflege und dient damit auch gleichzeitig als sensibles Frühwarnsystem für Störungen am Markt.

Kommen wir zu dem zurück, was heute ist. In vielen Einrichtungen stellen wir eher eine Haltung fest, die weniger am realistischen Bedarf des Kunden Familie als vielmehr an der eigenen und als mangelhaft bewerteten personellen und finanziellen Situation der Organisation orientiert ist. Die Kunden, besonders die Eltern als die eigentlichen Auftraggeber, haben in vielen Einrichtungen immer noch eher die Rolle der Störenfriede, als daß sie willkommene Gäste wären. Oder wer hat schon einmal in einem Kindergarten eine Sitzecke und eine Kaffeemaschine für Eltern gesehen? Die Einrichtung der Zukunft ist vor allem ein Zentrum der Begegnung. Sie wird ein Treffpunkt für junge wie für alte Familienangehörige werden. Ist dies dann einmal Wirklichkeit, dann entwickeln sich, auch über die Nutzung der vorhandenen kreativen Potentiale der Gäste, nach und nach weitere Angebote und weitere Nachfragen. In diesem Sinne ist die „Kita" von morgen ein kleiner Marktplatz, ein kleines Familien-Service-Unternehmen.

In der Folge entwickelt sich eine hohe Kundenzufriedenheit, die wiederum die Stammkunden bindet und neue Kunden akquiriert. Mit der Zeit entsteht ein unverwechselbares Profil, das sogenannte Standortprofil.

Es macht die Einrichtung von der Konkurrenz am Betreuungsmarkt unterscheidbar. Dies ist vor allen Dingen in den größeren Städten und in den Ballungszentren überlebenswichtig. Denn der Konkurrenzkampf unter den Einrichtungen wird spätestens dann an Schärfe zunehmen, wenn eine hohe Auslastungsquote aus den erwähnten demographischen Gründen nicht mehr ohne weiteres erreicht wird.

Mitarbeiter beteiligen!

Die Ausgangsthese lautet: Keine Kundenorientierung ohne interne Kundenorientierung.

Auch die kreativsten Konzepte zur Kundenorientierung bleiben Makulatur, wenn sie keine Entsprechung im Innenleben der Organisation finden. Die Mitarbeiterinnen und Mitarbeiter sind die wichtigsten Träger kommender Veränderungen. Sie können den Erfolg oder das Scheitern dieser Prozesse bestimmen. Die Anforderungen an Führungskräfte wachsen daher: Auf allen Ebenen wird die Steuerung dieser Änderungen ein zentrales Element zur Bewältigung der anstehenden Aufgaben. Das ist nicht allein Sache der Mitarbeiter, sondern es ist zunächst eine

Führungsaufgabe, und zwar eine Führungsaufgabe erster Güte. Die Kernfrage lautet: Wie motiviere ich meine Mitarbeiter?

Und wer hier nicht präzise arbeitet, d.h. von der Vision nicht überzeugt ist und die Mitarbeiter dafür nicht gewinnen kann, der wird zwar Vorgesetzter sein, aber keine Führungskraft. Und das gilt auch in der kleinsten Kindertagesstätte.

Das aktuelle Dilemma besteht darin, daß im Grunde niemand in den Betreuungseinrichtungen und der dort vorgesetzten Verantwortlichen für die zukünftigen Aufgaben gerüstet ist. Die klassisch-pädagogisch ausgebildeten Leitungskräfte, ehrenamtliche Führungskräfte in den Kirchenvorständen oder auch der Gemeindepfarrer haben in ihren jeweiligen Führungsrollen in aller Regel keine oder nur geringe Fachqualifikationen angesichts der wachsenden Herausforderungen.

Ich hebe das deshalb besonders hervor, weil unsere Erfahrungen zeigen, daß zukunftssichernde, aber zunächst kostenintensive Investitionen in die Fortbildung und Qualifizierung von Führungskräften und Mitarbeitern gescheut werden und als erstes dem Rotstift zum Opfer fallen. Dies ist fatal, denn die mitarbeitenden Menschen sind gerade in einem dienenden Unternehmen das wertvollste Kapital und Voraussetzung für den Erfolg des gesamten Unternehmens.

Wer erfolgreich seine Mitarbeiter für das Neue gewinnen will, muß mit ihnen reden, muß aus Betroffenen Beteiligte machen. Die Arbeit an Zukunftskonzepten muß von den Mitarbeitern als persönliche Verwirklichungschance angesehen werden.

Von entscheidender Bedeutung ist, wie Führung die Mitarbeiter(innen) schon frühzeitig in die Überlegungen einbezieht. Die Botschaft muß lauten, daß man sich gemeinsam auf den Weg begibt, um Verbesserungen anzustreben, und nicht, weil es von oben so gewollt ist bzw. weil es einen entsprechenden äußeren Druck gibt, dem man sich zu beugen hat.

Am Beispiel der Fluggesellschaft läßt sich erahnen, in welchem Umfang das Personal von den Veränderungen betroffen sein wird. Flexible Arbeitszeiten der Eltern führen zu entsprechend flexiblen Arbeitszeiten in der Einrichtung. Das wiederum zieht Veränderungen in der eigenen privaten Situation der Mitarbeiter nach sich. Wer versorgt die eigenen Kinder abends, wenn Mutter oder Vater arbeiten muß? Wer macht den Wochenendeinkauf am Samstag? Was ist mit meinem Kegelabend? Auch hier ließe sich die Liste der Beispiele endlos fortführen.

Diese Bilder machen deutlich, daß Personalführung ein qualifiziertes Konzept braucht. Personalentwicklung darf nicht nur eine Worthülse bleiben, sondern muß als integraler Bestandteil eines leistungsorientierten, partnerschaftlichen Unternehmenskonzeptes auch in den Kindertagesstätten praktiziert werden. Die dienende Haltung zum Kunden entspricht spiegelbildlich einer partnerschaftlichen und wertschätzenden Haltung gegenüber den Mitarbeitern. Analog zur Kundenorientierung hat die Mitarbeiterorientierung aber auch eine strategische Funktion für die Unternehmensentwicklung. Das vorhandene Know-how und die kreativen Potentiale der Fachkräfte müssen für die Einrichtung nutzbar gemacht werden.

Und um auch hier einige Beispiele zu nennen, kann das zukünftig bedeuten: leistungsorientierte Bezahlung, jährliche Personalentwicklungsgespräche, persönliche Leistungsbewertung, Supervision, Zielvereinbarungen, systematische Karriereplanung mit entsprechender Unterstützung bei der beruflichen Qualifizierung, Einführung von Mitarbeiter-Feedback-Systemen, individuell abgestimmte Arbeitszeiten auch im Rahmen von Jahresarbeitszeit-Modellen, möglicherweise sogar von Lebensarbeitszeit-Modellen vor dem Hintergrund individueller Familienplanung. Es ist also sehr weitreichend, systematisch angelegt und geht wirklich bis ins Detail.

Mitarbeiterorientierung heißt interne Kundenorientierung. Das Produkt, die Ware heißt Führungsleistung. Und wenn der Kunde die Ware nicht kauft, hat der Anbieter ein Führungsproblem. Analog dazu zeigt die Erfahrung auch, daß Probleme mit der Kundenorientierung nach außen auf Führungsprobleme nach innen verweisen. Und solange keine Mitarbeiterorientierung gelebt wird, ist alles Gerede von Kundenorientierung nach außen ohne jede substantielle Grundlage. Die Vision eines wirtschaftlich orientierten „Familien-Service-Zentrums 2005“ ist ohne aktive Mitarbeiterorientierung nicht denkbar.

„Cash-flow"

Und nun zur dritten und letzten Säule des Unternehmens, dem Cash-flow. In diesem Zusammenhang bedeutet er letztlich nichts anderes als den umfassenden Versuch, systematisch und zielorientiert den Erhalt und die Fortentwicklung der wirtschaftlichen Leistungsfähigkeit der Einrichtung über entsprechende Steuerungsinstrumente sicherzustellen. Das kann durch eine Reihe von Maßnahmen geschehen, z.B. durch strategische Kosten-, Zeit- und Qualitätsverbesserungsprogramme, durch Benchmarking, durch Wettbewerbsanalysen, durch Projekt- und Prozeß-Management, um einige zu nennen. Hier versteckt sich das gesamte Repertoire der modernen Betriebswirtschaft. Und die betriebswirtschaftliche Seite hat, so es denn gewollt ist, auch in sozialen Einrichtungen als dritte Säule ihren gleichberechtigten Platz. Ich nenne hier sehr bewußt diese Einschränkung. Denn es ist überhaupt nicht, d.h. noch nicht, selbstverständlich, auch im Sozialbereich betriebswirtschaftliche Instrumente einzuführen, die eine effiziente Bewirtschaftung bei knappen Mitteln gewährleisten. Hier gibt es häufig genug so etwas wie eine Tabu-Zone. Und ich möchte das einmal an einer Erfahrung verdeutlichen.

In einem Verband freier Kindertagesstätten sollte eine Kosten- und Leistungsrechnung eingeführt werden, um mittelfristig die einzelnen Einrichtungen unter realistischen, rationalen Kriterien zu budgetieren. Die Grundlage einer jeden Kosten- und Leistungsrechnung ist aber u.a. die präzise Auswertung und Definition von Produkten. An diesem Punkt wird es spannend. Denn neben den eher methodischen Fragen bei der Ermittlung bereichsspezifischer Informationen kam es zu Problemen mit den Mitarbeitern, weil sie eine Befürchtung hatten: Detaillierte Produktdefinitionen erlauben die Erfassung von Leistung. Für den Träger ergibt sich damit eine Information über die Erfüllung der Sachziele und nicht wie bisher nur über die der Formalziele. D.h. auch, daß die Leistungsträger in der Verwirklichung ihrer Leistungen einer Überprüfung und Bewertung unterliegen. Für den Sozialbereich ist das absolut ungewöhnlich - aber meiner Meinung nach dringend geboten. Und das, was zunächst bedrohlich schien, ist mittlerweile auch für die Mitarbeiter eine wichtige Informationsquelle. Die Produkte und Früchte ihrer Arbeit bekommen einen expliziten Wert - einen Gegenwert, der sich darstellen läßt. Und das motiviert. Im Zusammenspiel der drei Säulen verliert auch die Überprüfung und die Bewertung ihre Bedrohlichkeit.

Schließlich drei Beispiele, wie Ressourcenoptimierung und -sicherung stattfinden kann.

In vielen Kindertagesstätten wurden die Küchen aus Rentabilitätsgründen geschlossen, und die

Kinder müssen nun mit Tiefkühlkost vorliebnehmen. Warum eigentlich? Viele der von uns beratenen Einrichtungen haben wieder Küchenpersonal eingestellt, kochen für die Kinder der eigenen Einrichtung, beliefern gleichzeitig andere Betreuungseinrichtungen, laden Eltern ein, in der Mittagspause mit ihren Kindern gemeinsam zu essen, und haben einen kleinen Catering-Dienst für ältere Leute in der Nachbarschaft und für Familienfeiern eingerichtet. Die Rechnung geht gut auf, nicht nur weil das Personal finanziert werden kann, nicht nur weil es eine positive Kundenresonanz gibt, sondern weil die Küchen sogar kleine Überschüsse erwirtschaften, die dem pädagogischen Betrieb zukommen.

Ein anderes Beispiel: Zur Zeit werden die Räumlichkeiten der Einrichtungen an den Wochenenden und häufig genug auch an Nachmittagen nicht genutzt. Diese Ressource kann vermietet werden, z.B. für Geburtstagsfeiern oder Familienfeiern. Warum sollen Väter oder Mütter sich nicht ein- oder zweimal mit anderen Gleichgesinnten zum Spielnachmittag in der Kindertagesstätte treffen und natürlich auch bezahlen? Warum sollen nicht Räumlichkeiten für die Schwangerschaftsgymnastik zur Verfügung gestellt werden? Es gibt viele Möglichkeiten, sie müssen nur wahrgenommen und angepackt werden.

Ein letztes Beispiel: Mit der Einführung eines Jahresarbeitszeitmodells in einer von uns beratenen Kindertagesstätte stellte sich nach einer erheblichen anfänglichen Skepsis bei den Mitarbeitern heraus, daß die gewonnene zeitliche Flexibilität in der Dienstzeitgestaltung zu einer höheren und positiv bewerteten Flexibilität im Privatleben führte. Die Mitarbeitermotivation stieg, die Fehlzeitenquote sank, Überstunden fielen durch die angesparten Arbeitszeitkontingente weg. Und die sich aus dem System ergebenden Vertretungsregelungen führten zu einer deutlichen Verantwortungsentlastung - man darf auch mal ohne schlechtes Gewissen krank sein -, die Öffnungszeiten konnten verlängert werden, was zu einer höheren Zufriedenheit bei den Eltern führte. Auch hier geht die Rechnung gut auf. Die personalwirtschaftliche Betrachtung konnte als eine positive bilanziert werden.

Vision für kreatives Unternehmertum

Wenn ich nun zusammenfasse, dann hätte ich gern, daß folgende Kernaussagen Mut machen, Visionen zu entwickeln:

Eine Voraussetzung für die Zukunftsvision, die andere Träger sich zunächst einmal mühevoll aneignen müssen, bringt Kirche im übertragenen Sinne schon mit, nämlich die der „dienenden Haltung". Sie besitzt hier ein unverwechselbares Profil. Dies gilt es in den „Familien-Service-Zentren" der Zukunft auch in seiner neuen unternehmensstrategischen Funktion als wichtiges Kapital aktiv einzusetzen. Das Kurzmotto zum Profil könnte lauten: „Vom Dienen zur Dienstleistung".

Wer sich zukünftig erfolgreich als sozialer Dienstleister am Markt behaupten will, der muß nicht nur über den Tellerrand schauen können, sondern er muß dies auch noch sehr schnell tun, denn die Konkurrenz schläft nicht. Den hier vorgestellten Konzepten der Kunden- und Mitarbeiterorientierung sowie des Cashflow ist eines gemeinsam, nämlich der Prozeßgedanke. Erfolgreiche Veränderungsprozesse brauchen Zeit, sie gehen nicht von heute auf morgen. Sie verlaufen nicht linear, sondern reflexiv, und d.h., die Beteiligten wissen letzten Endes nicht so ganz genau, wo die Reise hingeht, aber sie haben die Sicherheit, daß sich die Einrichtungen mit den Bedürfnissen der Kunden und der Mitarbeiter sowie den wirtschaftlichen Erfordernissen entwickeln werden und in diesem Sinne auch steuerbar sind.

Führungskräfte haben neben dem Ausbalancieren von sozialem Auftrag und Profit-Orientierung einen umfangreichen Balance-Akt zwischen den drei Fragen „Was muß erneuert werden? Was gilt es zu bewahren? Was hat sich überholt und hat zukünftig keinen Platz mehr?" zu meistern. Das ist eine anspruchsvolle Aufgabe, die neben einer professionellen Begleitung sowie Qualifizierungsmaßnahmen und -trainings vor allem eine Unterstützung im Hause braucht. Der visionäre Veränderungsgedanke muß „von oben" getragen sein. Sonst steht jede Führungskraft und jeder Mitarbeiter auf verlorenem Posten.

Ausgangspunkt meiner Überlegungen war die desolate Finanzsituation der Kindertagesstätten. Die sozialen Aufgaben nehmen vom Umfang her zu, die Finanzierung wird schwieriger. Kindertagesstätten werden auch in Zukunft nicht kostendeckend arbeiten und schon gar nicht Gewinne abwerfen können. Um dem gesellschaftlichen Nutzen der Kinder- und Familienbetreuung auch weiterhin den ihm gebührenden Platz zu sichern, ist es ein Muß, unter ökonomischen Rentabilitätsgesichtspunkten die Wirtschaftlichkeit der Leistungserbringung zu optimieren.

Die gemeinnützige GmbH

Zukunftsfähige Modelle für kirchliche Profitcenter

Von Karl-Heinz Göttken

Traditionell ist Kirche im organisatorischen und rechtlichen Rahmen der Körperschaft des öffentlichen Rechts tätig. Die dominierenden Formen der Wirtschaft, die GmbH und die AG, wurden lange Zeit generell abgelehnt und werden noch heute kontrovers diskutiert.

Diplom-Ökonom Karl-Heinz Göttken ist Geschäftsführer der APB Unternehmensberatung GmbH (Münster), die sich auf die Beratung von Einrichtungen im Gesundheits- und Sozialbereich spezialisiert hat.

Inzwischen hat auch die Kirche die Organisationsform der „Gesellschaft mit beschränkter Haftung" (GmbH) für sich entdeckt und umgesetzt, etwa bei den ambulanten Sozialdiensten. Bedingt durch die Auswirkungen der Pflegeversicherung, stehen diese plötzlich in einem zuvor nicht gekannten Wettbewerb mit anderen Anbietern. Dieser Wandel von der Gemeindeschwester hin zu einem professionellen Dienstleistungsbetrieb ist typisch für den Wandel im Bereich der diakonischen Aktivitäten der Kirche. Damit verbunden sind tiefgreifende Ängste und Identitätsprobleme: Wo bleiben in diesen professionellen Dienstleistungsbetrieben die ureigenen Ansprüche und Ziele der Kirche? Muß die Kirche unter diesen Bedingungen diese Aufgaben zukünftig noch wahrnehmen?

Viele Menschen der Kirche und Diakonie, die sich in den letzten Jahren mit diesen Fragen beschäftigt haben, sind zu dem Ergebnis gekommen, daß Diakonie ein unverzichtbarer Bestandteil kirchlicher Arbeit ist und daß sie sich erfolgreich zum modernen Dienstleistungsbetrieb wandeln kann - und muß. So hat beispielsweise die Landeskirche Berlin-Brandenburg in einem Kirchengesetz über die Diakoniestationen festgelegt: „Der Dienst der Diakoniestationen ist Teil der diakonischen Arbeit der Evangelischen Kirche in Berlin-Brandenburg." Zugleich wird bestimmt, daß die Diakoniestationen zukünftig von rechtlich selbständigen Trägern des privaten Rechts betrieben werden sollen. Von den derzeit 36 Berliner Diakoniestationen wird zukünftig die Mehrzahl als gemeinnützige GmbH betrieben.

An dieser Stelle drängt sich die Frage auf, ob die GmbH, wie in der Wirtschaft, die zukünftig dominierende Rechtsform in der Kirche sein könnte. Diese Frage läßt sich nicht beantworten, ohne die einzelnen Aufgaben und Tätigkeitsfelder der Kirche zu analysieren. Ich habe versucht, diese in einem Modell darzustellen, das in Anlehnung an Definitionen aus dem Steuerrecht entstanden ist. Die Frage nach der Gemeinnützigkeit der Kirche bzw. kirchlicher Einrichtungen wird grundsätzlich anhand der Ziele und der tatsächlichen wirtschaftlichen Aktivitäten entschieden.

Strukturen kirchlicher Körperschaften des öffentlichen Rechts

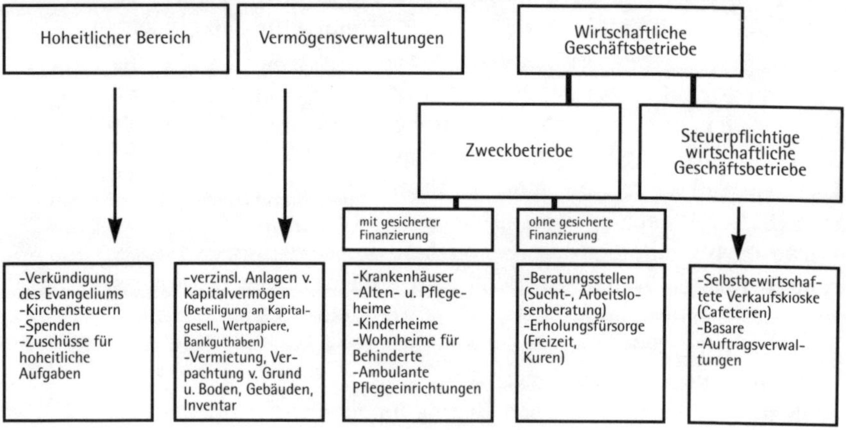

Nach dem Steuerrecht sind wirtschaftliche Geschäftsbetriebe Betriebe, die mit Einnahmeerzielungsabsicht unterhalten werden - nicht zu verwechseln mit der Gewinnerzielungsabsicht. Der wirtschaftliche Geschäftsbetrieb ist entsprechend der steuerrechtlichen Definition ein Oberbegriff, der weiter untergliedert wird in den Zweckbetrieb und den steuerpflichtigen wirtschaftlichen Geschäftsbetrieb. Beim Zweckbetrieb handelt es sich um einen Betrieb mit Einnahmeerzielungsabsicht, jedoch nicht als Primärzweck, sondern als Nebenzweck, um den Primärzweck - beispielsweise die Heilung und Pflege kranker und alter Menschen - zu verwirklichen. Beim steuerpflichtigen wirtschaftlichen Geschäftsbetrieb steht dagegen die Einnahmeerzielungsabsicht, möglicherweise auch der Gewinn, im Vordergrund.

Man unterscheidet Zweckbetriebe ohne und mit gesicherter

Finanzierung. Diese Trennung ist wichtig, da sich die Entscheidungsstrukturen in den beiden Betriebsarten deutlich unterscheiden müssen. Zum Bereich mit gesicherter Finanzierung gehört seit Inkrafttreten der Pflegeversicherung auch der ambulante Pflegebereich. Hier müssen Entscheidungen unter wirtschaftlichen Aspekten getroffen werden. Bei den Tätigkeiten ohne gesicherte Finanzierung sind Entscheidungen - wenn man davon ausgeht, daß sich zukünftig nicht alle gesellschaftlich und kirchlich notwendigen Aufgaben erfüllen lassen - unter Prioritätsgesichtspunkten zu treffen.

Ich möchte dies an einem Beispiel erläutern. Wenn man sich wie im Falle der Berliner Diakoniestationen grundsätzlich für die ambulante Pflege als kirchliche Aufgabe entschieden hat, so hat die Umsetzung dieser Aufgaben unter wirtschaftlichen Gesichtspunkten zu erfolgen. Konkret bedeutet dieses die strenge Anwendung des ökonomischen Prinzips, d. h. eine vorgegebene Leistung wie eine Anzahl von Pflegeeinheiten mit einem möglichst geringen Einsatz von Personal- und Sachmitteln zu verwirklichen oder mit einem vorgegebenen Personal- und Sachmitteleinsatz ein Optimum an Pflegeleistungen zu erbringen. Bei einer gesicherten Finanzierung dürfen hierbei der Kirche keine Verluste auftreten, die mit Kirchensteuermitteln gedeckt werden müßten.

Die unterschiedlichen Aufgaben und Tätigkeiten der Kirche erfordern entsprechend ihren Inhalten und Zielen unterschiedliche Strukturen. So kann ich mir eine Kirchengemeinde, einen Kirchenkreis oder eine Landeskirche mit ihren überwiegend hoheitlichen und vermögensverwaltenden Tätigkeiten in der Rechtsform der GmbH nicht vorstellen. Das gilt genauso für komplexe diakonische Einrichtungen, die neben der Vermögensverwaltung eine Vielzahl von unterschiedlichen Zweckbetrieben unterhalten. Andererseits werden heute noch viele wirtschaftliche Einrichtungen wie zum Beispiel Krankenhäuser, Alten- und Behinderteneinrichtungen, als Körperschaften des öffentlichen Rechts betrieben. In dieser Struktur sind die wirtschaftlichen Anforderungen nur schwer zu erfüllen. Auch in vielen kirchlichen Stiftungen und Vereinen finden sich entsprechende Strukturen, die den Anforderungen an eine moderne betriebswirtschaftliche Führung nicht gerecht werden.

Je mehr sich kirchliche Tätigkeiten vom hoheitlichen Bereich und der Vermögensverwaltung zum Zweckbetrieb ohne oder mit gesicherter Finanzierung entwickeln, desto größer sind die Anforderungen an das betriebswirtschaftliche Instrumentarium, an steuerliche Gestaltungsmöglichkeiten, an die Rechtsform sowie die Unternehmensführung und das Marketing.

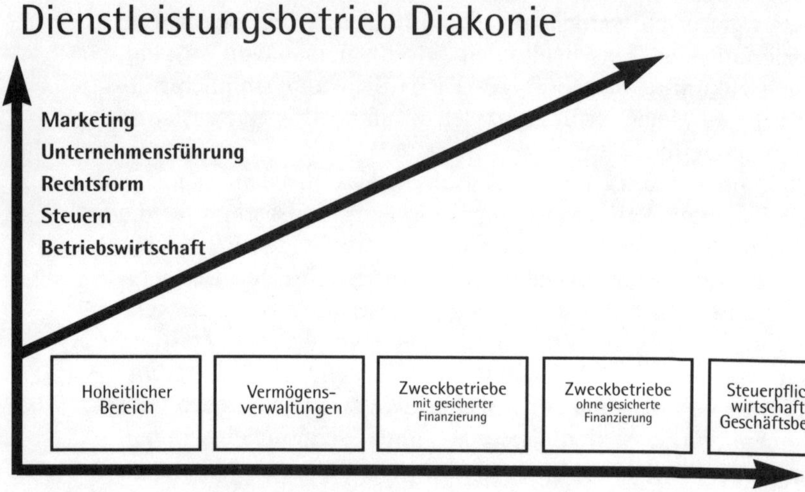

Wenn Kirche und Diakonie den Strukturwandel zum modernen Dienstleistungsbetrieb erfolgreich gestalten wollen, sind entsprechende Veränderungen dringend erforderlich. Kirche und Diakonie verfügen aufgrund jahrzehntelanger Erfahrungen und aufgrund ihrer Einstellung zu den Menschen über eine hohe fachliche Qualifikation, z. B. in der Pflege. Das findet auch bei Nicht-Kirchenmitgliedern Anerkennung. Über die wirtschaftliche Qualifikation läßt sich dieses, zumindest in dieser eindeutigen Form, nicht sagen. Das mag mit der guten finanziellen Ausstattung der vergangenen Jahre zu tun haben; in Zeiten knapper Mittel ist die Anwendung betriebswirtschaftlicher Instrumentarien um so notwendiger, um möglichst viele kirchliche und diakonische Aufgabenfelder zu erhalten.

Kirchengemeinden, Kirchenkreise und Landeskirchen setzen Prioritäten und verabschieden sich zunehmend von kirchlichen Tätigkeiten. Ganze Arbeitsfelder diakonischer Arbeit sind gefährdet. Andererseits expandieren immer wieder diakonische Einrichtungen trotz schwerer struktureller und wirtschaftlicher Veränderungen.

Die Gründung einer GmbH allein löst nicht die bestehenden strukturellen und wirtschaftlichen Probleme.

Die Veränderung der Rechtsform ist oftmals jedoch Grundvoraussetzung für weitergehende Umstrukturierungen. Grundsätzlich bieten die Formen des privaten Rechtes gegenüber den Körperschaften des öffentlichen Rechts neben der Haftungsbeschränkung die Möglichkeit zur Schaffung schnellerer und effizienterer Führungs- und Leitungsstrukturen.

Bei den bei Kirche und Diakonie gebräuchlichsten Rechtsformen des privaten Rechtes (Stiftung, Verein, GmbH) sind die Haftungen begrenzt auf das Stiftungs-, Vereins- oder Gesellschaftsvermögen. Die Führungs- und Leitungsstrukturen in einer GmbH haben gegenüber dem Verein und der Stiftung den Vorteil, daß die Gesellschafter unmittelbar die Entwicklung der Firma beeinflussen können. Darüber hinaus ist für die Gründung nur ein Gesellschafter notwendig, während es beispielsweise beim Verein sieben Gründer sein müssen. Neben der Gesellschafterversammlung ist in der GmbH lediglich ein Geschäftsführer notwendig. Es ist möglich, diesen mit umfassenden Rechten auszustatten, so daß grundsätzlich schnelle Entscheidungen getroffen werden können. Diese Strukturen sind grundsätzlich auch beim Verein und der Stiftung möglich. Allerdings zeigt die Erfahrung vieler kirchlicher und diakonischer Stiftungen und Vereine, daß es gerade an der klaren Aufgabenstellung für den Geschäftsführer mangelt. Oftmals werden Stiftung und Verein durch Vorstände vertreten, die ehrenamtlich besetzt sind. Um hier die gleiche Kompetenz und die gleichen Strukturen wie in der GmbH zu schaffen, ist eine hauptamtliche Besetzung des Vorstandes notwendig.

Zweckbetriebe mit gesicherter Finanzierung sowie steuerpflichtige wirtschaftliche Geschäftsbetriebe müssen professionell von Fachleuten geführt werden. Hauptursache für mangelnde wirtschaftliche Professionalität und damit einhergehende Ressourcenverschwendung sind ehrenamtliche Leitungsstrukturen. Diese haben sich historisch aus der Körperschaft Kirche entwickelt oder sind eng an kirchliche Strukturen angelehnt.

Viele Stiftungen und Vereine weisen stark ausgeprägte Hierarchien auf, die Kreativität und Eigeninitiative der Mitarbeiter unterdrücken.

Im modernen Dienstleistungsbetrieb Diakonie, in dem die Personalkosten zwischen siebzig und neunzig Prozent der Gesamtkosten liegen, wird es künftig entscheidend auf die Motivation der Mitarbeiter ankommen. Das ist nur sicherzustellen, wenn die Mitarbeiter gemäß ihren Kompetenzen mit der entsprechenden Verantwortung ausgestattet werden. Damit ergibt sich zwingend die Dezentralisierung von Aufgaben und Verantwortung. Dazu paßt am ehesten die Rechtsform der Gesellschaft mit beschränker Haftung, da ihre Führungs- und Leitungsstrukturen speziell auf die Bedürfnisse der Wirtschaft nach schnellen und am Markt orientierten Entscheidungen ausgerichtet sind.

In der Praxis werden immer wieder steuerliche Gründe für die Ausgliederung von Tätigkeiten in eigenständige Gesellschaften angeführt. Dieses „Outsourcing" geschieht in Kirche und Diakonie heute in großer Zahl und mit steigender Tendenz. Die Ursachen sind aber nicht in erster Linie steuerliche, sondern strukturelle und wirtschaftliche Vorzüge. Die Besteuerung ist unabhängig von der Rechtsform auf die tatsächliche wirtschaftliche Betätigung gerichtet. Es ist ein weitverbreitetes Vorurteil, daß steuerpflichtige wirtschaftliche Betätigungen zu einer Aberkennung der Gemeinnützigkeit insgesamt führen. Soweit die steuerpflichtigen Tätigkeiten die Gesamtaktivitäten in einer Organisation nicht übersteigen und aus diesen Tätigkeiten keine nachhaltigen Verluste entstehen, führen diese steuerpflichtigen Tätigkeiten lediglich zu einem teilweisen Verlust von Gemeinnützigkeit. Die Gemeinnützigkeit insgesamt bleibt aber unberührt. Aufgrund der formalen Anforderungen des Steuerrechts ist es jedoch sinnvoll, bei umfangreichen steuerpflichtigen Aktivitäten neben der wirtschaftlichen und organisatorischen Trennung auch eine rechtliche Trennung der Aufgabenfelder vorzunehmen.

Die Hauptgründe für solche Ausgliederungen sind jedoch wirtschaftlicher Natur. Für Krankenhäuser, Altenhilfeeinrichtungen und andere Wirtschaftsbetriebe stellt sich die Frage, warum zum Beispiel selbsterbrachte Verpflegungs- oder Reinigungsleistungen deutlich teurer sind als extern eingekaufte Dienstleistungen. In der Regel wird zunächst versucht, die Aufbau- und Ablauforganisation zu optimieren. Das Ergebnis ist nicht selten die Einsicht, daß trotz aller Bemühungen und trotz der von externen Anbietern in Rechnung gestellten Umsatzsteuern und Gewinnaufschläge der externe Dienstleister billiger ist. Ursächlich hierfür sind die Eingliederung dieser Dienstleistungen in den Gesamtbetrieb mit seinen unterschiedlichen Aufgaben und Zielen sowie die Rahmenbedingungen, die nicht beeinflußbar sind. In erster Linie ist hier das öffentliche Tarifrecht zu nennen. Die Einsparungen z. B. im Küchenbereich bei einem Wechsel zum Tarifvertrag „Nahrung-Genuß-Gaststätten“ liegen je nach Beschäftigtenstruktur zwischen 20 und 30 Prozent. Es stellt sich bei jedem „Outsourcing“ die Frage des Tarifes und der Altersversorgung der Mitarbeiter. Bei der Bewertung dieser Fragen kommt es regelmäßig zu Konflikten über die wirtschaftlichen Notwendigkeiten und die Besitzstände der Mitarbeiter.

Zur Lösung gibt es verschiedene Möglichkeiten, die aber allesamt zu einem Ausstieg aus dem Tarif des Öffentlichen Dienstes und der bislang praktizierten betrieblichen Altersversorgung führen müssen.

Kirche und Diakonie brauchen in den Bereichen, in denen sie wirtschaftlich tätig sind und in denen sich aufgrund einer gesicherten Finanzierungsstruktur nicht die Prioritätenfrage stellt, professionelle Strukturen. Zur rechtlichen Ausgestaltung bietet hierfür die Rechtsform der GmbH die besten Voraussetzungen. Professionalität und wirtschaftliches Handeln werden oftmals als Gegensatz zu den originären kirchlichen Zielen diskutiert. Ich kann diese Auffassung nicht teilen, auch wenn in einigen diakonischen Einrichtungen wirtschaftliche Aspekte dominieren. Ich glaube, daß einhergehend mit der Professionalisierung das Profil von Kirche und Diakonie in den Unternehmensleitlinien und der Unternehmenskultur entwickelt werden muß. Die anstehenden Strukturveränderungen werden in Kirche und Diakonie nur von den Einrichtungen erfolgreich bewältigt, die ein eigenständiges Profil entwickeln und sich ökonomisch verhalten.

Kein Luxus

Kirche braucht Kulturmanagement

Von Hermann Rauhe

„Kultur ist kein Luxus, den wir uns entweder leisten oder nach Belieben auch streichen können, sondern der geistige Boden, der unsere eigentliche innere Überlebensfähigkeit sichert", sagte Richard von Weizsäcker. Dies gilt für die Gesellschaft insgesamt wie besonders für die Kirche.

Prof. Dr. Hermann Rauhe ist seit 1978 Präsident der Hochschule für Musik und Theater in Hamburg. Er ist u.a. Gründer des Studiengangs „Kulturmanagement" und Mitglied im Präsidium des Deutschen Evangelischen Kirchentags.

Gerade die Kirche bedarf einer differenzierten, sensiblen, menschlichen Kultur des Miteinanderumgehens, des Begegnens, des Gespräches, des Dialogs wie der Auseinandersetzung. Hierzu gehört nicht nur die Kultur des Diskutierens und Streitens. Die Kultur im engeren Sinne, d.h. die Künste, dient der Verkündigung der biblischen Botschaft, indem sie alle Sinne des Menschen ganzheitlich anspricht. In diesem Sinne braucht die Kirche „Kulturmanagement" auf mehreren Ebenen:

1. der Ebene des Umgangs miteinander,
2. der Ebene der Kunst im kirchlichen Raum,
3. der Ebene des Kommunikationsprozesses zwischen Kirche und Gesellschaft.

Mit „Kulturmanagement" ist ein professionelles Handeln gemeint, das darauf zielt,

- organisatorische, wirtschaftliche, rechtliche, soziale, kommunikative und technologische Bedingungen und Freiräume für die Entstehung, Entfaltung und Vermittlung von Kunst und Kultur zu schaffen, gerade auch in Zeiten drastischer Sparmaßnahmen,
- Kunst und Kultur in gesellschaftlicher Verantwortung zu pflegen und durch planvolles wirtschaftliches Handeln in ihrer Kreativität und Originalität zu fördern,
- künstlerische Gestaltungsenergien bei Kulturschaffenden durch Entlastung von organisatorischen und materiellen Problemen freizusetzen,
- Kunst zu vermitteln, ohne sie zu verzwecklichen, ein Marketing für Kunst zu entwickeln, ohne sie zu vermarkten,

- Kunst zum zentralen Faktor und Ferment gesellschaftlichen Lebens und gesellschaftlicher Entwicklung zu machen,
- Kunst durch Vermittlung und Internalisierung ihrer Normen und Verhaltensweisen zur Kultur als Ausdruck „der Art und Weise, wie wir miteinander umgehen“ (Richard von Weizsäcker), werden zu lassen,
- (Frei-)Räume als Orte der „kulturellen Öffentlichkeiten“ zu schaffen, in denen sich Menschen über Normen und Werte ihres Handelns verständigen (Hilmar Hoffmann),
- den produktiven Dialog zwischen Kultur, Verwaltung, Politik und Wirtschaft anregen und moderieren zu können mit dem Ziel der Entwicklung kreativer kultureller und künstlerischer Projekte, der „Erarbeitung von etwas Neuem, von dem die Partner nicht zu Beginn schon wissen, wie es aussieht“ (H. Hoffmann),
- Sparmaßnahmen als besondere Herausforderung an die Kreativität und Phantasie zu verstehen, dennoch Kunst und Kultur ohne Qualitätsverlust zu ermöglichen.

Für dieses professionelle Handeln stehen Kulturmanager (-innen). Sie konzipieren, organisieren und realisieren Kunst- und Kulturprojekte. Sie leiten, betreuen oder beraten private und öffentliche Kunst- und Kulturinstitutionen und Kulturredaktionen. Sie sind Kommunikatoren, Koordinatoren, Integratoren, Katalysatoren, Ermöglicher, Gestalter und vielleicht auch kulturell verantwortlich handelnde „Unternehmer“. Sie bemühen sich darum, neue Bündnisse, stimmige, sinnvolle, auch unkonventionelle Partnerschaften zwischen Kultur, Wirtschaft, Verwaltung, Politik, Medien und Öffentlichkeit zu stiften und zu erproben, im Dialog mit den Partnern kreative Konzepte und Projekte zu entwickeln und gezielt zu verwirklichen; dabei Gestaltungsideen eines Künstlers/einer Künstlerin aufzugreifen.

Kulturmanager verstehen sich erstens als Anwälte von Kultur und Kunst: Wie sich Rechtsanwälte auf dem Boden des Gesetzes bewegen, sind die „Kulturanwälte“ an die Regeln der Kultur gebunden und dürfen sie auch dann nicht verletzen, wenn ihr Auftraggeber dies von ihnen erwartet oder gar verlangt. Sie bleiben Anwälte, Treuhänder und Sachwalter, Makler, Agenten für die Kultur und müssen in jeder Situation künstlerische Glaubwürdigkeit besitzen und vermitteln.

Kulturmanager sind aber auch insofern „Rechtsanwälte“, als jeder Mensch das Recht hat, „am kulturellen Leben der Gemeinschaft teilzunehmen, sich der Künste zu erfreuen". Dieses Recht ist in der Charta der Vereinten Nationen (Allgemeine Erklärung der Menschenrechte) verankert und bedarf zu seiner Verwirklichung eines professionellen Managements vor allem auf kommunaler Ebene.

Kulturmanager sind zweitens Berater(innen) von Kunst und Kultur: Dies setzt kulturelle Kompetenz und Sensibilität, Liebe und Begeisterung für Kunst voraus. Wie Unternehmensberater die Interessen des Unternehmens vertreten und Konzepte zu dessen Wohlergehen entwickeln, machen Kulturberater konstruktive Vorschläge und konzipieren Projekte, die der kreativen Entstehung und lebendigen Vermittlung von Kultur und Kunst dienen.

Kulturmanager werden dadurch drittens zu Kulturvermittlern: Sie sollten sich als Erzieher und als Förderer der Kunst und Kultur verstehen, die sich vom kunstpädagogischen Ethos kultureller Bildung und ästhetischer Erziehung leiten lassen, um Menschen an Kunst und Kultur heranzuführen (und auch die materiellen Möglichkeiten dafür zu schaffen) und andererseits Kunst und Kultur zum Menschen zu bringen.

Theologische Aspekte

Der Theologe denkt an die Unterscheidung von Glaube und Vernunft, wie sie sich bei Martin Luther findet:

„Die Vernunft, wie schön und herrlich sie auch ist, gehört doch allein in das Reich der Welt; da hat sie ihre Herrschaft und ihr Reich. Im Reich Christi hat allein Gottes Wort die Oberhand." (Predigt über das 2. Buch Mose, 1524-27)

Diese Unterscheidung ist keineswegs sophistisch. Sie geht zurück auf eine noch tiefere und fundamentalere Unterscheidung Martin Luthers. Er geht dabei von Gottes Handeln in der Gegenwart und in der Welt aus. Nicht der Mensch ist der Herr über die Welt, sondern Gott: „Er sitzt im Regimente und führet alles wohl." Mit seiner linken Hand lenkt Gott die Welt, indem er die Hände der Weltleute, der Politiker, Wirtschaftsführer, Wissenschaftler, Lehrer, Mütter und Väter benutzt. In diesem weltlichen Reich geht es weltlich zu, ordentlich, so daß alles dem Frieden dient und dem Chaos gewehrt wird. Hier herrschen Verstand und Können, Erfahrung und Wissen, Leistung und Macht - eben die Vernunft. Mit seiner rechten Hand lenkt er die Herzen und Seelen durch sein Evangelium und sein Wort. Dieses tröstet und macht die Glaubenden gewiß, mahnt die Gewissen und stärkt das Vertrauen auf Gott und seinen Christus. Hier herrscht der Glaube. Der Glaubende ist befreit zum Dienst in der Welt. Im Glauben ist er gebunden an Gott und doch zugleich durch den Glauben berufen zum Dienst an der Welt. Paulus sagt: „Besteht nun in der Freiheit, zu der euch Christus befreit hat!"

Luther liegt alles daran, hier nicht auseinanderzureißen, was zusammengehört: Freiheit im Glauben und die Freiheit zum Handeln in der Welt, Glaube und Vernunft, den Menschen als auf Gott hörendes und den Menschen als in der Welt handelndes Wesen. Die Vernunft, Kompetenz und Organisationsfähigkeit, Management und Durchsetzungsvermögen sind positiv zu sehen. Alles weltliche Handeln orientiert sich aber an der Liebe zum Nächsten. Sie gibt allem, was ich tue, Maß und Ziel. Ohne sie wird die Vernunft zur Hure, wird Handeln eitel oder aber instrumentalisiert für eigene Zwecke und für eigenen Ruhm.

Musik als Verkündigung

Musik gewinnt eine wachsende Bedeutung für die Arbeit in Kirche und Gemeinde, zumal sich seit mehr als 15 Jahren eine „Musikbewegung" feststellen läßt, ein wachsendes Bedürfnis nach gemeinsamem Singen und Musizieren in der christlichen Gemeinde. Immer mehr junge Christen versuchen, ihren Glauben, ihr Verhältnis zu Gott, zum Mitmenschen, zur Schöpfung und zur Kirche auf neue Weise spontan und in der Sprache unserer Zeit musikalisch auszudrücken. Das gefühlsbetonte persönliche Erleben und Erfahren des Glaubens rückt dabei oft in den Mittelpunkt der musikalischen Aussage, die weniger den Intellekt als unser Gefühl und unsere Körperlichkeit anspricht. Hier zeigt sich eine wichtige Eigenart der Musik schlechthin, die den ganzen Menschen anzusprechen vermag; nicht nur den Geist, sondern auch das Gefühl und den Körper.

Musik kann Übersinnliches sinnlich erfahrbar machen. Durch Musik wird das Wort Fleisch. Die von Max Weber beklagte Entkörperlichung der Musik läßt sich auf das Wort in der Verkündigung übertragen. Durch allzu abstrakte intellektuelle Exegese gerät das Wort in Gefahr, „entkörperlicht", „entsinnlicht" zu werden und damit eine wichtige Dimension der Verkündigung einzubüßen. Helmut Gollwitzer bemerkt treffend: „Wir haben aus dem Fleisch gewordenen Wort wieder nur Worte gemacht."

Verbindet man nun das Wort mit einer lebendigen, aktuellen, sinnlich-körperlichen, klanglich attraktiven und motorisch ansprechenden Musik, so vermag es seine ursprüngliche „Fleischlichkeit" und sinnliche Faßlichkeit zurückzugewinnen; besonders dann, wenn die Musik als Brücke dient zwischen dem theologisch-historischen und dem persönlich-lebensgeschichtlichen, assoziativ-emotional geprägten aktuellen Bedeutungshorizont. Hier treffen die Erkenntnisse der therapeutischen Wirkungsforschung mit denen der praktischen Theologie zusammen, die sich um die Bedeutung und Funktion der Musik in der Verkündung bemüht.

Musik als Lebenshilfe

Musik bietet auch ein Modell für das Verhältnis des einzelnen zur Gemeinschaft, denn beim gemeinsamen Musizieren entfaltet sich der einzelne im Beziehungssystem des Ensembles: Jeder ist für seine Stimme selbst verantwortlich, jeder muß sie gestalten und kann sich dadurch selbst verwirklichen. Man kann seine Stimme aber nur in Beziehung zu den übrigen Stimmen der Komposition gestalten und mit Rücksicht auf die Mitmusizierenden.

Gemeinsames Singen und Musizieren stärkt unser Selbstwertgefühl und vermittelt uns gleichzeitig die Erfahrung, nicht allein, sondern Teil des Ganzen, einer Gemeinschaft zugehörig und in ihr geborgen zu sein. Das Zusammenwirken im Dienste der Realisierung eines Musikwerkes gibt unserem Handeln Sinn und Ziel: Auch darin ist sinnerfülltes Leben mit gelungener Musik vergleichbar.

Musik verbindet und stiftet Gemeinschaft: Der einzelne fühlt sich aufgehoben im Zusammenspiel mit anderen. Musik ist Ausdruck des „Beieinander-Seins" von Stimmen, die in harmonischer Beziehung zueinander stehen. Eine besondere Rolle spielt die improvisierte Variation, z.B. im Jazz. Es geht um eine spontane Veränderung im Dialog mit den Musizierenden. Alle hören und reagieren sensibel aufeinander, damit die Veränderungen zusammenstimmen. Die improvisierte Variation dient als Modell des konstruktiven Umganges mit Änderungen, die das Leben mit sich bringt: Ortswechsel, berufliche Veränderungen, Pensionierung,

Krankheit. Es geht darum, allen diesen Herausforderungen flexibel und kreativ, sensibel und einfühlsam zu begegnen.

Musik ist ein Modell für sinnerfülltes Lebens: Musik ist eine wichtige Grundlage der Lebenskunst, weil sie der Planung und Gestaltung des eigenen Lebens dient, denn Musik ist Zeitkunst. Sie zeigt uns, wie Zeit sinnvoll gestaltet werden kann.

Musik und Leben sind wesensgleich; sie sind gestaltete Zeit. Bewußt und sinnvoll gestaltetes Leben ist Zeitkunst. Für die Musik wie für das Leben gilt: Die wichtigste Zeit ist der Augenblick. In ihm verdichten sich das ganze Leben und die ganze Musik als Teil im Ganzen. Er ist Schnittpunkt von Vergangenheit und Zukunft. So wie im Augenblick des Erklingens die ganze Fülle der Musik gegenwärtig ist, so sollten wir auch die Fülle des Lebens im gegenwärtigen Augenblick erleben und ergreifen. Wir sollten ganz hier und jetzt leben, die Gegenwart mit allen Sinnen wahrnehmen, sie intensiv erleben und sie zugleich in Beziehung zur Vergangenheit und zur Zukunft bewußt gestalten. Der Augenblick erhält seine Bedeutung und seinen Sinn aus der Gesamtkomposition der Musik und des Lebens. Sinnerfülltes, gelingendes Leben ist wie gut komponierte und gespielte Musik.

Musik dient schließlich als Lebensmodell für das Streben nach Ganzheit. Sie fügt Hohes und Tiefes, Liebe und Leid, Vertrauen und Angst zusammen. Sie lebt von Beziehungen und stiftet Gemeinschaft. Sie führt uns heraus aus Isolierung und Hemmung, Furcht und vielerlei Gefangenschaften. Sie hilft, daß wir unsere Fähigkeiten großzügig, liebevoll und einfühlsam entfalten können. Wer Musik hört oder ausübt, will sich nicht in sich selbst verkriechen, sondern sich anderen mitteilen, sich selbst und seine Freude an der Musik verschenken.

Musik dient der Pflege und Kultivierung unserer Sinne: Wer musizierend oder hörend seine fünf Sinne zusammenhat, steigert den einzelnen Sinn zu einer Höchstform und vertieft das Genießen. Musik ist Ausdruck ganzheitlichen menschlichen Verhaltens. Sie entspricht dem Leben mit seinen Höhen und Tiefen, mit seinen Freuden und seinen Schmerzen. Leben in seiner ganzen Fülle wird durch sie gestaltet, aber auch erlebbar. Aktiver Umgang mit guter Musik wirkt einer oberflächlichen Sinnlichkeit entgegen, die nur auf das schnelle Genießen zielt und letztlich nur Sinnleere bewirkt. Musik dient als Hilfe nicht nur zu neuer Sinnlichkeit, sondern darüber hinaus zu neuer Sinnstiftung.

Musik ist ein Modell ganzheitlicher Wahrnehmung: Sie wird nicht nur vom Ohr, sondern vom ganzen Körper und mit allen Sinnen aufgenommen. Der Tastsinn spielt beim Musizieren eine wichtige Rolle. Tasten-, Saiten- und Schlaginstrumente werden mit den Händen gespielt. Bei den Blasinstrumenten sind zusätzlich noch die Lippen beteiligt. Dabei erstreckt sich der Tastsinn auf die Haut und das tiefere Gewebe, die davon nicht nur berührt, sondern bewegt werden. Es entstehen Wirkungen, die sich auf den ganzen Körper übertragen. Der Bewegungssinn wird durch Musik angeregt: Wenn wir uns so bewegen, verkörpern wir das Seelische, verleiblichen wir die Sinne, äußern wir das Innere. Das tut gut, Körper und Seele und allen Sinnen. Wer die Angst überwindet, sich so zu äußern, wird beweglich, äußerlich und innerlich.

Musikalische Wahrnehmung beansprucht auch den Gesichtssinn. Eine schön geschriebene Partitur, ein Autograph von Johann Sebastian Bach etwa, ist ein Genuß für die Augen. Unsere Augen sehen dabei Musik, sehen gestaltete Bewegung. Ein Solist, der die Musik nicht nur auf seinem Instrument ausdrückt, sondern mit seinem ganzen Körper, verhilft uns zu vertieftem Hören. Musik, mit wachen Sinnen wahrgenommen, verbindet, stiftet Beziehungen, stärkt die Kräfte des Gemüts und schafft Erlebnisse.

Musik kann helfend und heilend wirken: Sie entfaltet eine geradezu schöpferische Lebenskraft. Die Faszination und heilende Wirkung von Musik beruhen auf ihrer lebensgeschichtlichen Bedeutung. Jeder Mensch hat seine besonderen Erlebnisse mit Musik, die Schlüsselerfahrungen hervorbringen. Werden sie in die Erinnerung zurückgerufen, sind wir positiv gestimmt, unsere resignative Gemütslage ändert sich, wir empfinden Freude und eine Bestätigung gelungenen Lebens. Sich so zu erinnern, macht dankbar und zeigt, daß das Leben nicht sinnlos ist. Man kann geradezu von der „Zaubermacht Musik“ sprechen.

Was für den Musikgenuß gilt, spüren wir auch sonst: Ist unsere Empfangsbereitschaft unterentwickelt, entgehen uns die schönsten und wichtigsten Dinge im Leben. Wir müssen mehr Mühe darauf verwenden, uns zu entspannen, uns zu öffnen und uns hinzugeben an Musik, wie an die wesentlichen Dinge und Erfahrungen: Dann werden wir gefüllt und erfüllt mit ihrer Schönheit und Kraft.

Musik prägt auch das gesprochene Wort: Musik ist nicht nur der intensivste emotionale Ausdruck, den sich Menschen in ihrer

Kultur geschaffen haben. Musikalische Elemente durchdringen auch die Sprache und verleihen ihr Überzeugungskraft und Ausdrucksstärke. Je musikalischer wir unser Sprechen gestalten, desto vertrauenerweckender, liebevoller und zärtlicher wird es. Dazu gehören die Pause, der Wechsel der Tonhöhe, die deutliche Klangfärbung der Vokale, abgestufte Dynamik zwischen lautem und leisem Sprechen, der Wechsel von getragener und abgehackter Artikulation, die Gestaltung des Rederhythmus und des Redetempos: Die Musik in unserer Sprache bietet uns einen goldenen Schlüssel zu den Herzen unserer Mitmenschen. Wir sollten ihn nutzen und damit mehr Herzen aufschließen.

Kultur hilft, Zukunft zu gestalten

Aus all dem geht hervor, wie lebensnotwendig Musik und - weiter gefaßt - Kultur für jeden Menschen ist. Wenn die Kirche es als ihren Auftrag sieht, sich um Menschen und ihre Lebensqualität in unserer Gesellschaft zu kümmern, ihnen bei der Sinn- und Identitätsfindung zu helfen, so hat sie damit auch einen unverzichtbaren kulturellen Auftrag.

Jede Veränderung beginnt im Bewußtsein des einzelnen. Bewußtsein setzt Wahrnehmung voraus. Je differenzierter und umfassender die Wahrnehmung, um so größer die Chancen. Kunst wird ganzheitlich, mit allen Sinnen, wahrgenommen. Sie macht Unsichtbares sichtbar, Übersinnliches sinnlich erfahrbar.

Ihre Utopien sind Vorfelder künftiger Wirklichkeit und darin dem Glauben verwandt, der Erhofftes schon heute vorwegnimmt und lebt. Darum ist Kunst unverzichtbares Element und Ferment der Arbeit in Kirche und Gemeinde.

Die drei Wahrheiten

Personalverwicklungen im Unternehmen Kirche

Von Gerhard Risch①

Im Unternehmen Kirche ist Coaching noch ein Fremdwort, weiß man mit Entlassungen nicht umzugehen und ist „Teamarbeit" bestenfalls ausbaufähig. In allen drei (Beispiel-)Fällen wird Kirche die eigenen Gewohnheiten ändern müssen. Sie verliert ihre Unschuld.

Gerhard Risch ist Bankkaufmann, Diplom-Psychologe und Psychotherapeut. Er gründete 1985 die Unternehmensberatung Risch & Partner, die bundesweit bei Sanierung und Umstrukturierung hilft. Risch & Partner arbeitet auch mit diakonischen Einrichtungen zusammen.

In den 60er und 70er Jahren orientierten sich gesellschaftliche Veränderungsprozesse vorwiegend am politischen Milieu: Mehr Demokratie, internationaler Friedensprozeß und Bildungsoffensive seien als Beispiele genannt.

Heute orientieren sich viele Gruppen an der Wirtschaft und sehen dort die gesellschaftliche Avantgarde: Es geht um Professionalisierung, Effizienz, Leistungszuwachs, Profit und Management. Diese Wettbewerbskultur erobert alle gesellschaftlichen Segmente, auch die Privatsphäre und vormals „soziale" Versorgungsbereiche. Die Institution Kirche steht mitten in diesem Veränderungsprozeß und damit unter einem gewaltigen Anpassungsdruck. Die Profis der Gemeinschaft, des Konsenses und des Pluralismus, der Beziehungen und des Wortes orientieren sich an den Pragmatikern. Und das in einer Zeit, in der sich die Wirtschaft neu orientiert - hin zu „Humanresources"-Konzepten, in denen etwa Mitarbeiterbeteiligung und die Beziehungen zu den Kunden mehr Bedeutung bekommen.

Die Institution Kirche sucht die Strukturen und Effizienz der Wirtschaft, die Wirtschaft sucht die Beziehungsfähigkeit der Gemeinde. Die Kirche – nicht nur als Institution, sondern als Mitgliederkirche – wird ihre Antworten finden, wenn es ihr gelingt, die Welt der Ökonomie, der Erfolgsorientierung und der Karriere zu versöhnen mit der Welt des Glaubens, des Bekenntnisses und der Gemeinschaft.

Anhand dreier exemplarisch herausgegriffener Themenbereiche - Coaching, Umgang mit Entlassungen und Teamarbeit - werden Konzepte und Methoden zur Bewältigung von Veränderungen

① Co-Autoren: Claus Bandick, Elke Rattay und Georg Strnat, alle Risch & Partner Unternehmensberatung beschrieben. Im Mittelpunkt der Betrachtung stehen Führungskräfte und Mitarbeiter. Gleichzeitig ergeben sich aus diesen Themen drei Perspektiven, aus denen die Prozesse betrachtet werden können:

1. Die individuelle Perspektive

Zum einen soll es darum gehen, wie der einzelne Mitarbeiter bzw. die Führungskraft diese neuen Anforderungen bewältigen kann, um den Ansprüchen an die eigene Rolle und Person gerecht zu werden.

2. Die kollektive Perspektive

Zum anderen geht es um die Konsequenzen, die neue Strukturen für Mitarbeiter haben (z.B. Entlassungen und Leistungsdruck) sowie um den Umgang mit der Spannung zwischen Moral und Ethik einerseits und betriebswirtschaftlicher Notwendigkeit andererseits.

3. Die Synergieperspektive

Nicht zuletzt werden Sinn und Nutzen der Teamarbeit und Möglichkeiten der Verbindung von individueller und Team-Perspektive beschrieben, wobei die Team-Perspektive nicht mit der kollektiven Perspektive gleichzusetzen ist.

Coaching

Strukturveränderungen oder Sanierungen bedeuten immer Systemveränderungen. Und Systemveränderung heißt: Es entsteht ein krisenhaftes Geschehen mit all den Auswirkungen, die Krisen auf die beteiligten und betroffenen Menschen haben. Die Aufgabe für die Leitung einer Einrichtung besteht darin, das System der eigenen Organisation aus dem System heraus zu überwinden. Das Ziel ist, dem gesellschaftlichen Wandel Rechnung zu tragen. Autoritäre Strukturen sind durch partnerschaftliche Strukturen zu ersetzen, aus Monologen müssen Dialoge entstehen, und schließlich muß auch die gewachsene Komplexität des beruflichen und privaten Umfeldes berücksichtigt werden.

Die beruflichen Anforderungen können nicht mehr aus der Fülle der bisherigen Erfahrungen bewältigt werden, sondern bedürfen der persönlichen Neuorientierung. Persönlichkeit wächst in Beziehungen, sie ist Ausdruck und Ergebnis ihrer integrierten Umweltbeziehungen. Wir speichern von Kindesbeinen an Handlungsmuster in unserem Gedächtnis. Diese Muster verfestigen sich, wenn sie sich immer wieder als brauchbar zur Problembewältigung erwiesen haben. Im Laufe der Zeit haben wir einen ganzen Vorrat an Szenen oder Bildern gespeichert, über den wir mehr oder weniger flexibel verfügen. Allerdings reicht dieser Vorrat häufig nicht aus, um angemessen auf gegenwärtige Fragen zu reagieren. Das eigene Verhalten, der Führungsstil, die Managementfähigkeiten müssen den neuen Strukturen angepaßt werden. Wir haben unsere Bilder, mit denen wir unsere Probleme im Alltag lösen, von unseren Eltern und von unseren Großeltern gelernt. Ihre Kompetenzen und Bewältigungsstrategien waren für eine andere Welt bestimmt als die unsere.

Das, was wir künftig an Problemlösung brauchen, tragen wir nicht ohne weiteres in uns. Häufig endet daher der Versuch, eine Lösung zu finden, mit dem Griff ins Leere.

Coaching[2]- bzw. Supervision - hilft der Führungskraft, ihrer Rolle und den damit verbundenen Anforderungen gerecht zu werden. Der Begriff ist Mode geworden. So modisch dieser Begriff ist, so schillernd ist er auch: Coaching als Führungsinstrument wird zum einen als konkrete fachliche Einweisung in neue Aufgabengebiete definiert, zum anderen als individuelle Unterstützung bei Belastungs- und Überforderungssituationen.

Wir definieren Coaching als ein persönliches Unterstützungsinstrument für Führungskräfte mit dem Ziel, die Bewältigungskompetenz – bezogen auf definierte Situationen – zu erhöhen und die eigene Leistungsfähigkeit den veränderten Anforderungen anzupassen. Wir machen keinen Unterschied mehr zwischen den persönlichen und den beruflichen Anforderungen, zwischen der individuellen und der fachlichen Seite. Zwischen ihnen gibt es eine sehr enge Wechselwirkung. Die Grenze des Unternehmens ist gleichzusetzen mit der Grenze der Führungskraft. Soll sich das Unternehmen entwickeln, dann muß sich zuerst die Führungskraft entwickeln.

Wir sind nicht nur davon überzeugt, daß sich Coaching als ein gängiges Instrument für Führungskräfte etablieren wird, sondern auch davon, daß die Leistung von Führungskräften künftig daran gemessen wird, inwieweit sie von diesem Instrument Gebrauch machen, und zwar genauso geschickten Gebrauch wie

② Schreyögg, Astrid, „Coaching - Eine Einführung für Praxis und Ausbildung", Frankfurt/Main, 1996 sonst von anderen, z. B. betriebswirtschaftlichen Instrumenten. Denn Veränderungen und deren Steuerung gehören künftig überall zum Alltagsgeschäft. Anpassungs- und Veränderungsdruck werden nicht nachlassen. Konnte man früher persönliche Schwächen durch das Auswechseln von Personen lösen, wird dies fortan eher eine Ausnahme bleiben. In der Regel werden sich die Personen innerhalb ihres sich verändernden Feldes schneller anpassen müssen. Jede Person wäre überfordert, diese Veränderung über mehrere Jahre hinweg allein bewältigen zu wollen: Sie muß auf begleitende Hilfe zurückgreifen können.

Vorrangige Aufgabe einer jeden Führungskraft ist es, den Mitarbeitern des Unternehmens Orientierung zu geben. Diese Orientierung wird zum einen aus der eigenen Person heraus geschöpft. Sie leitet sich aus dem Kernbereich der eigenen Identität ab. Dabei meint Identität das Bild und das Gefühl, das ich von mir selbst habe, das jede Person einzigartig und unverwechselbar macht. Sie ist quasi eine unmißverständliche Instanz, die sagt: stimmt oder stimmt nicht. Zum anderen wird diese Orientierung von außen gegeben, von der Gesellschaft, dem Umfeld, den Rahmenbedingungen etc. Die eine Orientierung kommt ohne die andere nicht aus.

Aber in den Orientierungen gibt es Störungen. Der Blick nach innen kann getrübt sein; Stummheit, Verschwommenheit und Verstimmungen können auftreten. Bei dem Blick nach außen kann es zu Verkennung, Verfälschung, Ignoranz und Wahrnehmungsschwäche kommen. Im Zusammenspiel beider Linien können eingeschränkte Resonanzen, überschießende Resonanzen oder „Resonanzkatastrophen" auftreten. Von einer Resonanzkatastrophe sprechen wir z.B., wenn in einem Gespräch auf eine scheinbar „normale" Äußerung hin plötzlich die Hölle losbricht. Der „Sender" weiß gar nicht, was passiert ist, hat sich nichts Böses dabei gedacht, aber bei dem Empfänger wird eine Welt angestoßen, die er nicht mehr beherrscht und die dann bestimmend für beide wird.

Beide Orientierungen, die innere und die äußere, sind notwendig; jede für sich kann ebenso Fehlerquelle sein wie das Zusammenspiel beider. Treten Störungen in der Orientierung auf, werden Veränderungen nicht mehr erkannt und Anforderungen nicht vollständig wahrgenommen. Damit die Führungskraft ihre Potentiale besser ausschöpfen kann, ist es die Aufgabe des Coachings, diese beiden Orientierungen von Hemmnissen, Dämpfungen und Verstellungen freizumachen sowie ihr Zusammenspiel anzuregen und zu optimieren.

Quellen der Leistungssteigerung durch Coaching

Johari-Fenster

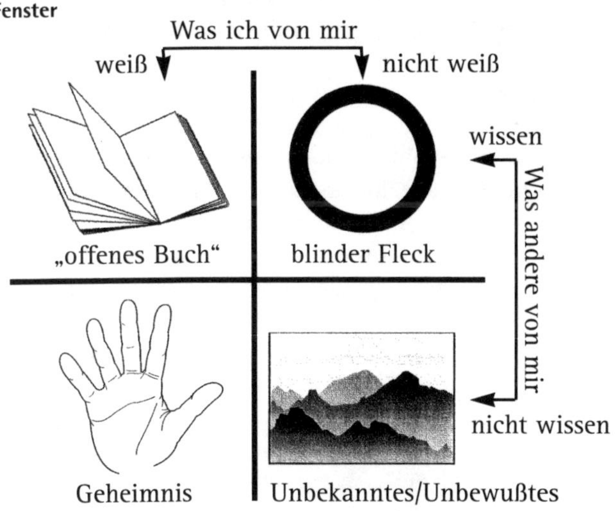

Eine Quelle der Leistungssteigerung kann an dem gebräuchlichen Schema des Johari-Fensters verdeutlicht werden: das Feld des offenen Buches (darin kann jeder lesen); das Feld des blinden Fleckes (alle wissen es, nur ich nicht); der Bereich des Geheimnisses (nur ich weiß es und sonst keiner) und der Bereich des Unbekannten, des Unbewußten (niemand weiß es). Die Leistungssteigerung kommt dadurch zustande, daß man den Bereich des offenen Buches weitet. Indem der Führungskraft ihr Verhalten gespiegelt und sie unterstützt wird, den Austausch mit anderen zu suchen, wird der blinde Fleck kleiner: Sie sieht mehr, ist auf andere Dinge ansprechbar und kann mehr bewältigen. Aus der Befürchtung heraus, Ansehen zu verlieren, wenn Geheimnisse öffentlich würden, hält man häufig mehr zurück, als eigentlich nötig wäre. Steht man zu dem, was man ist, bekommt man offenere und ehrlichere Antworten. Auch das ist eine Möglichkeit, die Kommunikation zu verbessern und effektiver zu werden.

Der Bereich unserer Handlungen, der durch Unbewußtes gesteuert wird, ist weit größer als der Bereich, den wir bewußt steuern. Wir funktionieren damit nicht schlecht, aber es gibt Grenzen, und diese sind gleichzeitig Hürden für das Unternehmen. Unser Ansatzpunkt ist begründet in dem Satz: „Der Engpaß eines Unternehmens oder einer Organisation ist immer der persönliche Engpaß derjenigen, die das Unternehmen bestimmen." Wäre es anders, könnten die betriebswirtschaftlichen Probleme und solche, die sich aus Umfeldveränderungen ergeben, immer gelöst werden. Auch die Entscheidung, ein Unternehmen aufzugeben, ist so eine Lösung. Wenn Probleme nicht gelöst werden, stecken dahinter immer Widerstände, die Realitäten zu sehen, und Hemmungen, notwendige Maßnahmen zu ergreifen.

Der Coach verkörpert eine Vielzahl von Rollen, zwischen denen er wechselt: Er begleitet seine Klienten durch die Krise. Er ist der persönliche Vertreter von äußeren Anforderungen, die er seinem Klienten gegenüber behaupten und manchmal auch strittig durchsetzen muß. Er trainiert neue Fertigkeiten, navigiert durch den Dschungel der Veränderung und hilft bei der Entwicklung eines eigenen Standpunktes. Er ist Sparringspartner, wenn es darum geht, sich auf Auseinandersetzungen vorzubereiten oder einen inneren Dialog auszusprechen. Er ist Korrektiv für die Führungsposition und die daraus resultierenden Probleme, z.B. dann, wenn es in der Organisation nicht mehr ehrlich zugeht, so daß Fehleinschätzungen entstehen, aus denen Fehlhandlungen werden. Der Coach dient dem „Masse-Effekt" bei Veränderung, weil durch sein zusätzliches Gewicht Veränderungen stabilisiert werden können.

Coaching ist ein dialogischer Prozeß. Mit dem Coach als Dialogpartner werden Situationen und Prozesse reflektiert und analysiert.

Gemeinsam werden Themen, Standpunkte und Strukturen erarbeitet. Man erlebt die Prozesse gemeinsam. Das hilft, sie tiefer zu durchdringen und daraus Regeln, Entscheidungen und Handlungen abzuleiten. Die Führungskraft kann sich mit dem Coach auseinandersetzen, ohne personalrechtliche Folgen zu befürchten. Wenn das Unternehmen sich verändert, ist der Coach für die Führungskraft Ankerpunkt zur Aufnahme der Kräfte, die das System in der alten Bahn halten und das Neue verhindern möchten. Er ist Orientierungspunkt bei der raschen Veränderung, insbesondere in der Phase, in der das alte System nicht mehr, das neue noch nicht gilt. Coaching ist dann erfolgreich, wenn es der Führungskraft gelingt, die wirtschaftlichen und sozialen Ziele der Einrichtung zu erreichen.

Entlassungen: Die drei Wahrheiten

Stellenabbau und Entlassungen stürzen ein Unternehmen mitsamt den Mitarbeitern in eine Krise. Das Unternehmen muß sich verändern und neu organisieren. Unter den Mitarbeitern entstehen Unruhe und Angst: „Wen wird es treffen, und wie wird es für die, die bleiben, weitergehen?" Führungskräfte sind in der Regel nicht darauf vorbereitet, die Botschaft „Wir müssen Sie entlassen!" zu überbringen. Wenn man sich von Mitarbeitern trennen muß, dann gibt es drei Wahrheiten, mit denen umgegangen werden muß:

1. Die Wahrheit der Einrichtung: „Auch wir sind eine Einrichtung, die sich einreihen muß in die Reihe derer, die ein implizit oder explizit gegebenes Versprechen einer lebenslangen Anstellung brechen müssen."

2. Die Wahrheit dem direkt betroffenen Mitarbeiter gegenüber: „Wir müssen/wollen uns von Ihnen trennen."

3. Die Wahrheit sich selbst als Führungskraft gegenüber: „Ich muß - ob ich will oder nicht - zum Täter werden, unangenehme, vielleicht sogar bedrohliche Entscheidungen über das Leben anderer treffen."

In jedem Fall ist der Trennungsvorgang für den Mitarbeiter ein massiver Einschnitt im Leben. Für ihn bedeutet die Trennung ein erzwungenes und meist überraschendes Ende des beruflichen Weges bzw. der Karriere, begleitet vom Zusammenbruch einiger Beziehungsstrukturen und oftmals einer finanziellen Notlage. Mit der Trennung geht ein Teil der Identität verloren – dadurch kommt es unweigerlich zur Krise.

Eine Krise ist ein Wendepunkt im Leben eines Menschen und einer Organisation; sie erfordert strukturelle Veränderungen. Die Krise ist zugleich ein Prozeß, der einen Verlauf mit typischen Phasen hat, und ist Autorität, die Stellungnahme und Auseinandersetzung fordert.

Dieses Modell (s. Grafik S.112) ermöglicht uns, Krisen, die in wirtschaftlichen Zusammenhängen entstehen, zu verstehen und zu beantworten: Dem Schock, dem „Nichtwahrhabenwollen", folgt der Versuch des Rückgängigmachens. Erst dann kommt es zu einer inneren Neuordnung. Man beginnt zu verstehen und beginnt, sich auf etwas Neues einzustellen. Abschließend stellen sich Akzeptanz und Reorganisation ein. Die Phasen haben Funktionen, und in jeder Phase herrschen bestimmte Gefühle vor.

Phasen der Krise

Welche Phasen können Sie begleiten?
Welche Phasen müssen Sie vermeiden?

	Funktion	Gefühl
1. Schock/Nichtwahrhabenwollen	Aufrütteln	Schreck
2. Versuch des Rückgängigmachens	Stabilität	Wut, Ärger
3. Innere Neuordnung	Bestandsaufnahme Erkennen der neuen Realität	Abfinden Resignation Trauer
4. Akzeptanz und Reorganisation	Neustrukturierung	Hoffnung Zuversicht

Die erste Phase „Schock" hat die Funktion des Aufrüttelns („So geht es nicht mehr weiter!"). Der Schock muß unter die Haut gehen, damit man zu Veränderungen bereit ist. Das vorherrschende Gefühl ist der Schrecken. In der zweiten Phase („Versuch des Rückgängigmachens") wird geprüft, ob es wirklich nötig ist, die Struktur zu verändern. Die Prüfprozedur ist begleitet von Angst und Wut. Die dritte Phase ist beherrscht von einer inneren Neuordnung, einem Erkennen der Realität mit dem Gefühl der Trauer und des Sichabfindens. Und in der vierten Phase („Akzeptanz und Reorganisation") entwickeln sich Hoffnung und Zuversicht; das Leben wird neu strukturiert.

Damit zu den unvermeidlichen Kränkungen und Verletzungen während einer Trennung nicht noch vermeidbare hinzukommen, gilt es, einige Aspekte zu berücksichtigen:

Was passiert mit einer Einrichtung und den Menschen, die in ihr arbeiten, wenn entlassen werden muß? Die Einrichtung entzieht den Mitarbeitern den Schutz einer behütenden Institution mit krisenfesten Arbeitsplätzen. Es entstehen Angst und Unsicherheit, die Gerüchteküche brodelt. Hoffnung und Empörung unter den Mitarbeitern wachsen gleichermaßen. Die Frage taucht auf: „Kann eine kirchliche Einrichtung so kalt und berechnend sein?" Die Einrichtung verliert ihre Unschuld; die Motivation der verunsicherten Mitarbeiter leidet.

Gegen Angst und Unsicherheit helfen Klarheit, Transparenz und Information, etwa mit Hilfe von Mitarbeiterversammlungen, Abteilungsbesprechungen, Fragestunden und Informationsmaterial. Die Mitarbeiter haben Fragen an die Führung, die beantwortet werden wollen: „Müssen Entlassungen sein? Gibt es keine Alternativen? Sind Entlassungen mit den moralischen und ethischen Grundsätzen einer kirchlichen oder diakonischen Einrichtung vereinbar? Wer wird der nächste sein?"

Je klarer, eindeutiger und „ungeschminkter" die Antworten sind, desto eher können die Mitarbeiter einen eigenen Standpunkt entwickeln, der ihnen bei der Bewältigung der Situation hilft. Wer Auseinandersetzung und Kontakte vermeidet, auf Unwahrheit oder Taktik setzt, belastet das Verhältnis zwischen Führung und Mitarbeitern unnötig; der Prozeß der Entlassungen wird dann unkalkulierbar.

Es gehört Mut dazu, sich als Leiter einer Einrichtung oder als Vorgesetzter eines Teilbereichs dem Konflikt zu stellen, die eigenen Gefühle und die der Mitarbeiter auszuhalten und die erforderlichen Maßnahmen zu begründen. Dieser Schritt wird noch durch die eigenen Zweifel erschwert: „Wie steht es um unsere Glaubwürdigkeit? Wer ist schuld an der Entwicklung? Hätte sie nicht vermieden werden können? Haben wir versagt? Müssen andere unsere Fehler ausbaden? Nützen Entlassungen überhaupt?" Diese Fragen stellen sich auch die Mitarbeiter, die Hilfe und Antwort nur in der Leistung und dem Erfolg der Führung finden können.

Wesentliche Voraussetzungen für einen angemessenen Ablauf der Trennung sind:

1. eine entwickelte Bewußtheit über die Trennung,
2. klare Trennungsstrukturen,
3. angemessene Formen des Trennungsgespräches und
4. Unterstützungsleistungen für den Menschen, von dem man sich trennt.

Jeder Mensch hat Trennungen erlebt: Sie sind ein ganz normaler Bestandteil unseres Lebens. Der Vorgesetzte sollte sich vergegenwärtigen, welche Bedeutung der Trennungsvorgang für ihn und die Mitarbeiter hat, und sich eigene Trennungsmuster bewußtmachen, um Klarheit zu gewinnen: Unter welchen Bedingungen fällt es mir leicht, mich zu trennen, unter welchen schwer? Welche Antworten habe ich auf die einzelnen Krisenphasen? Wie manipuliere ich mich selbst und die Situation, um den Trennungsvorgang zu gestalten?

Es muß geklärt sein, wer das Trennungsgespräch führt und wer wem beigeordnet ist: Wird das Trennungsgespräch vom Personalbereich geführt oder von dem direkten Vorgesetzten? Sind alle Formalitäten entschieden und vorbereitet? Ist ein Mitglied der Mitarbeitervertretung anwesend? Je sicherer sich der Mitarbeiter in diesem Gespräch fühlt und je besser er sich vertreten kann, desto besser wird auch die Trennung verlaufen.

Als Regel gilt: Es sollte alles unternommen werden, um den Trennungsvorgang so fair wie möglich zu gestalten.

Leitfaden für ein Entlassungsgespräch

Ziel: fairer Umgang mit dem betroffenen Mitarbeiter

Entspricht den Phasen der Krise

Leitfaden des Gesprächs:

Auf den Punkt kommen

Kontakt herstellen; klare und unmißverständliche Botschaft; klare Aussage an den Anfang (sagen, was Sache ist); Unangenehmes nicht vor sich herschieben.

Mitarbeiter steht unter Schock; seine Wahrnehmungsfähigkeit ist reduziert, sein Gedächtnis beeinträchtigt.

Reaktionen abwarten

Dem Mitarbeiter Zeit für die Überwindung des Schocks geben; Luft holen lassen; negative Gefühle akzeptieren; gut zuhören; die Reaktionen aushalten, nicht bagatellisieren.

Auch eigene Gefühle müssen ausgehalten werden; man muß die Dinge nehmen, wie sie sind!

Eingehen auf den Mitarbeiter

Gespräch über die Enttäuschung, über Traurigkeit, Entmutigung und aggressive Gefühle; eventuell Erklärungen und Begründung wiederholen; Fragen stellen!

Ausblick

Konstruktive Phase: dem Mitarbeiter bestehende Hilfsmöglichkeiten aufzeigen; neue Wege zeigen; nächsten Kontakt vereinbaren.

Wenn das Eingehen auf den Mitarbeiter und/oder ein Ausblick nicht möglich ist:

Abbruch

Mut haben, ein festgefahrenes Gespräch abzubrechen, z.B. wenn die „Chemie" nicht stimmt, wenn es ständig Gesprächsschleifen gibt.
Erklären, warum das Gespräch vertagt ist; nächsten Kontakt und weiteres Vorgehen vereinbaren.

Um eine angemessene Form des Trennungsgesprächs zu erreichen, muß die Botschaft klar und unmißverständlich formuliert sein. Der Vorgesetzte muß dem Mitarbeiter Zeit für die Überwindung des Schocks lassen, er muß die Reaktionen des Mitarbeiters aushalten und darf sie nicht bagatellisieren. Er sollte bestehende Hilfen erklären.

Hilfe in der Krise

„Outplacementberatung"[3] ist eine Hilfe für Mitarbeiter zur Bewältigung der Entlassung: Sie ist Unterstützung in der Krise, Chance zur Entwicklung eines neuen Selbstbewußtseins und einer Neuorientierung und konkrete Hilfe bei der Auseinandersetzung mit dem Arbeitsmarkt. Zugleich bietet sie dem Arbeitgeber die Chance, seinem Fürsorgeauftrag gerecht zu werden, und zwar gerade dann, wenn der Mitarbeiter diese Fürsorge am dringendsten braucht.

Die Führungskraft hat keine Wahl; will sie den Erfolg der Umstrukturierung und des Wandels nicht gefährden, wird sie zwangsläufig zum Täter. Sie hat die Spannung auszuhalten, einerseits Helfer sein zu wollen und andererseits Täter werden zu müssen. Sie muß sich mit dem Vorwurf der Willkür und mit den Folgen des eigenen Handelns auseinandersetzen.

Es hat einen Preis, sich zu seiner Rolle und den daraus erwachsenen Anforderungen, zum Umstrukturierungs- bzw. Sanierungskonzept zu bekennen. Die Tatsache, daß das Konzept seine Bewährungsprobe noch nicht bestanden hat, der Erfolg in keiner Weise gewährleistet ist, erhöht die Belastung für die Führungskraft. Der Preis, notwendige Entlassungen nicht vorzunehmen, ist ebenfalls hoch - nur nicht so offensichtlich, denn die negativen Konsequenzen werden der Führungskraft nicht sofort und nicht direkt zugeschrieben. Der Verzicht auf Entlassung hieße, der Machtfrage auszuweichen, Schuld auf andere abzuschieben oder eigene Fehler zu verschleiern.

Ist die Trennung unausweichlich, so wird die Frage der Moral letztlich zu einer Frage des Stils.

Es geht dann nicht mehr darum, ob man sich trennt, sondern wie man sich trennt. Wir sind bei der Begleitung von Umstrukturierungen häufig auf das Phänomen gestoßen, daß Einrichtungen dies in einem Stil vornehmen, der ihren Wertvorstellungen, ihren Normen und ihrer sonst gezeigten

[3] Mayrhofer, Wolfgang, „Trennung von der Organisation - Vom Outplacement zur Trennungsberatung", Wiesbaden 1989

Haltung den Mitarbeitern gegenüber zuwiderläuft. Damit fügt die Art der Trennung den unausweichlichen Verletzungen und Kränkungen, die ungewollte Trennungen hervorrufen, noch vermeidbaren Schaden hinzu.

Teamarbeit

Unsere Generation hat gelernt, daß der Erfolg in erster Linie auf der Leistung des einzelnen beruht, daß es gilt, sich im Wettbewerb gegen andere zu beweisen. Welcher Gewinn ergibt sich aus Teamarbeit? Ist sie – insbesondere für eine Führungskraft – überhaupt nötig? Angesichts der Fülle der Veränderungen, der Veränderungsdynamik und der Verschärfung der Anforderungen reicht es in der Tat nicht aus, sich auf Einzelleistungen zu stützen. Die Grenzen der einzelnen Persönlichkeit sind zu eng, die Risiken von Fehleinschätzungen zu hoch; autoritär-hierarchische Strukturen stoßen an ihre Leistungsgrenzen. Eine Antwort auf diese Situation ist die Einführung von Teamarbeit, wobei Teamarbeit nicht mit „Gruppenarbeit“ verwechselt werden darf.

Wenn Teamarbeit gelingt, liegt ihr Gewinn in Zeitersparnis, oftmals verkürzten Prozessen, Entscheidungen höherer Qualität und mehr Effizienz.

Wir verstehen unter Teamarbeit das Zusammenwirken von Personen mit dem Ziel, eine gemeinsame Leistung zu erbringen, die durch Synergieeffekte zustande kommt und damit die Summe der Einzelleistungen übersteigt.

Fehlt einer dieser Punkte „Ziel“, „Leistung“ oder „Synergie“, sprechen wir nicht mehr von Teamarbeit. Hergestellt wird Teamarbeit durch Rahmenbedingungen, Regeln und Prozeß-Steuerung. Eine wichtige Rahmenbedingung besteht darin, daß die vom Umfeld gewollte Teamarbeit auch als solche bewertet und durch passende Instrumente unterstützt wird.

Die Regeln, unter denen Teamleistung entsteht:

Gleichheitsgrundsatz	Jedes Teammitglied ist gleich wichtig.
Respekt	Jeder Beitrag wird gewürdigt.
Spaltungsbarriere	Auf die Bewertung von Einzelleistung wird verzichtet.
Teamergebnis	Nur das Teamergebnis wird bewertet.
Mehrperspektivität	Kein Standpunkt wird unterdrückt.

Teamleistungen unterliegen einem beschreibbaren und steuerbaren Prozeß, der einen sicheren Weg bietet, Synergieeffekte zu erreichen. Er ist einfach, aber nicht leicht: Teamarbeit setzt Individualitäten voraus, denn nur aus ihnen kann „Mehrperspektivität" entstehen. Nur wenn es gelingt, Einzelstandpunkte herauszuarbeiten, sie als gleichberechtigte Sichtweisen nebeneinanderzustellen, sie zu verbinden und die Ausgrenzung einzelner zu verhindern, ist Teamarbeit möglich. Nicht der kleinste gemeinsame Nenner, nicht die „Mehrheitsmeinung", nicht die Einzelperspektive der autoritären Führung, sondern die übersummative Teamleistung ist das Ziel. Es gilt, für jede Einzelperspektive das Element zu identifizieren, hinter das sich alle stellen können. Das Ergebnis ist Konsens.

Der Weg zum Konsens (Tetradisches System)

Ein Prozeßmodell

Phase	Aufgabe der Phase	Typische Atmosphären Verhalten	Leibliche Einstimmung
Initialphase	Einigung auf das gemeinsam zu klärende Thema und Wecken der inneren Bereitschaft durch: Zusammenführen der Menschen und Themen; emotionale Einstimmung	Vereinzelung, Fremdheit, Unsicherheit, Zurückgezogenheit, Schweigen, unausgewogene Teilnahme	suchend, fragend, testend, uneindeutig
Aktionsphase	Mehrperspektivität entfalten durch: Ausloten des Themas und der unterschiedlichen Standpunkte. Interessen und Interessensgegensätze	Emotionsgeladen, Ängste, Ärger, Sympathien, Antipathien, Altlasten, Spannungen, leidenschaftliche Auseinandersetzungen	Rauflust, Auseinandersetzung, Kampf, Wettbewerb
Integrationsphase	Herstellen von Einigung durch: Bündeln der Beiträge, Heilen der Verletzungen, Sichten der Beiträge. Herstellen von Verbindungen verschiedener Beiträge, Abstandnehmen, Reflexion	Nüchternheit, Sachlichkeit, Besonnenheit, aufeinander eingehen, „Frieden" schließen	ruhend, offen, „Wir-Gefühl"
Umsetzungsphase	Planung und Durchführung der Umsetzungsmaßnahmen, Antizipation von Hemmnissen und Widerständen bei der Umsetzung	Handlungsorientierung, Erfolgsorientierung, Abgrenzung „gereinigte Atmosphäre"	Klarheit, Tatkraft, Konzentration, Spannung

Unser Konsensmodell basiert auf dem Theorie–Praxis–Zyklus im Korrespondenzmodell von H. Petzold.④

Wir unterscheiden vier Phasen des Einigungsprozesses. Jede dieser Phasen wird durchlaufen; keine kann ausgelassen werden; jede braucht eine eigene Führung, und jede hat eine eigene Charakteristik bezogen auf Funktion, Verhalten, Atmosphäre.

Die Kunst besteht darin, zu erkennen, wann die Atmosphäre einen Wechsel in die nächste Phase anzeigt und zuläßt. Es kommt vor, daß man wieder zurückgehen muß in eine frühere Phase; dies geschieht vor allem beim Übergang von der Aktions- in die Integrationsphase. Das Team lehnt sich erleichtert zurück in der Gewißheit, „endlich haben wir eine Lösung gefunden", da meldet sich doch noch ein Zweifler und entfacht die Diskussion von neuem. Kritiker und Zweifler sind ernst zu nehmen, denn sie zeigen dem Team, daß wichtige Aspekte noch nicht ausreichend bedacht worden sind und die Lösung noch nicht von allen getragen werden kann. Dieser Prozeß der Konsensfindung kann sich über eine Teamsitzung, aber auch über eine längere Zeit, sogar mehrere Monate, erstrecken.

Das Konsensmodell ist ein Konzept, das hilft, Teamarbeit zu managen und Synergieeffekte als gewolltes, bestimmbares und bewußt herbeigeführtes Ergebnis zu erzielen. Teamarbeit ist erlernbar.

Die Voraussetzungen sind günstig. Individualität als notwendige Basis ist in der Kirche vorhanden. Wenn man selbst Respekt erfährt, dann gelingt es einem auch, das Anderssein des anderen zu respektieren, und Teamfähigkeit kann sich einstellen. Es stellt sich nur die Frage: Wer fängt an?

④ Petzold, Hilarion G., „Das Korrespondenzmodell als Grundlage der Integrativen Therapie und Agogik" in Petzold, Integrative Therapie: Modelle, Theorien und Methoden für schulenübergreifende Psychotherapie, Paderborn 1993.

Projekte

Fähig zur Veränderung?

Die Umsetzung des McKinsey-Konzeptes „eMp"

Von Hans Löhr

Gefürchtete Jobkiller, gefragte Firmen-Lotsen - und nun Retter der Kirche? Die Unternehmensberatung McKinsey & Company hat den Rezeptblock gezückt und der evangelischen Kirche in München - kostenlos - Arznei verschrieben: Der Weg der Erneuerung verlange, daß die Beteiligten nicht bloß veränderungwillig seien; sie müßten veränderungsfähig werden.

Geschichte

1995 konnte Peter Barrenstein das Elend nicht mehr sehen: Der evangelische Kirchenvorsteher und Direktor von McKinsey & Company, Inc. München bot dem Landesbischof der Evang.-Luth. Kirche in Bayern und dem Dekan des Dekanatsbezirks München eine Pro-bono-Studie an. Sie sollte der Erneuerung der evangelischen Kirche in München dienen. Die Kirchen-Leitung nahm das Angebot an. Daraufhin begann ein Team von McKinsey-Experten mit der Arbeit: Bis Dezember 1995 wurde die Situation der Kirche anhand von Mitglieder- und Mitarbeiterbefragungen einer Innenstadt- und einer Stadtrandgemeinde analysiert. Die Mitarbeiterinnen und Mitarbeiter von McKinsey entwickelten daraus Perspektiven für eine mögliche Verbesserung der kirchlichen Arbeit im Dekanatsbezirk.

Hans Löhr ist Studentenpfarrer und Gemeindeberater in München sowie Mitglied der Projektleitung und Koordinator des Evangelischen Münchenprogramms „eMp".

Anfang 1996 wurden „Kern-Teams" gebildet, die aus kirchlichen Mitarbeitern sowie Mitarbeitern von McKinsey bestanden und die Perspektiven in konkrete Vorschläge umsetzen sollten. Die Ergebnisse wurden Ende Juli 1996 veröffentlicht.

Im Herbst 1996 billigten die zuständigen kirchlichen Gremien die Vorschläge mit Änderungen im Struktur-Vorschlag für das Dekanat. Nun begann die Umsetzung mit ersten Fortbildungen und Arbeitstreffen. Die Gemeinden wurden auf Wunsch von ausgebildeten Vermittlern über die Ergebnisse sowie ihre Hintergründe und Folgen informiert. Siebzehn Gemeinden bewarben sich darum, Modell-Gemeinde im Projekt zu werden. Anfang

Februar 1997 wurden acht Gemeinden ausgewählt; sie begannen ab März 1997, auf freiwilliger Basis die Vorschläge des evangelischen Münchenprogramms in der Praxis zu erproben.

Der Weg der Erneuerung

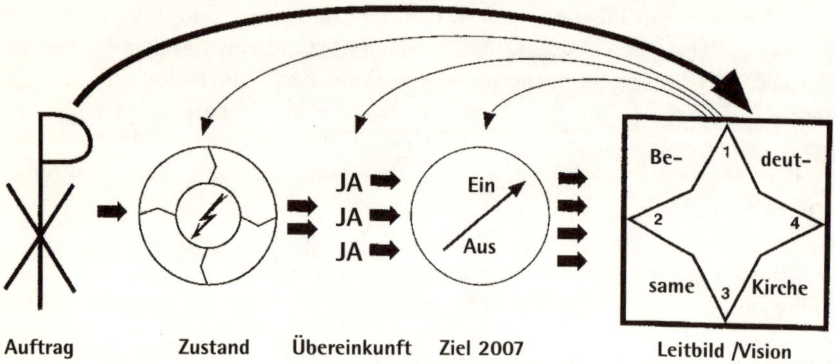

Auftrag von Kirche

In der ersten Projektphase formulieren die beteiligten Theologen den Auftrag von Kirche. Sie einigen sich auf eine kurze Darstellung, die eine möglichst breite, der Volkskirche angemessene Basis für die gemeinsame Arbeit sein soll:

„Die Vermittlung des Evangeliums von der Liebe Gottes für die Menschen von heute durch Verkündigung, Nächstenhilfe und gesellschaftliches Engagement sowie Gemeinschaftsbildung.“

Vision

Auf dieser Basis wird eine Vision formuliert bzw. ein Leitbild von dem, was die evangelische Kirche im Dekanatsbezirk München ihrem Auftrag gemäß sein soll:

Die evangelische Kirche in München ist eine bedeutsame Kirche
a) für das Leben und den Glauben aller ihrer Mitglieder,
b) für die Motivation ihrer Mitarbeiter(innen),
c) für die ethische Orientierung der Gesellschaft.

Zustand

Das Leitbild wird mit dem gegenwärtigen Zustand verglichen, der (entsprechend der Analyse) als ein negativ sich verstärkender Regelkreis dargestellt wird. Der Weg zur Vision wird blokkiert durch innere Konflikte um richtige Entscheidungen bei fehlendem Gesamtkonzept und äußere Probleme, sogenannte gesellschaftliche Megatrends wie problematischen Altersaufbau der deutschen Bevölkerung und steigende Arbeitslosigkeit durch Globalisierung des Arbeitsmarktes.

Übereinkunft

Um für die Herausforderungen von Gegenwart und Zukunft gerüstet zu sein, bedarf es einer dreifachen Übereinkunft aller Mitarbeitenden, hauptamtlicher wie ehrenamtlicher. Sie wird als „dreifaches Ja" formuliert:

- Ja zum Glaubensthema als kirchlicher Kernkompetenz.
- Ja zur Entwicklung der Kirche als Institution.
- Ja zu professionellen Methoden.

Der Erneuerungsprozeß muß an drei Stellen gleichzeitig beginnen, um das verkeilte Tor zur Vision öffnen und den Weg dahin gehen zu können:

- Die Strukturen auf Dekanats- und Gemeindeebene sollen handlungsorientiert, auftragsgemäß und partizipativ (beteiligungsfreundlich) werden.
- Die Mitarbeitenden sollen in ihrer Arbeit kompetent begleitet und gefördert werden.
- Die Angebote der Gemeinden müssen am Auftrag der Kirche und an den Interessen aller ihrer Mitglieder, gerade auch der fernstehenden, ausgerichtet und überlegt auf der Grundlage geeigneter Informationen gesteuert werden.

Jetzt ist der Weg zur Vision frei, dessen vier Abschnitte künftig ständig durchlaufen werden:

1. Datenbasis schaffen (Information)
2. Konzepte und Schwerpunkte bilden (Strategie)
3. Angebote anpassen (Einführung)
4. Ergebnisse sichern (Erfolgskontrolle)

Ziel

Das Ziel, dem die Neuausrichtung von Angeboten, Strukturen und Mitarbeiterentwicklung künftig dienen soll, wird ins Auge gefaßt:

Der Glaube der Mitglieder, besonders der entfremdeten, soll geweckt werden bzw. wachsen. Ihr Verbundenheitsgefühl mit der

Gemeinde soll zunehmen. Das Verhältnis von Kirchenaustritten und Kircheneintritten soll sich im Zeitraum der nächsten zehn Jahre umgekehrt haben.

Vision

Auf diesem Weg soll die evangelische Kirche im Dekanatsbezirk München ihrem Leitbild bzw. ihrer Vision ein großes Stück näherkommen:

- Mitglieder sind wieder stärker mit Kirche verbunden und orientieren sich im Leben und Glauben an christlichen Werten.
- Angebote werden an den Interessen und Bedürfnissen aller Mitglieder sowie am Auftrag der Kirche ausgerichtet und systematisch auf einer Informationsgrundlage entwickelt.
- Strukturen helfen den Mitarbeitenden zu erfolgreicher Arbeit und einem hohen Maß an Beteiligung.
- Mitarbeitende arbeiten ihren Begabungen und Stärken gemäß, gleichen ihre Schwächen durch Fortbildungen aus und sind engagiert und mit Freude im Sinne des Auftrages von Kirche tätig.

Die neue Arbeitsweise am Beispiel des Planungsworkshops

Alle sechs Monate lädt der jeweilige Dekan die ehrenamtlichen und hauptamtlichen Mitlieder des Kirchenvorstandes zu einem Planungsworkshop ein. Ihn begleitet ein Mitglied der neu zu bildenden Stabstelle „Forschung, Entwicklung, Beratung" (FEB). Er leitet den Planungsworkshop und bringt seine Kenntnisse aus anderen Gemeinden ein.

Die theologisch-pädagogischen Mitarbeiter der Gemeinden bilden das sogenannte Gemeindeteam. Sie berichten vom Entwicklungsprozeß der Gemeinde in den vergangenen sechs Monaten, insbesondere davon, wie die verschiedenen Angebote angenommen wurden und ob die vereinbarten Verbesserungen Wirkung gezeigt und Erfolg gebracht haben.

Dann werden die Angebote der Gemeinde anhand der neuesten Informationen in die Angebotslandkarte eingetragen.

Für jedes Angebot werden drei Kennwerte festgelegt:

1. durchschnittliche Teilnehmerzahl
2. gesamter Arbeitsaufwand geteilt durch die durchschnittliche Teilnehmerzahl
3. Kennwert für den Grad der Übereinstimmung des Angebotes mit dem Auftrag von Kirche („Kommunikation des Evangeliums...“)

Nun werden die Angebote entsprechend ihren ersten beiden Kernwerten in die 5 x 5 = 25 Felder der Angebotslandkarte eingeordnet. Der Grad der Übereinstimmung eines Angebots mit den Zielen von Kirche wird in fünf verschieden großen Kreisen dargestellt. Er wird durch Teilnehmer- oder Anbieterbefragungen festgestellt und mit einem speziell dafür entwickelten Computerprogramm ausgewertet.

Sind alle Angebote entsprechend ihren Kennwerten in die Angebotslandkarte „eingezeichnet“, beginnt im Planungsworkshop die Diskussion über Schwerpunkte, Aufteilung der Mittel und Entlastungen. Die Kirchenvorsteher(innen) können auf der Angebotslandkarte mit einem Blick erkennen, welche Angebote wo verbesserungsbedürftig sind, und entsprechend entscheiden.

Gemäß vorher festgelegten Schwerpunkten (anhand eines Gemeindekonzepts; z.B. Arbeitsschwerpunkt: Kinder und ihre kirchenfernen Angehörigen) werden die begrenzten Mittel verteilt sowie Verbesserungen vereinbart und notiert. Angebote, die nicht in das Gesamtkonzept einer Gemeinde passen und für die demzufolge keine Mittel zur Verfügung stehen, entfallen.

Sechs Monate später lädt der Dekan erneut zum Planungsworkshop ein und überprüft zusammen mit Gemeindeteam und Kirchenvorstand, in welchem Umfang die Maßnahmen gegriffen haben und wo nachgesteuert werden muß. Bis dahin liegen wieder neue Informationen auf dem Tisch, die es den Ehrenamtlichen im Kirchenvorstand erlauben, sachgemäße Entscheidungen zu treffen. Wieder sechs Monate später findet der nächste Planungsworkshop statt usw. Auf diese Weise entsteht eine immer exaktere Informationsgrundlage für immer mehr Angebote. Die Aktionen werden immer präziser. Der Austausch von Daten und Erkenntnissen mit anderen Gemeinden nimmt zu. Der gesamte Prozeß der Neuausrichtung wird ständig optimiert. Die zu erwartenden Erfolge tragen dazu bei, daß neue Mitarbeitende gewonnen werden und sich alle motivierter, engagierter und kompetenter am Gemeindedienst beteiligen.

Zusammenfassung

Der Weg der Erneuerung läßt sich in fünf Schritten folgendermaßen zusammenfassen:

1. Der Auftrag von Kirche wird formuliert.
2. Die Vision/das Leitbild wird entworfen.
3. Von da aus wird der gegenwärtige Zustand der Kirche in den Blick genommen (Analyse).
4. Die Mitarbeiter treffen ausgehend vom Auftrag und der Vision eine Übereinkunft (das „dreifache Ja").
5. Ein konkretes Ziel wird ins Auge gefaßt (z.B. mehr Ein- als Austritte in zehn Jahren).

Entscheidend für das gesamte Programm ist die Umkehrung des Denkens. Künftig denken die Mitarbeitenden nicht mehr von sich aus und fragen, was sie den Mitgliedern anbieten könnten, sondern sie orientieren sich in ihrer Arbeit an zwei Brennpunkten:

a) am Auftrag der Kirche (Vermittlung des Evangeliums) und

b) an den Interessen und Bedürfnissen aller Mitglieder hinsichtlich Glauben, Religion, Kirche, Gemeinde.

Die Spannung zwischen diesen beiden nicht deckungsgleichen Brennpunkten versuchen sie für ihre Arbeit (Angebote) fruchtbar zu machen. Das gelingt, wenn sie sich gleichzeitig fachkundig begleiten und fördern lassen sowie Arbeitsstrukturen herstellen, die dem Auftrag von Kirche entsprechen und wirksames Handeln ermöglichen.

Von großer Bedeutung für das Gelingen dieses Programms sind die verantwortlichen Personen. Es genügt nicht, daß sie veränderungswillig sind. Sie müssen auch veränderungsfähig und bereit sein, rechtzeitig und ausreichend Personal, Geld und Zeit zu investieren, um zu positiven Ergebnissen zu gelangen. Von ihrer Fähigkeit, die haupt- und ehrenamtlichen Mitarbeiter(innen) in den Gemeinden zu motivieren, hängt der Erfolg des Programms ab.

Das evangelische Münchenprogramm hat anspruchsvolle Ziele. Es bestärkt die Mitarbeitenden einer Gemeinde in der Überzeugung, in Wort und Tat die beste aller Botschaften für die Menschen von heute weiterzugeben: Jesus Christus, das Evangelium von der Liebe Gottes. Damit können sie für sich und andere Orientierung finden und sie zum Leben in dieser Welt ermutigen. Dazu bitten sie um Gottes Segen.

Zur Diskussion:

Eine mutige Vision der Evangelischen-Lutherischen Kirche bildet die Voraussetzung für die Formulierung und Erreichung wirklich anspruchsvoller Ziele: Vision 2000 X

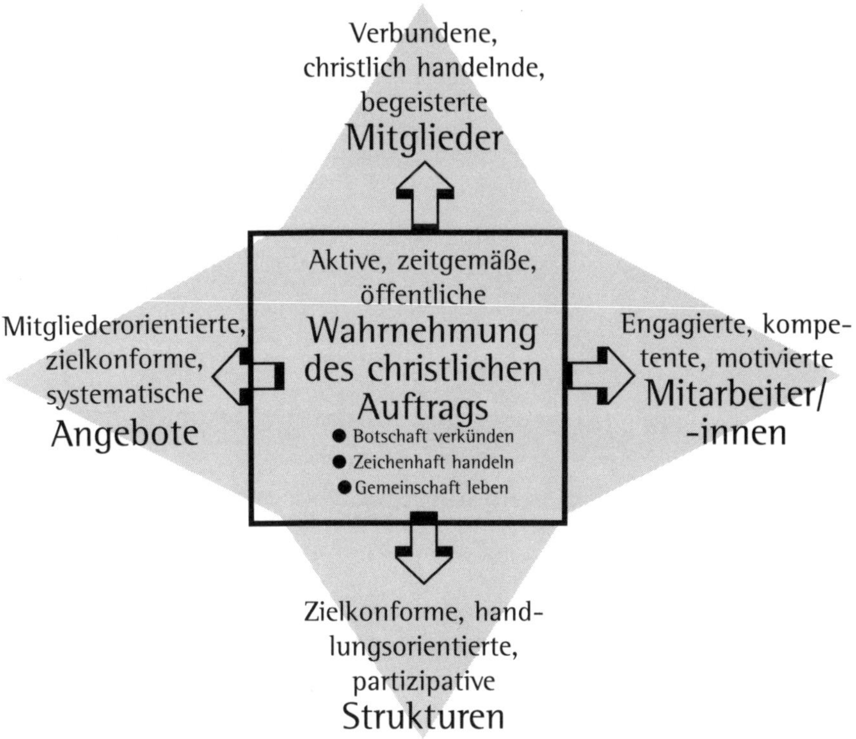

Quelle: Gemeinsames Arbeitsteam Dekanat München/McKinsey

Aufgewacht

„eMp": Die Idee einer kleinen Revolution

Von Peter Barrenstein

Die Kirche ist noch nicht aufgewacht. Mein Gefühl ist, daß die Kirchenoberen, aber auch die Mitglieder, noch immer vor sich hin wursteln und noch immer nicht die Zeichen der Zeit begriffen haben.

Dr. Peter Barrenstein ist Direktor im Münchner Büro der Unternehmensberatung McKinsey & Company und ist Spezialist für den Bereich der Konsumgüterindustrie. Er hat die Pro-bono-Studie für das evangelische Dekanat München initiiert und geleitet.

Der Auftrag der Kirche, nämlich die Kommunikation des Evangeliums von der Liebe Gottes für die Menschen, könnte noch sehr viel aktueller werden - wenn Kirche den Mut hätte, zu sagen: „Unsere Botschaft ist einzigartig. Unser Produkt ist toll, ist phantastisch."

Ich habe bei vielen Diskussionen festgestellt, daß es, auch bei hohen Kirchenrepräsentanten, eine gewisse Angst gibt, über Glauben zu reden - als ob die Bevölkerung, auch die Mitglieder, eigentlich über Glauben gar nicht mehr reden wollten. Dagegen setzt das evangelische München-Programm deutlich andere Akzente: Wir wollen mehr das Glaubensthema in den Vordergrund stellen. Wir wollen mutig sein.

Die kirchlichen Rollenbilder sind ja geprägt durch einen Martin Luther und durch einen Jesus Christus. Das waren Menschen, die wirklich Mut gehabt haben. Die haben, wenn sie ein Problem gesehen haben, was gemacht, die haben es verändert, die haben sich das nicht gefallen lassen.

Ich wünsche mir mehr Bezug zu diesen Vorbildern der Kirche. Ich wünsche mir mehr davon, was da vorgelebt worden ist, und dann die Übersetzung

- in die Verkündigung der christlichen Botschaft von der Liebe Gottes als Halt-, Sinn- und Wertesystem, als Impuls zu einem verantwortlichen Leben,
- in zeichenhaftes Handeln,
- in Hilfe in Notsituationen,
- in die Wahrung der Schriftform und
- in praktizierte Nächstenliebe.

Kirche muß diese Gemeinschaft schließlich leben und erlebbar machen. Kurzum: Das ist eine attraktive Antwort auf die gesellschaftlichen Herausforderungen!

Nicht der Markt der Kirche schrumpft, sondern ihr Marktanteil.

Der Markt selbst ist riesig, gemessen an der Bedeutung auch anderer Glaubensgemeinschaften, gemessen an der Bedeutung von esoterischer Literatur und meditativen Angeboten, die außerhalb von Kirche stattfinden. Der „Teufelskreis", in dem Kirche derzeit steckt, beginnt bei Defiziten in der Berücksichtigung von Mitgliedereinstellungen und -erwartungen. Das führt zu einer inneren Distanzierung der Mitglieder und letztlich zu Austritten und damit natürlich auch in eine Gefährdung der ökonomischen Basis. Dies wiederum führt zu internen Auseinandersetzungen und innerer Zerrissenheit der Kirche bei einem fehlenden Gesamtkonzept, was dann wiederum dazu führt, daß diese Binnenorientierung Kraft absorbiert, die eigentlich auf die Mitglieder fixiert gehört.

Der Teufelskreis

Dieser „Teufelskreis" wird verstärkt durch einige naheliegende Aspekte: die große Schwachstelle einer komplexen Struktur und fehlender Entscheidung zur Handlungsorientierung. Es ist ein ganz komisches Phänomen für mich, diese eigentlich sehr demokratische Organisation Kirche so zu erleben; mit unzähligen Gremien und dabei vielfach eben doch sehr undemokratisch und unsystematisch geführt. Es gibt Scheingremien; ein ganzes Spektrum von fünf, sechs, acht oder zehn verschiedenen Institutionen, die auch alle sagen, „wir sind zuständig"; es ist dann aber kein einziger zuständig, sondern irgend jemand tut, was er für richtig hält. Oft gibt es auch keine klaren Strukturen, keine Regeln. Da sitzen Mitglieder ehrenamtlich in den Gremien, haben das Gefühl, wir bewegen hier die Welt, aber bewegen gar nichts.

Die Kirche hat eigentlich nur eine Ressource, nämlich ihre Mitarbeiter. Würde man die ganzen Aktiva von Kirche auflisten, dann wäre der Gebäude-Besitz der kleinere Teil. Der größere Teil ist diese hohe Zahl von Mitarbeitern. Und ausgerechnet diese Ressource Mitarbeiter wird sträflich vernachlässigt. Da werden Leute ausgebildet, dann losgelassen und geraten dann natürlich in das lutherische Selbstverständnis, dieses „Hier stehe ich, ich kann nicht anders". Dort ist zum Teil gar keine Veränderungsbereitschaft mehr da. Eben an diesem Punkt müssen wir mit einem gezielten Management ansetzen.

Und es gibt unzureichende Systeme zur Steuerung des Angebots, um Marktnähe sicherzustellen. Zum Beispiel wäre zu fragen, ob denn der Gottesdienst ankommt: Warum gehen die Leute da nicht hin? Was tun die statt dessen? So wäre es systematisch und überall zu tun; nicht mit dem Ziel, festzustellen, der kann nicht predigen, der darf nicht mehr und der andere darf nur noch predigen. Das Ziel ist, zu helfen; demjenigen, der Schwachstellen hat – und die haben wir alle –, und dort zu versuchen, besser zu werden. Da gilt es, systematisch Ressourcen hinzuwerfen und was zu verändern.

Dreimal Ja

Wir haben im Zuge des Projektes in München eine, für Deutschland nicht repräsentative, Umfrage gemacht. Dabei haben wir fünf Gruppen von Gläubigen identifiziert:

Glaubende mit fester Kirchenbindung: ca. 20 Prozent („Ich glaube an Gott, ich habe mittlere bis hohe Verbundenheit zur Kirche, und ein Austritt kommt für mich nicht in Frage").

Glaubende mit kritischer Kirchlichkeit: ca. zehn Prozent („Ich glaube an Gott, wie er sich in Jesus Christus zu erkennen gegeben hat. Ich habe mittlere Verbundenheit zur Institution. Die Kirche hat einen mittleren bis persönlichen Stellenwert. Ein Austritt kommt für mich nicht in Frage").

Suchende mit Kirchendistanz: ca. 20 Prozent („Ich glaube an Gott, obwohl ich auch Unsicherheit und Zweifel kenne. Ich habe mittlere Verbundenheit. Die Kirche hat einen mittleren bis persönlichen Stellenwert. Über einen Austritt habe ich schon nachgedacht, aber der kommt für mich nicht in Frage").

Kirchenfremde mit selbstdefiniertem Glauben: ca. 40 Prozent („Ich glaube an eine höhere Kraft, nicht an Gott. Geringe bis mittlere Verbundenheit. Die Kirche hat mittleren bis persönlichen Stellenwert"; unterschiedliche Einstellung zu einem möglichen Austritt). Zu dieser Gruppe gehört leider auch eine Reihe von Pfarrern und Pfarrerinnen.

Mitglieder ohne Glauben: ca. zehn Prozent („Ich glaube weder an Gott noch an eine höhere Kraft. Ich bin gering verbunden mit der Kirche. Die Kirche hat keinen persönlichen Stellenwert. Ich beabsichtige einen Austritt").

Heute können etwa 50 Prozent der Kirchen-Mitglieder als kirchennah definiert werden. Die andere Hälfte sind Menschen, die im Grunde genommen kirchenfremd sind, bis dahin, daß sie sagen, lange werde ich das nicht mehr machen. Die Herausforderungen an Kirche sind gewaltig.

Es gibt im evangelischen München-Programm drei Grund-Voraussetzungen, die wir als drei Jas formuliert haben: das Ja zum Glaubensthema, das Ja zur Institution Kirche, das Ja zu professionellen Methoden. Wir haben gesagt, entweder unterschreibt jeder, der mitmacht, diese drei Jas, oder er macht nicht mehr mit. Und wir haben gesagt, daß wir diese Voraussetzungen nicht mehr diskutieren wollen. Das ist die Plattform, auf der wir arbeiten. Der nächste Schritt war, eine Vision zu entwickeln:

Wir wollen eine mutige Vision haben. Wir wollen eine anspruchsvolle Vision haben.

Begeistert handeln

Und im Mittelpunkt dieser Vision steht unser Ziel. Es entstand die „Vision 2000 X“: aktive, zeitgemäße, öffentliche Wahrnehmung des christlichen Auftrags; Botschaft verkünden, zeichenhaft handeln und Gemeinschaft leben. Im Jahre 2000 plus X wollen wir mit ihrer Kirche verbundene, christlich handelnde und begeisterte Mitglieder, engagierte, kompetente, motivierte Mitarbeiterinnen und Mitarbeiter; Pfarrerinnen und Pfarrer, die auch ausstrahlen, daß dieses mittlere Ziel etwas Schönes und Begeisterndes ist; zielkonforme, handlungsorientierte, aber natürlich partizipative Strukturen. Wir haben nirgendwo den Anspruch, die Ehrenamtlichen rauszudrängen und mehr Hauptamtliche unterzubringen; das Gegenteil ist der Fall. Wir wollen wirklich demokratisch werden, im Gegensatz zu dem, was wir heute zum Teil haben. Und wir wollen mitgliederorientierte, zielkonforme und systematische Angebote.

Dazu brauchen wir die Entscheidungs- und Führungsfähigkeit von Kirche. Das meint klare Abläufe, klare Entscheidungskompetenzen und die Einbeziehung der Mitgliederbasis. Wir haben Stabsabteilungen gebildet, die das nötige Know-how entwickeln, das heute gar nicht da ist. Und es geht darum, Mitarbeiter zu beurteilen; nicht als Grundlage für Beschäftigung oder Entlassung oder mehr Geld oder weniger Geld, denn dort sind die Handlungsfreiräume sehr begrenzt, sondern als Basis für

„Coaching“ und für Weiterbildung. Das Prinzip ist nicht „Oben beurteilt Unten“, sondern auch die oben können sich noch weiterentwickeln - hoffen wir. Dazu wollen wir Team-Feedback einführen.

Pfarrers Glück

Im Rahmen des evangelischen München-Programmes haben wir schließlich auch begonnen, über die Rolle der hauptamtlichen Mitarbeiter in der Kirche zu diskutieren. Die Kirche ist nicht für die Hauptamtlichen da. Die Aufgabe der Kirche ist es nicht, das Leben der Hauptamtlichen zu optimieren. Die Rolle der Hauptamtlichen ist es, sich einzuordnen in die Ziele der Kirche: das Evangelium verbreiten und den Mitgliedern der Kirche helfen. Wenn es hart auf hart geht, ist die Verkündigung des Evangeliums ein für mich höheres Gut als das Glück des Pfarrers und der Pfarrerin.

Ich weiß, das ist ein ganz schwieriges Thema; aber ich glaube, wenn man nicht anfängt, auch darüber zu diskutieren, wird man nichts verändern - aber auch da würde ich sehr gerne etwas verändern wollen.

„Ja, wenn Kirche so ist...!"

Zehn Jahre Großstadtkirche St. Lukas an der Isar

Von Andreas Ebert und Tilmann Haberer

Kaum jemand wollte noch etwas von ihnen wissen, und so überlegten sie schon, ihr Gotteshaus zu verkaufen. Doch dann entschloß sich die Münchner St.-Lukas-Gemeinde, aus ihrer Kirche doch lieber ein Haus der offenen Türen zu machen. So begann vor zehn Jahren das neue Leben einer alten Kirche an der Isar. Und das ist ihre Geschichte:

Die St.-Lukas-Kirche liegt am Rand der Münchner Altstadt. Zum Gemeindegebiet entlang der Isar gehören das Deutsche Museum, die wichtigsten Theater und Galerien, das Europäische Patentamt, ein Teil des Englischen Gartens und das Hofbräuhaus - aber auch ein Großteil der Münchner Schwulenszene mit Kinos, Bars und Diskotheken, dazu die Münchner Aidshilfe. Das Stadtviertel hat zwei Gesichter. In die noblen Einkaufsstraßen münden heruntergekommene Gassen mit alter, schlecht erhaltener Bausubstanz; neben luxussanierten Altbauten finden sich Einfachstwohnungen ohne sanitäre Einrichtungen; dazu die Obdachlosen unter den Isarbrücken, die Bettler in der Fußgängerzone und die Junkies im Englischen Garten.

Andreas Ebert hat die Basisgemeinde „Lorenzer Laden" in Nürnberg aufgebaut und im Gemeindekolleg der VELKD gearbeitet. Seit Anfang 1996 ist er mit halber Stelle Pfarrer an St. Lukas und arbeitet als Übersetzer und Autor. Tilmann Haberer ist seit 1985 Gemeindepfarrer an St. Lukas.

Rund 7000 Evangelische leben im Viertel. Die Fluktuation der Wohnbevölkerung ist hoch: Statistisch gesehen wechselt dieser Bevölkerungsteil alle fünf Jahre einmal komplett. Mehr als siebzig Prozent der Bevölkerung leben in Ein-Personen-Haushalten. Wenn Kirche in dieser Situation überhaupt wahrgenommen werden will, dann kann sie sich nicht mehr nur auf die althergebrachten Arbeitsformen beschränken, die sich an der traditionellen Familie mit ihren Lebenszyklen orientieren.

Die Kirche St. Lukas ist ein Monumentalbau aus der Zeit der Jahrhundertwende; riesig, schwer zu heizen, mit einer phänomenalen Überakustik. Vor zehn Jahren kamen kaum noch Leute zum Gottesdienst. „Wird die Lukaskirche verkauft?“ titelte 1982 das gemeindeeigene Jugendblatt *Monokel* und stellte die Prognose, daß im Jahr 2000 der Gottesdienstbesuch auf Null geschrumpft sein werde.

Inzwischen ist die Zahl der Gottesdienst-Besucher auf das Zwei- bis Dreifache gewachsen; aus einer absterbenden wurde eine lebendige, moderne Gemeinde, die in ganz München einen guten Ruf genießt.

Ein Paukenschlag

Die Wende begann Mitte der achtziger Jahre mit dem Entschluß, „St. Lukas ist eine offene Kirche“. Zunächst war das ganz buchstäblich zu verstehen: Die Kirche, die bis dato unter der Woche verschlossen war, wurde geöffnet, und zwar wie mit einem Paukenschlag; im Altarraum wurde die Installation „Christus des 20. Jahrhunderts“ des Künstlers Bernd Schmidt-Pfeil aufgestellt - ein übermannshohes Kruzifixus aus Aluminium-Druckguß in Jeans, Mantel und Turnschuhen. Es gab erregte Debatten um dieses Kunstwerk. Viele weitere Ausstellungen folgten, bis hin zu einer Installation von Georg Baselitz. Auch als Konzertkirche wurde St. Lukas nun öfter und regelmäßig genutzt. Jazz-Größen wie Jan Garbarek und Chick Corea traten ebenso auf wie verschiedene Gospel-Ensembles, russische und georgische Mönchs-Chöre und Ensembles, die Musik der Hildegard von Bingen aufführten. Natürlich wurden und werden auch die klassischen Werke der Kirchenmusik gepflegt; der St.-Lukas-Chor macht sich zudem um die moderne und zeitgenössische Kirchenmusik verdient.

Ein zweiter Aspekt der Öffnung betraf die Gottesdienste: Seit über zehn Jahren gibt es jeden Donnerstagabend um 22 Uhr ein meditatives Nachtgebet, die Nachtkirche. Und dreimal im Jahr - an Ostern, Pfingsten und am Buß- und Bettag - werden große Nachtgottesdienste mit Übernachtung in der Kirche gefeiert. Jeden Monat findet ein Segnungsgottesdienst in einer Seitenkapelle statt. „Etwas andere Gottesdienste“ mit Rockmusik und zeitgemäßen Formen der Verkündigung beleben die Szene. Auch die traditionellen Sonntagsgottesdienste profitieren von der Öffnung:

Die Themen purzeln sozusagen durch die geöffnete Kirchentür.

So war der erste Schritt in der Zusammenarbeit mit der Münchner Aids-Hilfe ein Gottesdienst mit dem Thema „Aids und die Sünde der Kirche“. Mittlerweile ist diese Zusammenarbeit selbstverständlich geworden. Gemeinde und Aids-Hilfe veranstalten gemeinsam Ausstellungen, Totengedenkfeiern und Benefizkonzerte.

Sonntagsbrunch

Richtig ins öffentliche Bewußtsein trat die Gemeinde 1991, als sie den Kirchenkeller als Übernachtungsmöglichkeit für Obdachlose und dazu einen „Obdachlosen-Sonntagsbrunch" einrichtete. Diese Arbeit fand bundesweit Beachtung, so bescheiden und exemplarisch sie in der Tat auch ist.

Zur gleichen Zeit wurde ein Gospelchor gegründet, der von einem amerikanischen Blues-Profi geleitet wird und mittlerweile weit über die Grenzen Münchens hinaus bekannt ist. Dieser Chor gestaltet drei- bis viermal im Jahr den Gottesdienst - die hundertjährige Kirche gerät ins Swingen, und die drei- bis vierhundert Gottesdienstbesucher aus ganz München geraten ins Schwärmen: „Ja, wenn Kirche so ist...!"

Das gottesdienstliche Leben wird seit drei Jahren bereichert und ergänzt durch die Thomas-Messe, den „Gottesdienst für Zweifler und andere gute Christen". Am ersten Sonntag im Monat zieht dieser Gottesdienst Menschen aller Konfessionen und Konfessionslose an.

Inneres Wachstum

Das äußere Wachstum hängt mit der inneren Bewegung zusammen. Ende der achtziger Jahre gab es in St. Lukas das Gemeindeaufbauprojekt *gottesdienst leben*, dessen Auswirkungen bis heute spürbar sind: Ganz andere Menschen als die, die bisher in der Gemeinde beheimatet waren, wurden davon angesprochen und zum Mitmachen motiviert; eine ganze Reihe davon sind heute als Mitarbeiter(innen) in den verschiedensten Arbeitsfeldern bis hin zum Kirchenvorstand aktiv. Außerdem wird seitdem jedes Jahr ein Glaubenskurs „Auf Schatzsuche"[1] angeboten, um das Wachstum nach außen durch ein Wachstum nach innen zu fundieren. *Gottesdienst leben* und die Glaubenskurse sind jeweils zeitlich begrenzte Projekte. Dies ist ein wichtiges Element: Wer mitmacht, verpflichtet sich zu einer bestimmten, vorher festgelegten Anzahl von Abenden, danach endet das Projekt. Viele Teilnehmer ver-

[1] Die Kurse basieren auf dem Buch von Andreas Ebert, „Auf Schatzsuche. 12 Expeditionen ins Innere des Christentums", Claudius Verlag, 2. Aufl. 1993

schwinden dann wieder ganz aus dem Gesichtskreis der Gemeinde, einige tauchen sporadisch wieder auf; andere aber haben Feuer gefangen und beginnen, sich auf verschiedenen Feldern der Gemeindearbeit zu engagieren. Das jüngste Projekt sind Alltagsexerzitien, bei denen über einen Zeitraum von einem halben Jahr eine bestimmte Form von Kontemplation oder Meditation im Alltag eingeübt wird.

Ein Laden für St. Lukas

Der LukasLaden

Aus einem der „Schatzsuche"-Kurse entstand der LukasLaden, ein Eine-Welt-Laden mit Café, als Treffpunkt für Menschen aus dem Viertel und als Ort für Gemeindeaktivitäten, weil die wenigen Gemeinderäume aus allen Nähten platzen.

St. Lukas ist - ohne es vielleicht selbst zu merken - eine Gemeinde im Übergang von überkommenen Strukturen und Formen kirchlichen Lebens hin zu einem neuen Bild von Kirche.

Daß sich dabei Neues und Altes manchmal aneinander reiben, ist unvermeidlich. Es ist eher erstaunlich, wie unspektakulär und geradezu organisch der Prozeß bisher verlaufen ist. Jedenfalls: Das Neue ist in St. Lukas erkennbar da, und der Prozeß scheint unumkehrbar zu sein.

Merkmale der neuen Kirche

Alle Initiativen, die in den vergangenen Jahren in St. Lukas entstanden sind, spiegeln die wesentlichen Merkmale einer neuen Kirche deutlich wider:

- Sie brauchen kaum Kirchensteuergelder: LukasLaden, Gospelchor, Arbeitskreis Armut und Thomas-Messe tragen sich weitgehend selbst - und werden dies wohl in Zukunft noch stärker tun.
- Sie leben vom selbständigen Engagement vieler „Laien", von denen viele nicht einmal formal unserer Gemeinde angehören. Dabei versuchen die Pfarrer einen neuen Leitungsstil zu entwickeln, den sie betont demokratisch gestalten wollen: Es werden nicht mehr nur diese oder jene Aufgaben an Ehrenamtliche delegiert; die Pfarrer versuchen, mit Nichttheologen partnerschaftlich und gleichberechtigt zusammenzuarbeiten - Betroffene werden zu Beteiligten.

- Mit dem Arbeitskreis Armut und der Obdachlosenarbeit hat die Gemeinde an einem Punkt modellhaft eine neue Form von gemeindebezogener Diakonie entwickelt, die manchen „Fachleuten“ gar nicht gefällt; denn hier soll keine professionelle Sozialarbeit geleistet werden. Vielmehr werden die alten christlichen Künste und Tugenden der Gastfreundschaft und des Teilens geübt.
- Mit der Thomas-Messe und den Glaubenskursen „Auf Schatzsuche“ werden Angebote für Menschen gemacht, die mit traditionellen Gottesdiensten oder Bibelkreisen ihre Schwierigkeiten haben oder die einfach noch ein „zweites Programm“ brauchen. Die Nachtkirche und die großen Nachtgottesdienste an Ostern, Pfingsten und am Buß- und Bettag tragen dem wachsenden Bedürfnis nach besonderen Erfahrungsräumen und -formen des Glaubens Rechnung.
- Der Gospelchor pflegt einen Musikstil, der sich unversehens neben der klassischen europäischen Kirchenmusik behauptet. Der Zustrom zu den Gospelgottesdiensten zeigt, daß auch hier eine Zielgruppe erreicht wird, die sich mit bisherigen kirchlichen Ausdrucksformen weniger identifizieren kann.
- Der LukasLaden verbindet das Bewußtsein für die „eine Welt“ und einen gerechten Welthandel mit einer kommunikativen Atmosphäre. Hier entstand ein Ort der Heimat und Begegnung, ein Signal gegen die Vereinzelung.
- Segnungsgottesdienste kommen dem Bedürfnis vieler Menschen entgegen, in ihren leiblichen und seelischen Nöten erfahrbar von Gott berührt zu werden. Heilung könnte in Zukunft zu einem der zentralen Themen kirchlicher Verkündigung und Praxis werden.
- St. Lukas ist eine tolerante Gemeinde. Neben der bewährten Zusammenarbeit mit der Aids-Hilfe hat der Kirchenvorstand mit großer Mehrheit erklärt, daß homosexuelle Christinnen und Christen in St. Lukas als Mitglieder wie auch als Mitarbeiter(innen) herzlich willkommen sind.
- Das alles wird finanziell und ideell zum überwiegenden Maße von „Laien“ getragen. Etliche von ihnen gehören, wie gesagt, der Kirchengemeinde St. Lukas gar nicht an. Die Pfarrgemeinde mit ihren alten Sprengelgrenzen ist längst nicht mehr alles, was St. Lukas ausmacht. Trotzdem bekommt die Gemeinde ihre Finanzzuteilungen ausschließlich aufgrund ihrer offiziellen „Seelenzahl“. Nur eingeschriebene Mitglieder der

Pfarrgemeinde sind laut Kirchengesetz im Kirchenvorstand demokratisch repräsentiert.

Wir leben teilweise in Strukturen, die von der Realität längst überholt sind. Daran wird sich einiges ändern müssen.

Natürlich bestehen auch die traditionellen Formen kirchlicher Arbeit weiter. Die Geistlichen von St. Lukas halten Taufen, Trauungen und Beerdigungen wie eh und je. Die meisten Sonntagsgottesdienste werden recht traditionell gestaltet. Und der „klassische" Lukas-Chor hat sich in den vergangenen Jahren zu einem der qualifiziertesten Kirchenchöre der Stadt gemausert. Die „neuen" Formen haben also die „alten" nicht einfach verdrängt. Beides kann nebeneinander wachsen und gedeihen. Jugendgruppen und Seniorenclub, Kindergärten und Diakoniestation, Kindergottesdienst und Besuchskreis - bewährte „traditionelle" Formen kirchlicher Arbeit - sind aus dem Leben der Gemeinde nach wie vor nicht wegzudenken und haben Zukunft.

Nicht jedermanns Geschmack

Die Kapellengemeinde St. Martin muß hier besonders erwähnt werden. Im Südteil des Gemeindegebiets wurde vor 30 Jahren ein Gemeindezentrum mit Kapelle eingerichtet, in dem eine hochkirchliche Tradition besonderer Art Fuß gefaßt hat. Sie versucht, im Rahmen der Liturgie ökumenische Gemeinsamkeiten stärker zu akzentuieren als das spezifisch Protestantische. In St. Martin wird ein Reichtum an Riten und Symbolen gepflegt, der nicht jedermanns Geschmack sein mag, der aber auf die Notwendigkeit hinweist, den Glauben nicht nur mit Worten auszudrücken, sondern ihm auch eine würdige und nachvollziehbare Gestalt zu geben. Es gibt Menschen, die diese Gottesdienste allen anderen Angeboten der Gemeinde vorziehen.

St. Martin erinnert daran, daß wir mit Traditionen sorgfältig und liebevoll umgehen müssen, um nicht am Ende Wesentliches zu verlieren.

Freilich zeigt sich im Miteinander von St. Lukas und St. Martin auch, wie schwierig es mitunter ist, sich darauf zu einigen, was denn nun das Wesentliche sein soll: Dürfen nur Männer Pfarrer sein, weil Jesus nur Männer zu Aposteln berufen hat? Oder soll es auch Pfarrerinnen geben, weil die erste Verkündigerin der Osterbotschaft eine Frau war und weil in Christus - wie Paulus sagt - nicht mehr Mann noch Frau sei? Soll es zum Abendmahl nur vergorenen Wein geben, weil Jesus offenkundig vergorenen Wein verwendet hat? Oder muß mit Rücksicht auf kranke Menschen auch Saft angeboten werden, weil die Bedürfnisse der Schwachen in der Gemeinde Christi einen hohen Stellenwert haben? An solchen Punkten können die Gegensätze auch zu Zerreißproben führen.

„Kultur der Stille"

St. Lukas ist eine Gemeinde im Aufbruch, in der manches anders ist als sonst in den Gemeinden. Auch wenn hier in der Münchner Innenstadt eher noch mehr Menschen aus der Kirche austreten als anderswo, so ist doch die Zahl der aktiven Gemeindeglieder und der Gottesdienstbesucher in den vergangenen Jahren kontinuierlich gestiegen. Es scheint sich eine ganz neue Art von „Kerngemeinde" zu bilden: Sie orientiert sich nicht in erster Linie an den überkommenen Traditionen, sondern sieht die Zeichen der Zeit und will darauf antworten. Ein wacher Kirchenvorstand trägt dazu bei, daß dies hier problemloser zu gelingen scheint als anderswo.

In letzter Zeit wird zunehmend deutlich, was noch mehr ausgebaut werden kann und muß: Wir suchen eine „Kultur der Stille", die immer wieder zum Wesentlichen führt. St. Lukas braucht im Moment sicherlich weniger neue Ideen und zündende Initiativen (abgesehen vom Bereich der Kinder- und Jugendarbeit) als vielmehr ein Wachstum in die Tiefe, damit dem vielen Neuen nicht die Puste ausgeht.

Eine offene Gemeinde wie St. Lukas braucht Oasen der Vertiefung, in der der Glaube Wurzeln schlagen kann.

Hier können Menschen inmitten der Großstadt erfahren: „Wir können einfach dasein. Vor allen Aktivitäten und vor aller Leistung sind wir von Gott geliebt." Gott allein genügt! Diese heilsame und heilende Gelassenheit ist auch ein Stück reformatorischen Erbes, das zu hüten uns aufgetragen ist.

Die Thomas-Messe

Ein Gottesdienst für Zweifler und andere gute Christen

Von Ulli Hellgardt-Lent

Dieser Gottesdienst entsteht am Küchentisch. Oder in der Kneipe. Hier mischen Leute mit, die nie Theologie studiert haben, Menschen voller Zweifel am christlichen Glauben und Menschen, die sich Gott ganz nahe fühlen. Die Thomas-Messe① aus Finnland findet viele Freunde, z.B. in München:

Ulli Hellgardt-Lent ist Mitbegründerin der Thomas-Messe in München, Mitglied im Kirchenvorstand St. Lukas, Mitarbeiterin im „LukasLaden", Hausfrau und Mutter von drei Kindern.

In der St.-Lukas-Gemeinde fanden sich an einem Abend vier Menschen zusammen, die Lust hatten, diesen anderswo höchst erfolgreichen Gottesdienst selbst auszuprobieren. Diese vier waren in ihrer Zusammensetzung nicht ganz untypisch für das Bild unserer Kirche: drei Frauen und der Pfarrer.

Ganz vorsichtig wollten wir uns an das Projekt herantasten, wollten das Modell „Helsinki" nicht einfach umpflanzen, sondern in München etwas Eigenes wachsen lassen. So feierten wir zunächst nicht gleich die Thomas-Messe, sondern „einen etwas anderen Gottesdienst für Zweifler und andere gute Christen", in dem wir Thomas, vor allem den Thomas in uns selbst, zum Thema machten - seit damals an jedem ersten Sonntag im Monat abends in der St.-Lukas-Kirche.

Wenn heute jeweils etwa 20 jüngere und ältere Frauen und Männer die Thomas-Messe vorbereiten und dazu ganze Wohnzimmer füllen, denke ich nicht ganz ohne Wehmut an die wechselnden Küchentische, an denen wir in gemütlicher Enge zu dritt, viert oder fünft die ersten Gottesdienste dieser Art planten - und wische es schnell wieder weg, denn genau an diesen Küchentischen träumten wir von den großen „Heerscharen".

„Was wir Ihnen an dieser Stelle anbieten, ist Zeit: Zeit für sich selbst, Zeit zu spüren, was in Ihnen angerührt ist, was nach Antwort sucht, welche Sehnsucht wach wird, welche Zweifel sich regen ..." So und ähnlich klingt es, wenn wir die „Offene Zeit" einleiten, ein wesentliches Element der Thomas-Messe, das wir vom Ursprungsmodell aus Helsinki übernommen haben, ebenso wie die „Predigt in Kürze".

① Über die Thomas-Messe informiert regelmäßig die Zeitung „Kirche in Bewegung", hrsg. vom Gemeindekolleg der VELKD, Celle.

Was macht nun die Thomas-Messe, speziell in ihrer Münchner Variante, aus? In unsererem Vorbereitungskreis kam spontan die Antwort, daß es uns in geselliger und kulinarischer Hinsicht gutgeht und wir ein freundschaftlicher, offener, ständig wachsender „Haufen“ fast ohne Strukturen sind, dessen Stärke in der spontanen Kreativität und dem Zwang zum kontinuierlichen „Im-Gespräch-Bleiben“ liegt.

Lebenslust

Habe ich mich mit dieser Schilderung zu weit vom gottesdienstlichen Ernst entfernt? Nein, wir sind eigentlich mittendrin! Denn es ist uns wichtig, daß sich die Gäste der Münchner Thomas-Messe in möglichst angenehmer, offener Atmosphäre willkommen fühlen können; darum werden sie z.B. an der Kirchentür von einem von uns persönlich mit einem freundlichen Wort und mit Handschlag begrüßt - und später auch wieder verabschiedet.

Das, was in unserer quirligen Großstadt den Erfolgreichen und Armen, Studenten, Müttern, Vätern, Arbeits- und Obdachlosen bei aller Unterschiedlichkeit ihrer Empfindungen und Bedürfnisse gemeinsam ist, das ist die Sehnsucht nach erlebbarer Gemeinschaft. Und damit wir Gemeinschaft aus vollem Herzen anbieten können, müssen wir sie erst unter uns herstellen, immer wieder. Das aber würde uns trotz der sich vor jeder Thomas-Messe ausbreitenden Lebenslust nicht gelingen, wenn wir uns nicht darauf besinnen würden, was uns zusammenführt und verbindet - bei allen uns natürlich eigenen Gegensätzen.

Wir nehmen uns viel Zeit: in zwei möglichst konzentrierten, aber gemütlichen Vorbereitungsabenden, zu denen jeweils ein Gastgeber, eine Gastgeberin meist in seine bzw. ihre Wohnung einlädt, und in den zwei Stunden vor dem Gottesdienst. Sehr schnell hatten wir nämlich festgestellt, daß wir sonst in die gleiche atemlose Hektik verfallen, die

Die Idee

Die Thomas-Messe ist „Kirche für Ungeübte“. Ihr Name erinnert an Thomas, den Jünger Jesu, und steht für Menschen, die ihren Zweifel nicht verschweigen, sondern dazu stehen, mit ihrem Glauben nicht fertig zu sein. Die Thomas-Messe bietet Raum für Gespräche und neue Formen des Betens, für Einzelbeichte, Segnung und Salbung. Dieser Gottesdienst berücksichtigt, daß Menschen auf der Suche sind, sehen, fühlen, tasten, schmecken, prüfen wollen, was sie glauben können. Die Thomas-Messe versucht Brücken zu schlagen, die Welt des Alltags in den Gottesdienst hineinzunehmen. Zu den Besonderheiten gehört auch, daß jede Thomas-Messe von vielen Leuten mit unterschiedlichen Frömmigkeiten vorbereitet und gestaltet wird. - Red.

manche Pfarrer hinter den Kulissen mitunter am Sonntagmorgen verbreiten, bevor die Glocken dem ein Ende setzen. Schon seit längerem sieht unser Zeitplan deshalb ganz anders aus: Um 16 Uhr treffen wir uns in der Kirche und haben eine Stunde Zeit zum Aufbauen, für Absprachen, Rückfragen etc. Um 17 Uhr sollte alles fertig sein; dann versammelt sich das Vorbereitungsteam in der Taufkapelle, um loszulassen, anzukommen, ein Lied zu singen, einen Text zu hören, Stille zu finden, ein Gebet zu sprechen - immer ein wenig anders, je nachdem, wer von uns diese Andacht gestaltet. Wir haben dafür etwa eine halbe Stunde Zeit. Danach sind wir frei, die Besucher zu empfangen, uns auf den Gottesdienst zu konzentrieren, der um 18 Uhr beginnt. Dieser zeitliche Luxus, den wir uns mit diesem Vorlauf und einem Nachbereitungstreffen leisten, gehört zu den Elementen der Münchner Thomas-Messe, die für uns außer Diskussion stehen.

Wir beginnen und feiern diese Gottesdienste zwar mit überwiegend traditionellen Formen. Aber wenn Sie uns besuchen würden, fiele Ihnen vielleicht auf, daß wir z.B. im Stehen singen. Geht doch viel besser, oder? Vielleicht würden Sie sich auch wundern, daß immer wieder andere Musiker den Gottesdienst mitgestalten; z.B. mal der komponierende Kantor aus der Nachbargemeinde, mal die „Ad hoc"-Musikgruppe mit unserem Pfarrer, mal der Gospelchor St. Lukas.

Vielleicht würden Sie auch spüren, daß wir mit der Auswahl der Prediger und Predigerinnen ein breites Themenfeld öffnen, daß Laien oder Theologen vielfältige persönliche, gesellschaftliche und selbstverständlich auch geistliche Fragen ansprechen. Z.B. haben wir einmal dem Weg der persönlichen „Entsicherung" Dietrich Bonhoeffers nachgespürt, einmal der Frage „Wo oder worin verbirgt sich Gott? Wo kann ich ihn für mich unvermutet entdecken?". Ein anderes Mal widmete sich die Predigt dem Gleichnis vom barmherzigen Samariter und konkret den Flüchtlingen an der Kirchentür, denen eine andere Ge-

Die Geschichte

Die Thomas-Messe ist in Helsinki/ Finnland entstanden. Pfarrer Olli Valtonen ging als Redakteur zu einer Boulevard-Zeitung, um in der „säkularisierten Welt" zu arbeiten. Valtonen sehnte sich bald nach einem Gottesdienst, in dem er selbst auftanken und zu dem er seine weltlichen Kollegen einladen könnte, „ohne rot zu werden". Es fanden sich Gleichgesinnte, und bald diskutierten 40 Menschen einmal in der Woche in einem Restaurant, wie ein solcher Gottesdienst aussehen müßte. 1988 entstand dann aus dieser Gesprächsrunde die Thomas-Messe, zu der schon in der Anfangszeit an jedem Sonntagabend über tausend Leute kamen. Inzwischen werden in vielen Gemeinden Skandinaviens Gottesdienste nach dem finnischen Modell gefeiert. Die Idee der Thomas-Messe kam 1992 nach Deutschland. - Red.

meinde gerade Kirchenasyl gewährt. Die Geschichte von der Heilung des Besessenen bei Markus und die Frage, wie wir mit unseren geistig oder körperlich behinderten Nachbarn umgehen, war ein Thema ebenso wie unsere „Familienbande - Verstrickung und Versöhnung"; dazu entwickelte sich in der Vorbereitungsrunde eines der dichtesten Gespräche, an das ich mich in diesem Kreis erinnern kann. Am 1. Advent endete der „candle light walk" der Münchener Aids-Hilfe in St. Lukas und vereinte sich dort mit den Menschen, die parallel zu dieser Gedenk-Prozession gerade die Thomas-Messe gefeiert und die Predigt des katholischen Aids-Pfarrers gehört hatten, über Berührung und „Schranken-lose" Liebe angesichts des Todes.

Sich salben lassen

Daß die Predigtinhalte von Besuchern und Mitgestaltenden manchmal kontrovers aufgenommen werden, nehmen wir um der Offenheit und Vielfalt willen in Kauf. Wir sind uns darin einig, daß immer aus persönlichem Erleben und eigener Betroffenheit gesprochen werden soll, weil nur aus solcher Glaubwürdigkeit heraus ein Funke überspringen kann.

Wir sind uns auch darüber einig, daß Gedanken und Gefühle nun Raum haben müssen in der Phase der „offenen Zeit", einer Phase der Ruhe: Man kann Fürbitten aufschreiben, Zweifel und Fragen formulieren oder ein Licht anzünden, mit dem Prediger bzw. der Predigerin diskutieren, mit einem Menschen persönlich sprechen und beten oder sich segnen und salben lassen. Wer sich diesen Segen wünscht, nimmt in der Taufkapelle auf einem Stuhl Platz und wird von drei Menschen umgeben: zwei legen ihm eine Hand auf die Schulter und einer spricht ihn namentlich an, zeichnet ihm mit einem wohlriechenden Öl das Kreuz auf die Stirn und in beide Handflächen und spricht ihm ein biblisches Wort zu. Lange Wartereihen bilden sich vor den drei Segnungsstühlen, denn diese Möglichkeit nehmen von Mal zu Mal mehr Menschen wahr.

Was immer die Menschen in dieser „offenen Zeit" suchen, Distanz oder Nähe - beides hat Platz. Es ist keine schweigende, aber eine stille Zeit. Im Anschluß daran und an die Gemeindefürbitten folgt das Abendmahl - für viele von uns der wichtigste Teil des Gottesdienstes. Spätestens jetzt wird Gemeinschaft wirklich gelebt und empfunden. Vielleicht tun wir uns damit auch besonders leicht in München, der Stadt der Biergärten, wo man selbstverständlich auch mit dem unbekannten „Herrn Nachbarn" am Tisch ins Gespräch kommt und sich mit dem Bierglas zuprostet.

Zum Abendmahl laden wir in persönlich formulierten, meist auf das Gottesdienst-Thema Bezug nehmenden Texten ein. Alle sind eingeladen, ohne Schranken. Die unterschiedlichsten Menschen gehen beim Friedensgruß wirklich aufeinander zu, oft genug quer durch die ganze Kirche, reichen sich die Hand oder nehmen sich in den Arm. Herzlichkeit und Zuwendung erfüllen den Raum. Zum Abendmahl versammeln wir uns zu einem einzigen riesengroßen Kreis, der offen bleibt zu denen, die Distanz wahren. Und sollten einmal 700 Leute zusammenkommen, würden wir den Kreis auch bis zur Kirchentür bilden, innen entlang der Kirchenmauern; wir würden unsere Kirche umzingeln, wie wir es in großen Festgottesdiensten beim Abendmahl schon getan haben. Die Form der Abendmahlsfeier haben wir ohnehin bereits von der Thomas-Messe in die „normalen" Gottesdienste übernommen.

Jause am Altar

Wir reichen einander selbstgebackenes Brot und Traubensaft weiter. Und wenn etwas übrigbleibt? Es bleibt immer etwas übrig, weil reichlich gedeckt wird; daher können wir auch nach dem Segen noch zur Jause laden: Beim abschließenden Gespräch, bei Loben, Mäkeln, „Ratschen" um den Altar, wandern Brot und Saft von Hand zu Hand und sind im Nu vertilgt.

Natürlich bleiben Fragen: Bemühen wir uns genügend um die Distanzierten? Erreichen wir einige von ihnen? In Einzelfällen ist uns dies ebenso gelungen wie die Integration von Menschen, die schon sehr weit unten, auch auf der Straße, waren und die manchmal auch aktiv an der Thomas-Messe teilnehmen.

Dennoch sehe ich die wichtigste und schwierigste Aufgabe weiterhin darin, die sehr kritischen, empfindlichen Menschen zu erreichen, die die Kirche bereits gründlich vergrault hat. Gerade sie würde ich mir noch mehr als Mitgestaltende wünschen - auch das hatten wir schon ansatzweise -, damit wir noch offener und sensibler werden können für deren Bedürfnisse und nicht vom eigenen Wohlgefühl betäubt werden.

Sicher ist, daß die Münchner „Thomas-Messler" auf dem Weg sind - selber immer wieder auch suchend, tastend, zweifelnd, distanziert und sehnsüchtig. Tatsache ist, daß wir mündlich und schriftlich vereinzelt schon scharfe Kritik, aber vor allem sehr viel Zuspruch erhalten haben. Wir haben in Gesprächen erfahren, daß Menschen hier endlich einen Gottesdienst besuchen können, die den Weg in den Normalgottesdienst nicht mehr gefunden haben. Besonders die ausdrückliche Offenheit für alle Glaubensweisen und für die nicht religös Gebundenen wird als wohltuend und befreiend empfunden. Einig sind sich Kritiker wie Verbesserer und rundum Zufriedene, daß sich der Versuch „Thomas-Messe" gelohnt hat und unbedingt weitergehen soll. Ich persönlich wünsche mir und uns Wachheit, den Mut, auch mal einen Schritt zurückzugehen, und daß diese Initiative nicht in Selbstzufriedenheit verharren möge.

„In der Thomas-Messe ist es gelungen, ein gottesdienstliches Angebot zu entwickeln, bei dem sich die Teilnehmenden selbst entscheiden können, wie ‚intim' oder distanziert sie dabeisein wollen. Ich kann neugieriger Zuschauer bleiben - oder bei Beichte oder Segnung sehr persönlichen Zuspruch empfangen. Niemand bedrängt mich - aber ich kann wählen!" ②

② Zitat aus „Kirche in Bewegung" 4/92, Hrsg. Gemeindekolleg der VELKD

Sinnlich und fröhlich

Das Unternehmen „Offene Kirche Elisabethen"

Von Rico E. Brauchbar und H. R. Felix Felix

Sie ist die bedeutendste neugotische Kirche der Schweiz. Sie ist die erste City- und Werktagskirche der Schweiz. Sie arbeitet ökumenisch und muß Geld verdienen. Die St.-Elisabethen-Kirche wagt gleich mehrfach neue Wege. Und das ist ihr Erfolgsrezept:

Die Arbeit der „Offenen Kirche Elisabethen" (OKE) ist doppelt verwurzelt: Zum einen in der jüdisch-christlichen Tradition, wie sie durch die Bibel, die Kirchen- und Frömmigkeitsgeschichte und die Theologien bezeugt wird. Zum andern in der aktuellen Kultur, ihren Fragestellungen und dem Lebensempfinden des urbanen Menschen. Die OKE knüpft vor allem an die Tradition Jesu und der Schöpfungsspiritualität an; die Schöpfungsgeschichte am Anfang der Bibel wie auch viele andere biblische Traditionen gehen davon aus, daß die Gegebenheit der „Welt", der Schöpfung und des Lebens, „sehr gut" ist. Diesen positiven Welt- und Lebensbezug zu bezeugen und herzustellen ist eine wichtige Aufgabe der christlichen Kirche in einer Zeit globaler Probleme und Sorgen. In ihren Räumen soll sie Raum schaffen für die „frohe Botschaft", für das Gute und Schöne, die Sinnlichkeit und Freude, ohne die Erfahrungen der Angst, des Leidens und des Todes auszuklammern.

Dr. Ing.-Chem. Rico E. Brauchbar war lange Jahre Mitarbeiter von Ciba-Geigy, zuletzt als Leiter der Division Chemikalien. Seit 1996 ist er im Vorruhestand und engagiert sich ehrenamtlich als Schriftführer und Mittelbeschaffer bei der Offenen Kirche Elisabethen in Basel sowie als Mitglied des Stiftungsrates bei Terre des hommes Kinderhilfe in Lausanne.
Pfarrer H. R. Felix Felix ist seit 1988 am Aufbau des Projekts OFFENE KIRCHE in Basel beteiligt. Dazu gehören Experimente mit neuen Gottesdienstformen, der Kreuzweg durch Basel sowie verschiedene Kunst- und Tanzprojekte in Basler Kirchen.

Jesus hat zu seiner Zeit ein enges Religionsverständnis, das sich wesentlich an der „Reinheit" bzw. „Unreinheit" der Menschen orientiert hatte, verworfen. Jesu Gottesbild geht aus von Gottes grenzenloser Liebe und Zuwendung. Der Mensch muß nicht erst Leistungen erbringen, damit er von Gott angenommen wird. Jesus geht es dabei um den Menschen, um das Leben - das Leben in Fülle.

Jesus hat traditionelle Grenzen der damaligen Kultur und Religion durchbrochen und für hinfällig erklärt. Dazu gehörten

Grenzen kultischer Unreinheit, die Grenzen sozialer Schichtung, geschlechtsspezifische und ethnische Grenzen. Er suchte die Wiedergewinnung der Menschlichkeit des Menschen durch Wandlung und Veränderung, durch Hinwendung zur Quelle des Lebens. Die christliche Kirche übernimmt ihre Sendung und ihren Auftrag von Jesus her. Sie ist demnach herausgefordert, in Wort und Tat Zeugnis zu geben

- vom Gutsein allen Lebens,
- von Gottes Sympathie gegenüber allen Menschen in aller möglichen Vielfalt,
- von Jesu besonderer Sympathie gegenüber Menschen, die am „Rand" der Gesellschaft stehen und die benachteiligt sind.
- Ebenso ist sie gefordert, die bestehenden Grenzen religiöser, ethnischer, sozialer Natur zu hinterfragen und diesen die Gleichheit aller Menschen vor Gott entgegenzusetzen.
- Sie lebt nicht im Gegensatz, sondern in Solidarität mit der Welt. Sie ist nicht Kirche für andere (Dietrich Bonhoeffer), sondern Kirche mit anderen (Theo Sundermeier).

Dies bedeutet, daß wir unsere Abschottung zur Welt hin aufgeben.

Konkret bedeutet dies für Theologinnen und Theologen sicher auch, die Abschottung zu den Nichttheologinnen und -theologen und zu den treuen Kirchenfernen aufzugeben und miteinander an der Zukunft der Kirche und der Welt zu arbeiten. Nur so wird es gelingen, Menschen wieder anzusprechen, die den Kontakt zur Kirche verloren haben. Ihre Fragen, ihre Impulse und ihre Kreativität sollen in die kirchliche Arbeit einfließen. Und dadurch entstehen dann bedürfnisorientierte Angebote.

Die Kirchen haben häufig ein einseitiges Gottesbild vermittelt. Eine Leibfeindlichkeit oder zumindest ein „Lust-Skeptizismus" hat viele Jahrzehnte und Jahrhunderte kirchlichen Handelns bestimmt, und dieser Eindruck hat sich bei Menschen auch festgesetzt. Wir können lange davon predigen, daß auch unsere Körperlichkeit Wert hat. Oftmals will diese Botschaft nicht durchkommen, weil das Handeln fehlt, das dieses Reden beglaubigt.

Wenn aber in einer Kirche getanzt wird, wenn die Sexualität zum Thema wird, wenn Anliegen der Schöpfung zur Sprache kommen, dann löst das oft eine Irritation aus, die in eine Auseinandersetzung über Kirche und Gott führt. Für viele unserer

Besucherinnen und Besucher vermittelt die Elisabethenkirche ein anderes, positiveres Gottes- und Kirchenbild, mit dem sie sich besser anfreunden können.

Eine Ausstellung oder eine Disco sprechen da manchmal deutlichere Worte als eine Predigt.

Menschen, die ein Bedürfnis nach Religiosität und Glauben haben, aber nicht mehr kirchlich beheimatet sind, greifen vermehrt auf andere, esoterische, „private" Angebote zurück. In diesem Feld „alternativ-religiös-spiritueller" Angebote sind die traditionellen Kirchen nur schwach vertreten. Die OKE will gerade solche suchenden Menschen mit Angeboten im spirituell-religiösen, sozial-gesellschaftspolitischen und im kulturell-künstlerischen Bereich ansprechen. Durch die Vielfalt verschiedenster Ereignisse in der OKE ist die Schwelle niedriger als in anderen Kirchen. In der Regio Basiliensis ist es ein ergänzendes, alternatives Angebot der Landeskirchen und schafft auf möglichst breiter und vielfältiger Ebene Kontaktmöglichkeit mit der Kirche, ihren Vertreterinnen und Vertretern und ihrem Anliegen. Von diesem Experimentierfeld profitieren sowohl einzelne Menschen als auch die Kirchen insgesamt.

Pfarrer Michael Göpfert hat postuliert, daß Innenstadtkirchen „Bühnen zur Inszenierung des Christentums" sind. Wenn es gelingt, durch die Nähe zum Menschen und mit Bejahung seiner Vitalität aktuelle Themen aufzugreifen und stimmige Events zu gestalten, löst sich fast automatisch die Frage nach Öffentlichkeitsarbeit und ihrer Finanzierung. Die Journalisten spüren, daß das, was hier vor sich geht, für sie wieder verständlich ist und öffentliche Relevanz besitzt, und sie wollen darüber berichten. Dafür müssen Kirchenleute aber ihre Berührungsängste aufgeben und den Mut haben, Ereignisse zu ermöglichen, die von den Kirchgängerinnen und Kirchgängern oder von der Öffentlichkeit kontrovers aufgenommen werden. Jesus hat uns gelehrt, daß es sinnvoll sein kann, über Provokation wichtige Inhalte zu kommunizieren (z.B. das Ährenraufen am Sabbat).

Sonntags geschlossen

Diese theologische Grundposition führt zu einem bunten Angebot: Wir laden Menschen ein, zur Stille zu kommen (Raum als offener und zugänglicher Raum, Meditation), sich zu freuen und zu vergnügen (Disco, Konzerte), einen Kontrapunkt in die Arbeitswelt zu setzen (Mittagskonzerte), gemeinsam Gottesdienst zu feiern (verschiedene Gottesdienstformen, auch Taufen und Hochzeiten, Segensfeiern), das eigene Leben und Belastungen zu thematisieren (Seelsorge-Angebot), nach Heilung von Verletzung und Leiden zu suchen (Handauflegen).

Kurzum: Die OKE ist Kirche und will mittels religiös-spiritueller, kultureller und sozialer (diakonischer) Aktivitäten einen Raum zur Erkundung der Kirche und zur Erfahrung des Religiösen bieten. Hier finden sie in ansprechender Form: Diakonia, Martyria, Leiturgia und Koinonia. Wir sind eine Werktagskirche und verstehen uns nicht als Konkurrenz zu traditionellen Gemeinden, sondern als Ergänzung. Am deutlichsten kommt das darin zum Ausdruck, daß unsere Kirche in der Regel am Sonntag geschlossen ist.

Die Angebote in der OKE sprechen Arbeitstätige in der Innenstadt ebenso an wie Passanten, Touristen, Kulturinteressierte, spirituell Interessierte, Menschen in schwierigen Lebensabschnitten. Die Altersstruktur ist gemischt; es gelingt, besonders die Gruppe der 20- bis 45jährigen anzusprechen.

Aus der Produktpalette:

Kirchenöffnung:
Di–Sa 10–21 Uhr, mit Café-Bar, Gesprächsangebot, Seelsorge, Gebetswand, Kerzen, Still-Bereich für Mütter, Zeichentisch für Kinder, Turmbesteigung

Gottesdienste/Feiern:
Feier zum Monatsende, Lesbische und Schwule Basiskirche, Heilungsfeiern, Kreuzweg durch Basel, Ostergelächter, Interreligiöses Gebet am Bettag, Schöpfungsfest - ein GD für Mensch und Tier, St. Nikolaus in der Elisabethenkirche, Weihnachtsnacht mit Musik

Meditation:
Einübungen in die Praxis christlicher Spiritualität, Kontemplation im christlichen Kontext, Zazen/Stilles Gebet, Vipassana Meditation, Gebet für die Welt, Tänze des universellen Friedens, Handauflegen, Führungen

Konzerte:
Mittwochmittag-Konzerte, Jazz in der Elisabethenkirche, Orgelkonzert zum Messeauftakt, Silvesterkonzert

Ausstellungen:
Thematische Ausstellungen, Kunst-Ausstellungen, Gastgeber für Konzerte, Discos, Theater, Zirkus, Apéros, Bankette

Gottes- und Menschenhaus

Jesus stand im Kontakt mit der ganzen gesellschaftlichen Bandbreite seiner Zeit. Wieso sprechen wir nur die Netten und Braven, das mittlere Bürgertum an?

Aus solchen Fragen und Beobachtungen heraus entstand die Idee zur OKE: Im Jahr 1988 schrieb Pfarrer Felix Felix die Vision einer Offenen Kirche nieder und fing mit einer kleinen Gruppe an, in verschiedenen Basler Kirchen Performances, experimentelle Gottesdienste mit Jazz, Rock etc., Schriftstellerpredigten, einen Kreuzweg an Karfreitag u.a.m. zu erproben.

Bald suchte die Gruppe nach einem festen Standort und legte 1990 ein Konzept vor, die Elisabethenkirche als Offene Kirche zu nutzen. Die Kirche sollte ein Gotteshaus und ein Menschenhaus in einem sein, ein Ort, an der Stille und Ruhe Raum finden, aber auch Fest und Freude.

Die Elisabethenkirche wurde als erster evangelischer Kirchenneubau in Basel nach der Reformation erbaut. Sie steht in der Basler Innenstadt am Bankenplatz in der Nähe von Theater, Kunsthalle und Casino. Die Kirche wurde von Christoph Merian, einem reichen Basler Kaufmann, als „Mahnmal gegen den Ungeist der Zeit und gegen die Entchristlichung der Gesellschaft" gestiftet und 1863 als Gemeindekirche eröffnet. Sie bot 1200 Personen im Kirchenschiff und auf zwei Emporen Platz und verfügt über eine ungewöhnlich reiche und aufwendige Innenausstattung. Im Laufe der Zeit wurde die Innenstadt mehr und mehr entvölkert. Die St.-Elisabethen-Gemeinde verlagerte sich immer mehr an die Peripherie und baute dort in den fünfziger und sechziger Jahren zwei neue Gemeindezentren. Die Elisabethenkirche wurde immer weniger genutzt, und vor rund 20 Jahren zog die Gemeinde aus der Elisabethenkirche aus. Im Zuge des Theater-Neubaus wurde diskutiert, ob nicht der gesamte Kirchen-Bau abgerissen werden sollte, um Platz zu machen für ein Parkhaus. Andere haben vorgeschlagen, die Kirche als Museum zu nutzen. Erst Anfang der 90er Jahre wurde die Kirche unter eidgenössischen Denkmalschutz gestellt und für zehn Millionen Franken restauriert, ohne jedoch einen neuen Verwendungszweck gefunden zu haben.

Die Reformierte Basler Kirche hatte selber kein Geld mehr, um Heiz- und Küsterkosten zu bezahlen. Die Finanzknappheit der Basler Kirchen hat mit der Stadtentwicklung und den vielen Kirchenaustritten seit den sechziger Jahren zu tun. Es ist wohl hauptsächlich dieser Krise zu verdanken, daß die Idee einer Offenen Kirche positiv aufgenommen wurde.

Es wurde ein Verein gegründet; der Vorstand ist verantwortlich für die Mittelbeschaffung und für das Programm. Ein breites Patronatskomitee mit Personen aus der Basler Politik, Wirtschaft, Kirche und Kultur setzte sich von Anfang an für das Projekt ein. Texter und Grafiker helfen bei der Werbung. Sponsoren finanzieren z.B. den Umbau des Innenraums der Kirche: Dreiviertel der

Bankreihen wurden nach anfänglichen Protesten des Denkmalschutzes entfernt und durch eine mobile Bestuhlung ersetzt. In einem Seitenraum wurde eine schmucke Café-Bar eingerichtet, die von einer Pächterin betrieben wird. Ein anderer Raum ist das Büro, in dem während der Öffnungszeiten der Kirche immer jemand anwesend ist. Im 1. Stock wurden Toiletten installiert.

Am 31. April 1994 wurde die „Offene Kirche Elisabethen“ als erste Citykirche der Schweiz eröffnet.

Die Finanzierung

Pfarrer Felix Felix ist von der Evangelisch-Reformierten Kirche Basel-Stadt angestellt, sein katholischer Kollege Peter Lack von der Römisch-Katholischen Kirche Basel-Stadt. Zusätzlich gibt es eine 80-Prozent-Stelle, die sowohl Küsterpflichten als auch Sekretariats- und Organisationsarbeiten umfaßt. Alle anderen Tätigkeiten werden von freiwilligen Mitarbeiterinnen und Mitarbeitern ausgeführt (zum Beispiel Kasse, Schreibhilfe, Präsenzdienst, Handauflegen).

Das Projekt OKE benötigt pro Jahr rund 500 000 Franken. 1996 haben die Landeskirchen 46 Prozent davon bezahlt. 35 Prozent des Etats erwirtschaftet die OKE selbst, 13 Prozent werden durch Spenden und Kollekten anderer Kirchengemeinden gedeckt; einige Prozent sind Beiträge von Stiftungen.

Auch die Bereitschaft der Wirtschaft, das Projekt zu unterstützen, hat zugenommen. Im Moment laufen Verhandlungen mit verschiedenen Unternehmen darüber, ob sie bereit sind, drei Jahre lang ein Grundsponsoring von jährlich je 10 000 bis 20 000 Franken zu übernehmen. Wir möchten gerne fünf Grundsponsoren aus verschiedenen Branchen dafür gewinnen.

Daneben sind wir natürlich auch auf Sponsoren für Einzelprojekte angewiesen. Der Verein hat keine Finanzen dafür, und so muß sich jedes Projekt einzeln über Eintrittsgelder oder Beiträge Dritter finanzieren. Es ist leichter, für spezifische Projekte Sponsoren zu gewinnen als für eine Beteiligung an den Betriebskosten. Diese Art der Finanzierung ist zwar manchmal zeitintensiv, andererseits muß auf diese Weise für jede Idee und jedes Projekt jeweils ein Bedürfnisnachweis erbracht werden. Ist tatsächlich ein reales Bedürfnis da, gelingt es meist auch, die Finanzierung zu sichern.

Auch jede freiwillige Mitarbeit zählt als Spende - als Zeit-Spende. Insgesamt wurden in der OKE 1996 fast 6000 Stunden freiwillige Arbeit geleistet. Die Einnahmen durch Kirchenvermietung und die Pacht der Café-Bar belaufen sich auf 88 000 Franken, was 60 Prozent der Eigenleistungen entspricht.

Zwischenbilanz

Nach zweieinhalb Betriebsjahren ist es Zeit, eine Standortbestimmung vorzunehmen und sich Gedanken über die Zukunft zu machen. Dazu gab es umfangreiche Befragungen. Beispielsweise sagten neue Mitglieder des Fördervereins, daß sie vor allem an Spiritualität/Meditation (57 Prozent), klassischer Musik (47 Prozent) und Ausstellungen (47 Prozent) interessiert seien. Gottesdienste (26 Prozent) rangierten erst an 8. Stelle. Bei der systematischen Erforschung der Wünsche zur neu eingeführten Feier zum Monatsende ergab sich, daß der Beginn von 19.30 auf 19.00 Uhr verlegt werden sollte und daß andere Instrumental-Musik der traditionellen Orgelmusik vorgezogen wird. Ferner befragt z.Zt. eine Diplomandin hundert zufällig ausgelesene Personen aus der Regio Basiliensis. Wir möchten auch unser Image aus der Sicht der Öffentlichkeit erkunden und überprüfen, ob unsere Angebote den Bedürfnissen entsprechen oder noch Wünsche offenlassen.

- In vielen Gesprächen haben wir festgestellt, daß unser Projekt in der Bevölkerung wie in traditionellen kirchlichen Kreisen eine wesentlich größere Akzeptanz besitzt, als wir meinten.
- Die Strategie-Entwürfe der OKE stoßen bei Stiftungen, Wirtschaft und kirchlichen Kreisen auf großes Interesse; wir werden als seriös geführtes „New-venture"-Unternehmen mit guten Zukunftsaussichten gesehen. Und das, obwohl die Medien vor allem unsere grellen Angebote herauspicken und uns so einen etwas unseriösen, schillernden Anstrich verpassen möchten.
- Im Verein herrscht heute ein sehr großer Konsens über Identität und Zukunftsentwicklung der OKE. Der Weg dahin war wichtiger als das Ziel - ein druckreifes strategisches Konzept.
- Das Tummelfeld für die Geschäftsführung ist abgesteckt; die Diskussionen im Vorstand bewegen sich heute auf einer deutlich höheren, sprich strategischen Ebene. Pfarrer Felix und sein katholischer Kollege Peter Lack können freier operieren.

● Und nun zum finanziellen Erfolg: 1996 schlossen wir um rund 100 000 Franken besser ab als geplant. Dem finanziellen Ergebnis 1997 und 1998 sehen wir bereits heute mit berechtigter Zuversicht entgegen. Ein professioneller Mittelbeschaffungsberater, der uns 2500 Franken kostet, überprüft den von uns entwickelten mittelfristigen Finanzierungsplan. Nach Gesprächen mit einem weiteren Dutzend externen Experten und unseren Mitarbeitern soll der Plan Ende Juni 1997 fertig sein. Dann können alle Interessierten unsere Planungen nachlesen.

Die OKE soll noch unabhängiger von kirchlichen Finanzen werden, zumal die Evangelisch-Reformierte Kirche Basel-Stadt ab 1998 rote Zahlen schreiben wird. Dann ist zu beweisen, daß ein Produkt, das echten Bedürfnissen entspricht, vom Markt gut aufgenommen und dafür ein fairer Preis bezahlt wird - und zwar auch im Non-profit-Bereich, also auch beim Unternehmen Kirche.

Angebotsportfolio OKE

Aus unserer Sicht ist die Albert-Schweitzer-Bewegung ein typischer Repräsentant von Sektor ① des nachfolgenden Portfolios. Im Sektor ② wäre z.B. die Münstergemeinde von Basel zu positionieren.
Eingehende Diskussionen ergaben, daß die Angebote der OKE in den Sektoren ③ + ④ angesiedelt sind.
Zur Verdeutlichung folgende Beispiele: Sektor ③: Lesbische und Schwule Basiskirche, Schöpfungsfest, Aktionswochen, Interreligiöses Gebet am Bettag. Sektor ④ : Heilungsfeier, Handauflegen, Meditation über Mittag, Kreuzweg durch Basel.

Inhalt/Form	traditionell	modern, dem Neuen offen
weit, liberal, intellektuell	①	③ OKE
tief verwurzelt, pietistisch, charismatisch, mystisch	②	④ OKE

Solidarität und Selbsthilfe

Beispiel Hamburg: Neue Projekte der Diakonie

Von Stephan Reimers

„Verantwortung entwickelt aber eine eigene, eigenartige Ansteckungskraft, da sie auf Freiwilligkeit beruht und Freiwilligkeit durchaus mehr Überzeugungs- und Bindekraft entwickeln kann als Vorgaben, die gesetzt und erzwungen werden - jedenfalls in Kulturen des eigenen Lebens."

Stephan Reimers ist Landespastor und Leiter des Diakonischen Werkes in Hamburg. Er initiierte u.a. die Stadtzeitung „Hinz & Kunzt".

Diese Beobachtung des Münchener Soziologen Ulrich Beck ist mir in den vergangenen drei Jahren anschaulich erfahrbar geworden. Die nicht mehr übersehbare Not obdachloser Menschen inmitten einer wohlhabenden Stadt hat nicht nur die traditionellen Hilfsorganisationen herausgefordert, sondern bei vielen Bürgern ein Gefühl der Verantwortung geweckt, nämlich den Draußenbleibenden „Antwort zu geben", ihnen konkret zu helfen oder ihnen doch zumindest menschliche Verbundenheit zu zeigen.

Die wirtschaftliche und soziale Lage der Stadt, die dem folgenden Erfahrungsbericht zugrunde liegt, sei kurz beschrieben:

Bis zur Mitte der 80er Jahre nahm die Zahl der Einwohner Hamburgs kontinuierlich ab und war bereits unter 1,6 Millionen gesunken. Junge Familien, die es sich leisten konnten, bauten oder kauften Eigentumswohnungen im preisgünstigeren Umland. Die Zahl der Pendler stieg. Bis 1987 entwickelten sich zunehmend Wohnraumleerstände in den Hamburger Hochhaussiedlungen. Dann kam die Vereinigung. Über Nacht gewann die Hansestadt ihr Hinterland zurück, von dem sie 44 Jahre abgeschnitten war. Unmittelbare Folge war ein rasches wirtschaftliches Wachstum in dem nun „Boomtown" genannten Hamburg. Auch die Zahl der Einwohner nahm deutlich zu. Viele kamen, wie wir alle wissen, nicht freiwillig, sondern auf der Flucht vor den wiedergeborenen Nationalismen. 12 500 Kriegsflüchtlinge aus Bosnien leben zur Zeit in Hamburg, viele von ihnen möchten bleiben. Gemeinsam mit Aussiedlern aus Kasachstan, Asylbewerbern aus Rumänien, Afrika und anderen Teilen der Welt ist Hamburg für sie Fluchtpunkt und Hoffnungsziel. Die einen hoffen auf einen neuen Anfang, andere wollen einfach die Kriegszeit überleben. Seit 1990 sind viele Menschen aus den neuen Bundesländern nach Hamburg gekommen. Der Bau von Bürohäusern ist mit Riesenschritten vorangegangen. Inzwischen stehen einige hunderttausend Quadratmeter leer. Dagegen folgt der soziale Wohnungsbau der Stadt nur zögernd und mit beträchtlicher Verspätung. So konkurrieren Menschen mit sehr unterschiedlichen Startchancen um zu knappe Güter wie Arbeit, Wohnung und Plätze in Kindertagesstätten. Gegenwärtig umfaßt die Warteliste für eine Sozialwohnung 34 000 Familien und Einzelpersonen.

In dieser langen Warteschlange haben die amtlich erfaßten 6500 Obdachlosen wenig Aussicht, in absehbarer Zeit eine Wohnung zu erhalten. Über 1200 von ihnen haben auch in den bitteren Frostnächten des vergangenen Winters draußen geschlafen, in Erdhöhlen, Hauseingängen oder unter Brücken. Inzwischen zählt Hamburg wieder mehr als 1,7 Millionen Einwohner, aber etwa die Hälfte der in den vergangenen sieben Jahren zugewanderten 130 000 Menschen lebt von Sozialhilfe. Insgesamt ist die Zahl der Hilfeempfänger auf über 150 000 Personen angewachsen. Außerdem sind über 90 000 Menschen arbeitslos.

Als ich am 1. Juni 1992 meinen Dienst als Landespastor begann, lag der Sitz des Diakonischen Werkes noch ganz nah dem Hauptbahnhof, also in der östlichen Innenstadt. Ich war betroffen, wie viele Menschen in den Haus- und Geschäftseingängen in der Nähe des Werkes übernachteten. Von daher faszinierte mich eine epd-Meldung, die ich kurz nach meinem Dienstantritt über die Obdachlosenzeitung „Big Issue“ in London las. Da hieß es, die Zeitung sei flott geschrieben, weinerliches Flehen und Mitleid seien tabu. Jeder Obdachlose kann „Big Issue“ vom Verlag zum Selbstkostenpreis von zehn Pence erstehen und auf der Straße zum vollen Preis von 50 Pence verkaufen. Die Differenz von 40 Pence, ungefähr 1,15 Mark, sind sein Verdienst. „Wir haben etwa 1300 Obdachlose, die mit einem Abzeichen als Zeitungsverkäufer ausgewiesen sind“, sagte John Bird, einer der Initiatoren.

„Das hat mir mein Selbstvertrauen zurückgegeben. Man hat das Gefühl, etwas geschafft zu haben“, berichtete Tom. „Der Verkauf gibt mir die Chance, in die Gesellschaft zurückzukehren.“

Selina ist seit acht Monaten obdachlos und seit über sechs Monaten „Big Issue“-Verkäuferin. Sie verdient nach eigenen Angaben knapp 60 Mark pro Tag. Der seit 14 Jahren obdachlose Tom erzählte, daß er pro Woche sogar bis zu 400 Pfund, umgerechnet etwa 1140 Mark, verdient.

So eine Zeitung in Hamburg kaufen zu können, empfand ich damals als attraktive Idee. Dann müßte man nicht einem Menschen ein Markstück in die Blechbüchse werfen, sondern könnte mit ihm in einen Austausch treten über die Probleme, die ihn bewegen. Nun ist ein Diakonisches Werk ja in der Regel kein Ort, wo eine neue Zeitung geboren wird. Nachdem wir uns einige Monate in einem Kreis von Theologen und Sozialarbeitern gemüht hatten und merkten, daß wir es alleine nicht schafften, sprachen wir verschiedene Journalistinnen und Journalisten an. Insbesondere das „Hamburger Abendblatt" gab uns wertvolle Ratschläge und öffnete Türen. Am 6. November 1993 war es dann soweit: Unsere ersten 25 Verkäufer waren anfangs noch sehr schüchtern. Etliche hatten sich in Hauseingänge zurückgezogen oder eng an Schaufenster der Mönckebergstraße gepreßt - stumm wie Zeugen Jehovas. Aber etwa nach einer halben Stunde war das Eis gebrochen, ein lebhafter Verkauf begann: Innerhalb von 36 Stunden waren 3700 Exemplare verkauft.

Die ersten 30 000 Exemplare waren im ersten halben Monat verkauft. Wir mußten also noch im November die Auflage verdoppeln. Für Dezember druckten wir dann gleich 120 000 Exemplare. Dieser Dezember war auch für alles Weitere von Bedeutung. Wir hatten überlegt, daß wir nicht wissen, ob diese Zeitung eigentlich so, wie sie ist, bei den Leuten ankommt. Wir legten deshalb - wir hatten nicht viel Geld - einem Viertel der Auflage eine Umfrage mit 41 Fragen bei, und wir bekamen 2500 ausgefüllte Bögen zurück, die zum Teil mit kleinen Aufsätzen versehen waren. Damals rechnete ich hoch: Hätten wir die Bögen der gesamten Auflage beigelegt, wären 10 000 solcher Fragebögen zurückgekommen. Dies gab uns ein Gefühl, wie groß die Bereitschaft war, sich für Obdachlose zu engagieren. Aus solchen Erfahrungen heraus entstand die Idee des „Spendenparlaments"; für dessen Realisierung es aber noch zwei Jahre brauchte.

Heute haben 1400 Obdachlose in Hamburg einen Verkaufsausweis. Die Auflage schwankt zwischen 100 000 im Sommer und 140 000 im Dezember. Wir haben 14 feste Arbeitsplätze im Projekt geschaffen. Die Hälfte davon sind ehemalige Obdachlose. Von den Verkäufern haben inzwischen mehr als 230 eine Wohnung und über 60 auch einen Arbeitsplatz gefunden.

Dennoch hat das Projekt keine bruchlose Erfolgsgeschichte zu erzählen. Viele Rückschläge und Abschiede, gerade in den ersten Wochen, waren zu verkraften.

Der Selbstmord unseres drogenabhängigen Verkäufers Volker oder der Selbstmordversuch von Kalle nach einem schweren Suchtrückfall haben uns aufgewühlt. Es ist schon ein eigenartiges Gefühl, an den Beinen eines Menschen zu hängen, der mit äußersten Kräften ein Baugerüst hinaufklettert, um sich hinunterzustürzen. Gut, daß ein anderer „Hinz & Künztler" und ich ihn damals festhielten. Heute ist der etwa 30jährige ein glücklicher Familienvater mit Wohnung und Arbeit, und die Familie hat ein Baby.

Die Arbeit bei „Hinz & Kunzt" ist verbunden mit einem zähen, zeitaufwendigen und nervenaufreibenden Ringen um einzelne Menschen. Sie ist begleitet von vielen Abstürzen. Diese Menschen zu stabilisieren, sie nicht aus den Augen zu verlieren oder sie - wenn es nicht anders geht - in einer Therapie unterzubringen, sind die Ziele. Inzwischen sind fast fünf Millionen Exemplare der Zeitung verkauft. Dieser Verkauf war begleitet von Hunderttausenden mehr oder weniger kurzen Verkaufsgesprächen, die manchmal nur aus einem freundlichen Gruß oder einem bedauernden „Ich hab' schon eine" bestehen. Ich denke, diese Dialoge haben das soziale Klima der Stadt beeinflußt. Menschen, die geflissentlich voreinander wegsahen, haben sich einander zugewandt. Aus dem Wegsehen ist ein interessiertes Nachfragen geworden, gerade zwischen den Stammkunden und den Verkäufern, die an bestimmten Orten, an Wochenmärkten, Einkaufszentren ihren Platz haben. Schlagfertigkeit, Witz und Humor werden gegenseitig entdeckt. Um nur ein Beispiel zu nennen: Die Präsidentin unserer Kunsthochschule erzählte mir eines Tages: „Sie haben aber schlagfertige Verkäufer. Ich sag' zu dem einen: ‚Ich hab schon eine.' Da sieht er mich an und sagt: 'So, was steht denn drin?'" Eine andere Frau erzählte mir: „Ich merkte, als ich bezahlte, daß ich gerade mein letztes Geld, wovon ich mir Kaffee kaufen wollte, ausgegeben hatte. Der Verkäufer sagte nur: ‚Wieso, macht doch nichts, dann lade ich Sie eben ein.'"

Im Sommer 1994 geriet das Projekt in die erste Krise. Die Sozialbehörde forderte die Anrechnung der Verkaufserlöse auf die Sozialhilfe. Es war uns klar, daß es einige Verkäufer gab, die sehr gut verkauften. Sie arbeiteten teilweise zwölf Stunden in der Innenstadt an günstigen Standorten und verdienten gutes Geld.

Sie habe ich zu einem Frühstück eingeladen und ihnen erklärt: „Ihr 13 seid ein Problem für das Projekt. Ihr verkauft inzwischen so viele Zeitungen, daß ihr keine Sozialhilfe mehr bekommen dürftet." Da sagten sie einmütig: „Wir verzichten. Aber was passiert mit unseren Betten?" Sie schliefen in Pensionen im Rotlichtmilieu St. Georg und St. Pauli, in Zwei- und Drei-Bett-Zimmern. Das Bett kostet 900 Mark im Monat. Wir überlegten, ob sich die Verkäufer selbständig machen könnten. Und wir rechneten nach. Zu den 900 Mark für ein Bett kamen 526 Mark Sozialhilfe und die verschiedenen Versicherungen. Das machte zusammen 2500 Mark. Jemandem zu sagen, er müsse für 2500 Mark regelmäßig Zeitungen verkaufen, ob er nun einen Suchtrückfall hat, krank ist oder was auch immer passiert, um dann genauso viel zu bekommen wie Sozialhilfe, war offensichtlich kein Angebot. Wir versprachen deshalb, ihnen billige Zimmer zu besorgen. Mit Hilfe einer Stiftung konnten wir den Verkäufern Zimmer zu einem Mietpreis von 200 Mark anbieten. Sie haben sie genommen und verzichteten auf die Mieterstattung, so daß die Stadt monatlich pro Verkäufer 900 Mark einspart. Dennoch erhielten sie weiter Sozialhilfe, da wir das Problem mit den Versicherungen nicht lösen konnten.

Die Sorge um Wohnungen hat uns sehr beschäftigt. „Hinz & Kunzt" gründete deshalb einen Wohnungspool. Es ist ein kleines dreiköpfiges Team, das den Verkäuferinnen und Verkäufern hilft, Wohnungen zu finden, und begleitet sie, damit sie auch in der Wohnung bleiben. Finanziert haben wir den Wohnungspool durch eine Spende des Thalia Theaters und von der Eröffnungskollekte des Kirchentages in Hamburg. Im Jahr 1996 vermittelte dieses Team 35 Menschen eine Wohnung. Dann kam eine „Hinz & Kunzt"-Leserin zu mir und schlug vor: „Ihr müßt die alte Idee der Gotteswohnungen wiederbeleben. Im Mittelalter baute man an den Kirchen kleine Zeilen von Buden an und ließ Menschen für nichts, für Gottes Lohn, dort wohnen. Denken Sie doch daran, daß Jesus sagte: ‚Wer sein Leben verliert um meinetwillen, der wird es gewinnen.' Das gilt auch für euch als Kirche. Ihr habt in Hamburg 200 exzellente Grundstücke mit großen Grünzonen. Warum könnt ihr nicht mit obdachlosen Menschen teilen?" Wir entwickelten daraufhin ein Modell. Es sind kleine Holzhäuser, die in Dänemark hergestellt werden. Mitte Oktober 1996 wurden die ersten sieben Kirchen-Katen in Hamburg aufgestellt. Etwa zehn weitere

Gemeinden haben Interesse angemeldet und befinden sich im Entscheidungsprozeß über dieses Projekt.

„Hinz & Kunzt" ist ein Sammelpunkt und Wärmeaggregat für die Stadt geworden. Die Zeitung setzt neue Ideen frei und bringt Menschen zusammen.

Wir haben uns inzwischen angewöhnt, regelmäßig am 6. November ein neues Projekt zu starten, also an dem Tag, an dem „Hinz & Kunzt" begann. 1994 haben „Hinz & Kunzt"-Leserinnen und -Leser die Hamburger Tafel gegründet. Sie liefert monatlich 30 Tonnen Lebensmittel, die sie von Ladenketten und Restaurants gesammelt hat, an Suppenküchen und Tagesaufenthaltsstätten. 1995 gründeten wir dann das Hamburger Spendenparlament: Jeder, der bereit ist, mindestens 120 Mark im Jahr zu geben, bekommt einen Sitz im Spendenparlament. Dieses Spendenparlament entscheidet gemeinschaftlich über die Verwendung der Gelder. Die Reaktion auf dieses Angebot war überwältigend. Innerhalb eines Jahres versammelten wir 2700 Mitglieder und brachten eine Spendensumme von 700 000 Mark zusammen. Und das für einen Bereich, für den zuvor überhaupt nicht gespendet worden war, nämlich den Bereich der häßlichen Armut.

Es gab, als das Spendenparlament ins Leben gerufen wurde, auch kritische Anfragen. Ich möchte drei herausgreifen:

1. Gibt es nicht schon genug Institutionen und Vereine, die um Spenden bitten? Das ist richtig, aber hier gilt das schon Gesagte. Im Bereich der sozialen Arbeit rangieren Kinder- und Behindertenprojekte auf der Spendenskala oben. Für Obdachlose, Alkoholabhängige, alte und isolierte Menschen wird kaum gespendet. Das entspricht einer Aussage des Deutschen Zentralinstituts für soziale Fragen. Ich habe es persönlich erfahren, als ich versuchte, für „Hinz & Kunzt" einen Sponsor oder auch nur eine größere Firma in Hamburg zu finden, die bereit wären, eine Obdachlosenzeitung zu finanzieren. Ich fand niemanden. Der Bereich der Armut war häßlich, sie galt als selbstverschuldet und wurde als imageschädigend empfunden. Hinterher haben sich etliche geärgert, daß sie die Zeitung nicht unterstützt hatten. Es ist uns gelungen, mit dem schönen Titel „Spendenparlament" die Spendenblockade gegenüber der „häßlichen" Armut aufzubrechen.

2. Zweiter Einwand gegen das Spendenparlament: Es spielt nur die Rolle eines Lückenbüßers für die Politik und provoziert vielleicht sogar einen weiteren Rückzug des Staates aus seiner

Verantwortung. Doch die Hamburger Tafel, „Hinz & Kunzt“ und die anderen Projekte haben ganz klar gesagt: Wenn auch nur eine Mark nicht gegeben wird, weil es die Projekte gibt, dann hören wir sofort mit unserer Arbeit auf. Und ich persönlich erwarte sogar das Gegenteil. Politik und Politiker orientieren sich in der Regel dahin, wo sich Menschen sammeln. Wenn sich so viele Menschen für dieses Thema so schnell zusammenschließen, führt das dazu, daß Obdachlosigkeit einen höheren Stellenwert, zum Beispiel in der Bürgerschaft unserer Stadt, bekommt.

3. Was läßt sich mit 700 000 Mark Spendengeld schon bewirken? Ich denke, wenn es effektiv eingesetzt wird, sehr viel. Das zeigt anschaulich „Hinz & Kunzt“ mit nur 50 000 Mark Anschubfinanzierung. Der Verkaufstresen von „Hinz & Kunzt“ ist für viele Menschen heute ein Haltegriff - auch ein Haltegriff in der Leere unstrukturierter Zeit. Die Verkäuferinnen und Verkäufer haben eine Anlaufstelle, und sie haben eine kleine, niedrigschwellige Beschäftigung in einer sonst sinnlosen Zeit. Ich denke, daß wir mit dem Geld des Spendenparlaments im Jahr 1997 etwa 60 Projekte unterstützen. Damit können wir weitere solcher Haltegriffe und neue Arbeitsplätze schaffen und fördern.

Von den 2700 Mitgliedern kommen zu den Sitzungen im Durchschnitt immerhin 500. Die Universität hat uns das Auditorium maximum kostenlos zur Verfügung gestellt. Und es geht dort sehr munter zu. Nachdem wir jetzt den Hausmeister „bestochen“ haben, können wir noch eine Stunde länger, also vier Stunden, zusammensein. Und was sehr erfreulich ist: Es ist eine Bühne für soziale Projekte in dieser Stadt entstanden. Projekte, die bisher nur in der Abgeschiedenheit eines Stadtteiles, einer Straße existierten, werden nun von der ganzen Stadt wahrgenommen. Jede Sitzung wird zudem von einem starken Presseaufgebot begleitet. Der NDR überträgt live auf der „Hamburg-Welle“ aus diesen Sitzungen. Und es ist zu spüren, welche Wärmewellen aus dem Auditorium den Vertretern der Projekte zufließen, wenn sie von ihrer Arbeit berichten.

Das Spendenparlament hilft auch bei der Entwicklung neuer Initiativen. Sein Ausschuß „Neue Projekte“ hat den Mitternachtsbus entwickelt, der am 6. November 1996 seine erste Fahrt antrat. Er ist ausgestattet mit heißen Getränken, Decken, Schlafsäcken und dergleichen. Auch in diesem Jahr bleiben etwa 1200 Menschen auf der Straße. Ihnen möchten wir helfen und unsere

Anteilnahme zeigen. Die Idee eines solchen Busses hatten wir schon bei der Gründung von „Hinz & Kunzt". Wir beobachteten, daß viele der Obdachlosen nicht von selbst zu „Hinz & Kunzt" kamen. Wir müßten zu ihnen hingehen, war damals schon unsere Idee. Aber das Zeitungsprojekt hat uns kräftemäßig ausgelastet. Wir konnten es zu dem Zeitpunkt nicht leisten.

Durch das Spendenparlament haben sehr viele Ehrenamtliche zusammengefunden. Für den Mitternachtsbus erklärten sich innerhalb von drei Wochen hundert Menschen bereit, Nachtdienst in den Frostnächten zu tun. Im Grunde genommen könnten wir sogar zwei Busse Nacht für Nacht fahren lassen. Es ist eine große Bereitschaft da, zu helfen. Und es sind nicht nur Pensionäre, die sich melden, sondern auch im Beruf stehende Krankenschwestern, Ärzte, Sekretärinnen usw., also ein Querschnitt der Bevölkerung.

„Einer trage des anderen Last." Daß dazu in unserer Gesellschaft keine Bereitschaft mehr da sei, kann ich aus den Erfahrungen der letzten vier Jahre nicht feststellen. Aber, es geht um die Entwicklung einladender, auf Partizipation und Mitbestimmung angelegter Hilfemodelle mit einer starken Selbsthilfe-Komponente. Für eine solche Arbeit und solche Angebote lassen sich in unserer Konkurrenzgesellschaft Menschen um den Wert Solidarität sammeln. Auch sehr säkular eingestellte Bürgerinnen und Bürger sind unter diesem Vorzeichen bereit, von Kirche und Diakonie initiierte Projekte mitzutragen. Wesentlich für diese Kooperation von Christen- und Bürgergemeinde ist, daß auf kirchliche Vereinnahmung verzichtet wird. Jederzeit bleibt die Hilfe für notleidende Menschen das Zentrum.

„Verantwortung aber entwickelt eine eigene, eigenartige Ansteckungskraft..."

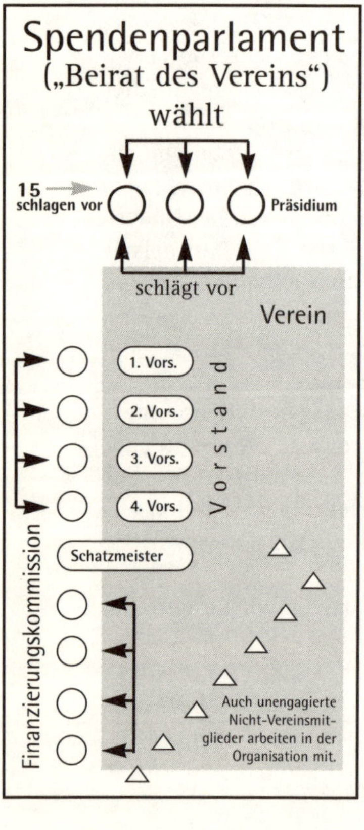

Mission? Ja bitte!

Das Gemeindeaufbauprojekt IM AUFBRUCH

Von Björn Heymer

Es begann mit einem Schreck: Da hatte die Werbe-Agentur nun mit Engelszungen ihr Kommunikationskonzept gepriesen, das in Köln für fast drei Millionen Mark umgesetzt wurde - doch die Synode des rheinischen Kirchenkreises An der Agger mochte die Ideen nicht und votierte zur Überraschung der Initiatoren gegen das Konzept. Die Synode beschloß zugleich, die Sache lieber selbst in die Hand zu nehmen. Es entstand ein höchst erfolgreiches Gemeindeaufbauprojekt:

Björn Heymer ist Pastor und Projektleiter für IM AUFBRUCH.

Zum Kirchenkreis An der Agger gehören 28 evangelische Gemeinden mit insgesamt rund 110 000 Gemeindegliedern. Er liegt im Oberbergischen Kreis, etwa 50 Kilometer östlich von Köln. Die Menschen arbeiten in mittelständischer Industrie, im Fremdenverkehr und als Pendler in Köln und Umgebung. Landwirtschaft findet als Nebenerwerb oder Hobby statt und prägt das Landschaftsbild.

Die kirchliche Situation ist von sehr unterschiedlichen Traditionen geprägt: Der Süden war im ausgehenden 19. Jahrhundert Erweckungsgebiet, was sich in einigen Gemeinden immer noch auswirkt. Der übrige Bereich hat sich damals deutlich von der Erweckung abgegrenzt - auch das ist im Gemeindeverständnis noch spürbar. Nach 1945 siedelten sich viele Flüchtlinge an, die den Anteil der Protestanten deutlich erhöhten. Ein Schwerpunkt bildete sich damals mit der Gruppe der Deutschen aus Siebenbürgen heraus, die bis heute eine eigene Frömmigkeit pflegen.

Das Verhältnis der großen Konfessionen ist ausgewogen - Ökumene wird als Nachbarschaft gepflegt. Eine Reihe evangelischer Freikirchen und unabhängiger Gemeinden haben in der Gegend lange Tradition. Bis vor wenigen Jahren galt der Kirchenkreis allgemein als fromm-konservativ.

Der Anstoß, als Kirchenkreis gemeinsam etwas zur Förderung des Gemeindeaufbaus zu tun, kam aus Köln. Der Stadtkirchenverband dort hatte eine nichtkirchliche Agentur beauftragt, eine Kommunikationskampagne zu erarbeiten, um das allgemeine Image von Kirche zu verbessern. Im Jahr 1993 lief diese Kampagne unter dem Motto „Misch dich ein".

Im Kirchenkreis An der Agger plante man währenddessen, die für Köln entwickelte Kampagne aufs Land zu holen. Dazu kam es dann nicht. Die Konzeption der Agentur Lauk & Partner fand trotz gründlicher Vorbereitung auf der Kreissynode am 10. November 1993 keine Mehrheit.

Entstehung des Projektes

Um die Idee einer gemeinsamen Aktion nicht aufzugeben, wurde am gleichen Tag beschlossen, den vorgesehenen Betrag von 275 000 Mark dennoch für ein Gemeindeaufbauprojekt zu verwenden, dessen Konzept aber neu erarbeitet werden sollte. Der erste Schritt war im Frühjahr 1994 ein Treffen von Abgesandten aus allen Gemeinden und kirchlichen Einrichtungen im Kreis. Ein erstes Konzept wurde dann Ende August 1994 bei einem zweiten Abgesandtentreffen beraten und mit großer Mehrheit für gut befunden. Nach einer weiteren Überarbeitung wurde diese Konzeption von der Kreissynode am 11. November 1994 einstimmig beschlossen - was nach dem Ergebnis im Jahr davor ebenso überraschte, nun aber sehr ermutigte. Die Aktionsphase begann ein Jahr später, am 6. November 1995, mit einer Auftaktveranstaltung im Gummersbacher Theater.

Entscheidend für den Erfolg des Projektes wurde der Aufbau eines Kommunikationssystems im Kirchenkreis und zu den Gemeinden:

Die Organisationsstruktur: Projektteam

Der Kreissynodalvorstand berief ein Projektteam (14 Personen), in dem die für die gestellte Aufgabe notwendigen Gaben, Erfahrungen und Kapazitäten vorhanden waren. Wichtig war, daß in diesem Team Befürworter und Gegner der abgelehnten Kampagne aus Köln zusammen waren und sich sowohl von der Erweckungsbewegung geprägte als auch eher konziliar orientierte Menschen beteiligt haben. Das Projektteam traf sich wöchentlich zu zweistündigen Arbeitssitzungen. Geleitet wurde es von einem freigestellten Pastor im Sonderdienst. Im Abstand von sechs bis acht Wochen fanden Einkehrtage statt.

Beraterkreis

Dem Projektteam war ein Beraterkreis (13 Personen) zugeordnet, der sich in der Planungsphase regelmäßig alle sechs Wochen traf. Hier waren berufstätige Laien stärker vertreten. Auch der Beraterkreis wurde vom Kreissynodalvorstand berufen. Das Projektteam meldete dem Beraterkreis Themen, zu denen Beratungsbedarf bestand, und prüfte die Vorschläge aus dem Beraterkreis gründlich. Dazu waren der Projektleiter und ein weiteres Mitglied des Projektteams verbindlich im Beraterkreis dabei.

Externe Beratung

Das Projektteam wurde während des Projektzeitraums von einem theologisch gebildeten Unternehmensberater begleitet, der bei den Einkehrtagen dabei war und sonst telefonisch beriet. Gerade bei nötigen Einigungsprozessen und Zielorientierungen erwies sich die Perspektive von außen als unverzichtbar.

Kontaktpersonen

Im Anfang des Vorbereitungsjahres wurde an ca. 650 Menschen in den Gemeinden ein Programmentwurf zur Prüfung verschickt. 350 Menschen schickten den ausgefüllten Fragebogen zurück. Die Auswertung dieser Rückmeldung floß in die weiteren Planungen ein. Danach wurde in jeder Gemeinde ein Gespräch mit Haupt- und Ehrenamtlichen geführt, in deren Folge mindestens zwei ehrenamtliche Kontaktpersonen für das Projekt benannt wurden. Diese Kontaktpersonen wurden dreimal zu Treffen eingeladen und bekamen während des Aktionsjahres regelmäßig eine Infopost. In ihrer Verantwortung lag es, in ihrem Bereich auf die aktuellen Veranstaltungen hinzuweisen, in ihrer Gemeinde zu Fragen zum Projekt Auskunft zu geben, ihr Presbyterium und den Projektleiter zu informieren (geplante eigene Projekte, Wünsche, Beschwerden etc.). Solche Kontaktpersonen gab es auch in den Einrichtungen des Kirchenkreises und in den freien Werken.

Gebetstreffen

Bestehende Gebetskreise in Gemeinden und einzelne wurden um Unterstützung der Arbeit in der Fürbitte sowie um Anregungen zum Projekt gebeten. Regelmäßig wurde zu gemeinsamen Treffen eingeladen, die reihum von Gebetskreisen ausgerichtet wurden.

Auf diese Weise lernten sich Menschen aus den verschiedenen Gemeinden kennen.

Sondersynode und Pfarrkonvente

Nach der Hälfte des Aktionsjahres kam die Kreissynode zu einer Sondersynode zusammen, um Bilanz zu ziehen und um ein Votum zur Vorbereitung einer Fortsetzung abzugeben.

Der monatliche Pfarrkonvent wurde immer wieder über den Stand der Planungen informiert und um Stellungnahme gebeten. Zwei Fachreferenten wurden im Laufe des Aktionsjahres speziell zu Fragen des Gemeindeaufbaus eingeladen: Dr. Fulbert Steffensky (Hamburg) zu der Frage der Sprachfähigkeit evangelischer Christen in einer zunehmend säkularen Gesellschaft und Dr. Alfred Jäger (Bethel) über Leitbildentwicklung - nun auch im Bereich der Kirche des Wortes.

Hinter dieser ausführlichen Kommunikationsstruktur stand die Überzeugung, daß nur ein ehrliches Fragen uns selber fähig macht, Menschen zu erreichen. Von dem althergebrachten Evangelisationsverständnis, nach dem auf der einen Seite die Wissenden stehen, die den Unwissenden auf der anderen Seite ihre Botschaft übermitteln, haben wir uns damit verabschiedet.

Wir rechnen damit, daß einerseits bei denen, die wir erreichen wollen, Gott schon seine Geschichte hat und andererseits auch bei der sogenannten Kerngemeinde mit Gottesferne zu rechnen ist. Gerade sich selbst ehrlich in Frage stellen zu lassen sorgt für Vertrauen und Gesprächsbereitschaft. Unsere Erfahrung hat gezeigt, daß die Motivation, sich auf einen Weg des Lernens und der Veränderung zu begeben, deutlich gestiegen ist, indem möglichst viele an Planung und Entwicklung des Projektes beteiligt wurden.

Sieben Leitideen

1. Den allgemeinen Begriff „Gemeindeaufbau“ definieren wir genauer als „missionarischen Gemeindeaufbau“: Das Projekt IM AUFBRUCH will dazu beitragen, daß sich die Aufmerksamkeit gemeindlichen Handelns stärker als bisher den Menschen zuwendet, die der Kirche zwar noch die Treue halten, aber von ihren Angeboten - mit Ausnahme sogenannter Übergangsriten - kaum noch Gebrauch machen oder sich davon angesprochen fühlen. Die EKD-Studie „Fremde Heimat Kirche“ nennt sie die „kirchentreuen Kirchenfernen“.

2. Wir sind davon überzeugt, daß wir die Menschen nur dann erreichen, wenn sie unsere Wertschätzung spüren. „Ehrung kommt vor Bekehrung." Das betonen wir, weil jeder Mensch wertgeachtet ist in Gottes Augen.

3. Wir verstehen den missionarischen Auftrag der Kirche nach Johannes 17, 21 so, daß wir ein Klima der Liebe untereinander stiften sollen, in welchem Menschen ermutigt werden, eine lebendige Vertrauensbeziehung zum auferstandenen Christus einzugehen.

4. Gemeindeaufbau lebt von der Beteiligung vieler. Jedes Gemeindeglied ist eingeladen, am Prozeß des Gemeindeaufbaus teilzunehmen, auch wenn dies zunächst noch aus einer Position „am Rande" geschieht, denn vom Rand her wird manches sogar klarer gesehen.

5. Missionarisch wird Gemeindeaufbau durch die Verkündigung des Evangeliums ebenso wie durch Seelsorge und Diakonie, durch aufmerksame Kontaktarbeit und glaubwürdige Öffentlichkeitsarbeit, durch liebevolle Gastfreundschaft und solidarisches Eintreten für die Schwachen und Übersehenen.

6. Gemeindeaufbau geschieht weiterhin aus der Zusammengehörigkeit mit der weltweiten Lebensgemeinschaft der Christen. Gerade aus ökumenischen Kontakten empfangen wir hilfreiche Anregungen für den Gemeindeaufbau bei uns.

7. Die Verkündigung des Evangeliums wird nicht glaubwürdig sein ohne das Eintreten für „Gerechtigkeit, Frieden und Bewahrung der Schöpfung" (aus dem Konzeptentwurf/W. Vorländer).

Dieses Profil hätte leicht zu Abgrenzungen und Trennungen führen können; Tendenzen dazu gab es immer wieder. Im Unterschied zu der gescheiterten Planung für die Kampagne „Misch dich ein" wurden diesmal die Neinsager sehr ernst genommen; mit ihnen wurde unverzüglich gesprochen. Viel Hörbereitschaft und Überzeugungsarbeit war nötig, um alle Kräfte zusammenzuhalten. Hier zahlte sich die gemischte Zusammensetzung des Projektteams konkret aus; im Laufe des Jahres wuchs das Vertrauen auf allen Seiten.

Ziele und Methoden

Ebenfalls in der Planungsphase formulierte das Projektteam Ziele und entschied sich für Methoden, um diese Ziele zu erreichen.

Das Hauptziel des Projektes IM AUFBRUCH ist es, die Fähigkeit der Ortsgemeinden zu stärken, die kirchentreuen Kirchenfernen mit dem Evangelium zu erreichen.

Begründung: Es gehört zur theologischen Lehre von der sichtbaren Gestalt der Kirche, daß die Kirche in Gestalt von örtlich auffindbaren und erkennbaren Gemeinden existiert. Die Ortsgemeinden sind vor allem verantwortlich für die Ausrichtung des missionarischen Zeugnisses durch alle Aktivitäten im Gemeindeleben. Sie sind und bleiben das Subjekt ihrer Mission.

Neben den Ortsgemeinden gibt es überörtliche Dienste der Kirche (z.B. Beratungsstellen). Sie sind flankierende, unterstützende Maßnahmen für die Gemeinden vor Ort oder dienen der gesamtkirchlichen Einheit. Die Dienste der Funktionsämter (Schulpfarrer/-innen, Krankenhaus-Seelsorger/-innen) und kirchlichen Einrichtungen auf den verschiedenen Ebenen sind mit einzubeziehen und in ihrer missionarischen Dimension zu stärken.

Methode: Einen Schwerpunkt der Aktivitäten des Projektes IM AUFBRUCH bilden Schulungsangebote für Mitarbeitende in Gemeinden und Einrichtungen. Mitarbeiterzurüstung wird dabei verstanden als Hilfe zur Selbsthilfe. Für die breite Akzeptanz des Projektes ist es entscheidend, daß keine Gemeinde in irgendeiner Weise bevormundet, reglementiert oder „zwangsbeglückt" werden soll. Dies entspricht der presbyterialen Ordnung unserer Kirche. Aber natürlich sollen Menschen aus allen Gemeinden die Schulungsangebote wahrnehmen.

Ein zweites Ziel ist es, durch eine konzentrierte Anstrengung alle evangelischen Gemeindeglieder über das Projekt und die Arbeit der Gemeinden zu informieren und dazu einzuladen, sich am Prozeß des Gemeindeaufbaus zu beteiligen.

Begründung: Wenn es gelingen soll, die kirchentreuen Kirchenfernen mit dem Evangelium zu erreichen, dann müssen wir sorgfältig vor allem auf diese Menschen hören, sonst droht das evangelistische Bemühen an der Zielgruppe vorbeizugehen.

Methode: Hierzu sind medienwirksame Veranstaltungen (z.B. die Auftaktveranstaltung) und ein guter Kontakt zur Presse wichtig (u.a. in Form mehrerer Pressekonferenzen). Des weiteren wird während des Aktionszeitraumes eine Kirchenkreiszeitung hergestellt, die über das gemeindliche, kreiskirchliche und gesamtkirchliche Leben informiert.

Fünf Bausteine: 1. Großveranstaltungen

Öffentlicher Auftakt

Der Aktionszeitraum begann mit einer Auftaktveranstaltung, zu der Interessierte aus allen Gemeinden sowie Vertreter der anderen Kirchen, aus Politik und Kultur eingeladen wurden. Die Gemeinden brachten zu dieser Veranstaltung einen Gruß mit, der in den Gottesdiensten am Sonntag vorher vorbereitet worden war. Der Abend wurde im örtlichen Theater ausgerichtet und bot ein buntes Kulturprogramm sowie eine Vorstellung der geplanten Aktionen. Vor allem aber machte er die geistliche Dimension des

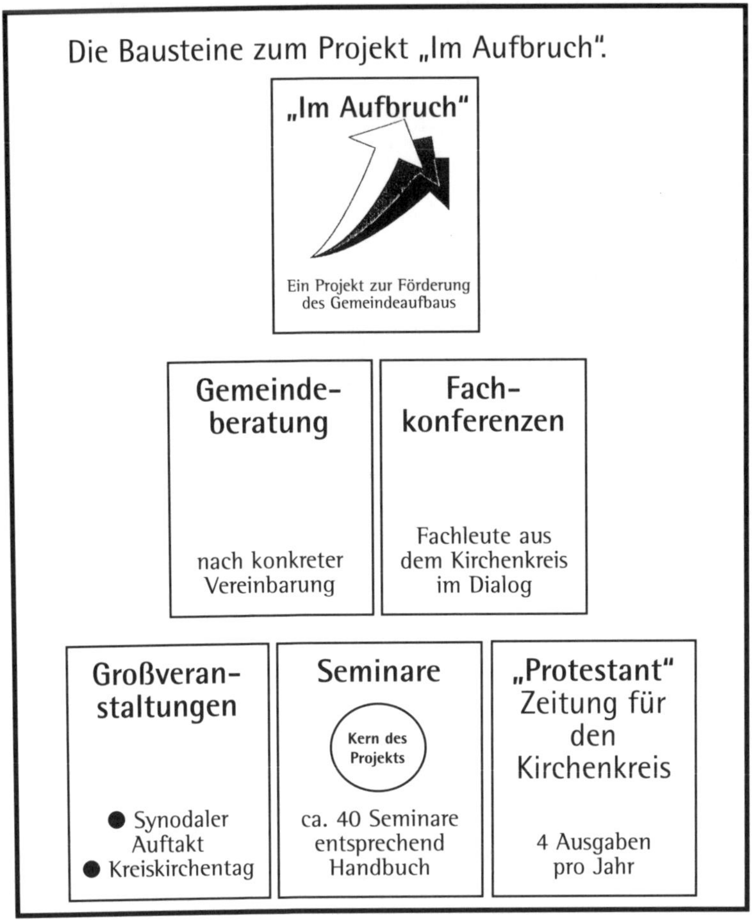

Projektes deutlich. Zu diesem Abend in Gummersbach kamen ca. 950 Besucherinnen und Besucher. Alle Gemeinden haben sich aktiv beteiligt. Von den geladenen Gästen aus Politik, Kultur und Öffentlichkeit sind auffallend viele gekommen.

Kultur

Während der Aktion fanden als festliche Elemente zwei Konzerte statt, zu denen kirchenkreisweit eingeladen wurde: ein Konzert mit Clemens Bittlinger und ein Gospelkonzert. Dieses Konzert war Ergebnis eines Gospelchorprojektes, das während des Projektjahres lief - gut hundert Sängerinnen und Sänger bereiteten sich sechs Monate lang vor. Zu diesem Abend versammelten sich etwa tausend Menschen.

AUFBRUCH-Fest

Ein Höhepunkt war zum Abschluß der Aktionszeit das AUFBRUCH-Fest in einem Schulzentrum. Mit einer Bibelarbeit des Präses der Rheinischen Kirche begann der Nachmittag; auf einer „Messe missionarischer Möglichkeiten" stellten Gemeinden und Einrichtungen des Kirchenkreises ihre missionarisch-diakonischen Modelle und Erfahrungen vor. Ein Konzert und diverse Erzählstudios bereicherten das Programm. Etwa 1500 Erwachsene kamen zu diesem Fest. Für 200 Kinder gab es ein eigenes Programm mit Spielen, Theater, Musik und mehr.

2. Kirchenkreiszeitung „Protestant"

In der Aktionsphase wurde die eigens konzipierte Kirchenkreiszeitung „Protestant" verteilt, und zwar vier Ausgaben in einer Gesamtauflage von je 60 000 Exemplaren. 20 Gemeinden hatten in den Ausgaben je ihre eigene Gemeindeseite. Sechs Gemeinden haben für diese Zeit ihren Gemeindebrief in die Zeitung integriert - auf je vier bis sechs Seiten. Eine Umfrage nach der vierten Ausgabe ergab, daß zwei Gemeinden die Zeitung an Stelle ihres bisherigen Gemeindebriefes einführen wollten, neun Gemeinden den „Protestant" weiter neben dem eigenen Gemeindebrief verteilen würden. Zehn Gemeinden sprachen sich gegen eine Fortsetzung von „Protestant" aus, drei Gemeinden sind unentschlossen, aus vier Gemeinden kam keine Antwort.

3. Seminare

Den Schwerpunkt des Projektes bildete ein vielseitiges Angebot von Informationsveranstaltungen und Schulungsseminaren für Formen und Schritte des missionarisch-diakonischen Gemeindeaufbaus auf dem Weg zu kirchentreuen Kirchenfernen.

Hier wurden vor allem Fachleute und Praktiker eingeladen. Die Seminare fanden in Gemeindehäusern im Kirchenkreis statt. Dies hielt die Kosten niedrig und förderte die Kontakte der Gemeinden untereinander. Zu den 53 Seminaren kamen 1307 Menschen, das entspricht etwa 0,8 Prozent aller Gemeindeglieder in der Region.

Dem Programm der Schulungsseminare ging ein Leitungsseminar für alle Presbyterinnen und Presbyter sowie Pfarrerinnen und Pfarrer voran. Hier ging es um die Grundfragen der Gemeindeleitung im Blick auf Strukturen und Inhalte eines Gemeindeaufbaus, der sich zum Ziel setzt, noch nicht oder nicht mehr erreichte Menschen anzusprechen. An diesem Seminar haben Presbyterinnen und Presbyter, Pfarrerinnen und Pfarrer aus 26 Gemeinden teilgenommen - insgesamt circa 350 Menschen, also etwa Dreiviertel der Eingeladenen.

Die Schulungsseminare gab es zu den folgenden sieben Themenbereichen:

Leiten, führen, planen

Angebote zu diesem Bereich waren gut besucht. Theologische Themen wie „Geistliche Leitung und geistliches Leben im Presbyterium“ und eher methodisch orientierte Themen wie „Zielorientierte Leitungsstrukturen und -prozesse im Gemeindeaufbau“ waren gleichermaßen gefragt.

Mitarbeiten in der Gemeinde

Nachdem in der Vorabbefragung sich dieser Bereich als der gefragteste erwiesen hatte, haben sieben sehr unterschiedlich besuchte Seminare stattgefunden. Herausragender Schwerpunkt waren die beiden Angebote zum Thema „Besuchsdienst“.

Glauben wecken und vertiefen

Dieser Bereich gehörte zu den Schwerpunkten des Projektes. Es gab dazu dreizehn Seminare, die jeweils sehr unterschiedlich besucht wurden; deutlicher Schwerpunkt waren hier die Themen „Meditation und Einkehr“ sowie „Hauskreisarbeit“.

Einladende Gemeinde

Dieser Frage stellten sich einzelne Gemeinden ganz gezielt; offene Abende sind seither in zwei Gemeinden neu begonnen worden; ein familienfreundlicher Gottesdienst ist in Planung.

Innovative Gemeindeaufbauprojekte wie *„Gottesdienst leben"* oder Vorschläge zur Neugestaltung des kirchlichen Unterrichts fanden nicht das breite Interesse - leider. Ein Einführungsseminar zu Glaubenskursen war gut besucht.

Handeln in sozialer Verantwortung

Es gab vier Seminare zu wichtigen Themen, die noch mehr Interesse verdient hätten. Besonders zu erwähnen ist das Seminar Flüchtlingsarbeit, das wiederholt werden soll.

Zielgruppen im Gemeindeaufbau

Mit 23 Seminaren war dies der vielfältigste Bereich. Besonders gefragt waren die Angebote von und für Frauen, die Themen „Seniorenarbeit" und „Kinderarbeit in der Gemeinde".

Gottesdienst gestalten

Besonders zu diesem Thema waren die Kontakte der Ehrenamtlichen untereinander ermutigend. Die Bandbreite der vorgestellten Gottesdienstmodelle bot für Gemeinden unterschiedlicher geistlicher Prägung viele Anregungen.

4. Beratung und Seelsorge

Dieser Baustein war unterteilt in drei Bereiche:

- Gemeindeberatung, die vier Gemeinden in Anspruch genommen haben und bei fünf Gemeinden verabredet ist.
- Persönliche Beratung und Seelsorge, um über die eigene Arbeits- oder Lebenssituation zu sprechen. Dies wurde von sieben Menschen erbeten.
- Schulungen, beispielsweise zum Thema „Begleitung Schwerstkranker, Sterbender und ihrer Angehörigen".

5. Fachkonferenzen

Die neue Idee der Fachkonferenzen will den Mitarbeitern in den funktionalen Diensten innerhalb des Kirchenkreises die Möglichkeit geben, aktuelle Fragen und Herausforderungen zu beraten. Neu war auch der Kreis der Eingeladenen: Die Fachleute sollten nicht unter sich bleiben, sondern mit Beteiligten der jeweiligen Arbeit ins Gespräch kommen. Hier ging es um die sozial-diakonischen Einrichtungen und Werke (z.B. Kindergärten, Verwaltungsamt), um die kirchliche Arbeit an den Schulen und um Arbeitsfelder in den Gemeinden (Küster/-innen; Kirchenmusiker/-innen; kirchlicher Unterricht; Jugendarbeit). Im Mittelpunkt dieser Konferenzen stand die Frage nach der Zusammenarbeit von Kirchenkreis-Einrichtungen und Ortsgemeinde einerseits - und um die Frage der Beteiligung der Betreffenden am christlichen Zeugnis in der säkularen Gesellschaft andererseits. Es gab fünf Fachkonferenzen mit insgesamt 199 Teilnehmerinnen und Teilnehmern. Die Themen waren: „Kindergarten - ein Baustein der Gemeinde"; „Jugendarbeit im Gemeindeaufbau"; „Initiativen im Konziliaren Prozeß"; „Musik in Gottesdienst und Gemeinde" und „Verwaltung im Dienst des Gemeindeaufbaus". Im ersten Jahr waren die Ziele der Fachkonferenzen nicht bei allen Gruppen zu erreichen, jedoch sind weitere derartige Veranstaltungen - auch zu anderen Themen - geplant.

Erfolgsfaktoren

War das Projekt IM AUFBRUCH ein Erfolg? Ich meine, wir können diese Frage mit Ja beantworten!

Viele, vor allem ehrenamtlich Engagierte wurden in ihrem Engagement wahrgenommen, fühlten sich ermutigt und gestärkt und haben schon jetzt hier und da begonnen, Schritte auf kirchentreue Kirchenferne zuzugehen.

Menschen aus verschiedenen Gemeinden haben einander kennengelernt und voneinander gelernt. Es hat sich so etwas wie AUFBRUCH-Stimmung ausgebreitet. Über die Großveranstaltungen, aber auch bei manchen Seminaren wurden kirchentreue Kirchenferne direkt angesprochen und haben eine ermutigende Erfahrung mit Kirche oder Gemeinde gemacht. Folgende Faktoren haben entscheidend dazu beigetragen:

1. Projektteam

Gerade die vielfältige Zusammensetzung des Teams und die allen Teilnehmern gemeinsame Bereitschaft, sich auf einen gemeinsamen Lernweg zu begeben, hat viel Kreativität freigesetzt und zur Motivation beigetragen.

2. Beratung

Der Beraterkreis hat immer wieder wichtige Ideen und Korrekturen beigesteuert. Die Rückmeldungen und Klärungshilfen des externen Beraters waren für das Projektteam unverzichtbar.

3. Kontaktpersonen

Insgesamt 70 Ehrenamtliche aus allen Gemeinden und Einrichtungen haben geholfen, die Menschen zu informieren.

4. Qualität der Referenten

Bei der Auswahl der Fachleute haben wir auf inhaltlich klar missionarisches Profil, Praxisnähe, fachliche Qualität und Verständnis für die ländliche Struktur im Kirchenkreis geachtet. Wir haben über hundert Menschen eingeladen, uns von ihrer Kompetenz etwas mitzuteilen. Das Echo war überwiegend positiv.

5. Öffentlichkeitsarbeit

Hier ist zuerst die Tagespresse zu nennen: Wir hatten im Verlauf des Jahres immer wieder freundliche, sachliche Berichterstattung. Dazu haben auch die Großveranstaltungen beigetragen - wo es etwas zu berichten gibt, da kommt es auch in die Zeitung. Zweimal haben wir zu Pressekonferenzen eingeladen. Das andere wichtige Standbein war die Zeitung „Protestant". Sie hat tatsächlich viele Menschen erreicht und mit das Bewußtsein geschaffen: Das Jahr 1996 ist das AUFBRUCH-Jahr an der Agger!

Ein Ausblick

Die Erfahrungen aus dem ersten Jahr lassen kaum etwas anderes zu als eine Fortsetzung, und zwar in der bewährten Struktur mit Schulungsangeboten, die jede und jeder nach Interesse nutzen kann; mit Vermittlung von Hilfen für die Arbeit, Gelegenheiten für Gedanken- und Erfahrungsaustausch und hin und wieder mit einer gemeinsamen Großveranstaltung.

Vom Umfang her ist das Programm deutlich zu reduzieren. Dies aus zwei Gründen: Vor allem sollte erst mal den Gemeinden Zeit und Gelegenheit gegeben werden, Impulse umzusetzen und neue Schritte zu tun. Das Projekt soll nicht zu einer Konkurrenz der Gemeindearbeit werden.

Außerdem stellen sich nach dem ersten Jahr neue Fragen und Aufgaben: Im Kirchenkreis An der Agger werden wir ein gemeinsames Leitbild für evangelische Gemeinden entwickeln.

Projektteam II

Zur Vorbereitung und Begleitung aller Aktivitäten wurde ein neues Projektteam berufen. Wie bisher spiegelt es in seiner Zusammensetzung die Vielfalt und den geistlichen Reichtum des Kirchenkreises wider.

Das Team tagt nun 14tägig. Es beauftragt weitere Arbeitsgruppen zu besonderen Themen. Die Arbeit des Projektteams II wird wieder von einem externen Berater begleitet.

Kontaktpersonen

Die Beauftragung und Begleitung der Kontaktpersonen hat sich bewährt. Daher wird es weiterhin in allen Gemeinden Kontaktpersonen geben. Diese bekommen einen klaren Auftrag von ihren Presbyterien (als Beauftragte für Gemeindeaufbau oder als Mitglieder in einem Ausschuß für Gemeindeaufbau).

Das Projekt IM AUFBRUCH ist nicht abgeschlossen. Diese Darstellung ist eine Momentaufnahme: Sie beschreibt die Erfahrungen nach zwei Jahren und bietet einen Blick in die nahe Zukunft im Kirchenkreis An der Agger.

Am Puls der Zeit

Beispiel Internet: Der Nutzen für die Kirche

Von Matthias Schnell

Es wird ernst; die Kirchen müssen eisern sparen. Doch wie und wo? Jedenfalls nicht dort, wo ihre Aktivitäten von einer breiten Öffentlichkeit wahrgenommen werden: im diakonischen Bereich, bei den Kindergärten und Schulen, bei den Gemeinden und Pfarrstellen, in der Verkündigung, Seelsorge und Beratung und auch nicht bei der Publizistik, dem Medienengagement - und den Internet-Aktivitäten. Denn die Mitgliedschaft in einer der großen Kirchen ist heute nicht mehr so selbstverständlich wie in früheren Zeiten.

Dr. Matthias Schnell ist seit 1996 Projektleiter für die „Evangelische Kirche Online (EKD)“ beim Gemeinschaftswerk der Evangelischen Publizistik in Frankfurt. Er ist für die Betreuung des EKD-Informationsdienstes im Internet verantwortlich.

Viele Menschen rechnen nach: „Wieviel Kirchensteuer bezahle ich, und was bringt mir das?“ Die kirchlichen Aktivitäten werden stärker, als das bisher der Fall war, auf die Bedürfnisse und Erwartungen der Mitglieder zugeschnitten werden müssen, wie das in den USA seit jeher üblich ist, ohne daß dies mit einer Deformation der Verkündigung einhergehen muß. Das erfordert auch mentale Veränderung bei den Menschen, die in der Kirche arbeiten. Die Beamten-Mentalität vieler kirchlicher Mitarbeiter und die immer noch weitverbreitete Selbstzufriedenheit tragen dazu bei, daß die Kirche nicht als Service- und Dienstleistungsunternehmen für ihre Mitglieder angesehen wird, sondern als Institution, die sich überwiegend mit sich selbst beschäftigt.

Der Bundesfinanzminister empfiehlt den Kirchen, angesichts der drohenden Einbußen ihre innere Organisation zu optimieren und ihre Mittel intelligent und effektiv einzusetzen. Wenn man sich die kirchliche Verwaltung, die innerkirchlichen Gremienlandschaften, die Dienstwege, Kommunikations- und Entscheidungsprozesse anschaut, scheint dort in der Tat noch sehr viel Spielraum zur Optimierung vorhanden zu sein.

Eine Kirche kann sicher nicht wie ein profitables Großunternehmen strukturiert, organisiert und geführt werden; doch einige Maßnahmen, die in großen Unternehmen erfolgreich durchgeführt wurden, dürften auch den Kirchen nutzen: Verflachung von Hierarchien, Einführung einer leistungsbezogenen Entlohnung, kürzere Dienstwege, konsequente Delegation von Verantwortung, Evaluierung der Leistung von kirchlichen Einrichtungen und Dienststellen, Straffung von Gremien und Ausschüssen, Controlling der Kosten und nicht zuletzt der effiziente Einsatz von Computersystemen und Telekommunikation.

Den Anschluß verpaßt?

Gerade beim letzten Punkt haben die Kirchen in den vergangenen zehn Jahren keine besondere Weitsicht gezeigt. Die kirchlichen Verwaltungen haben Millionensummen in den Ausbau der Rechenzentren gesteckt, aber die Entwicklungen im PC-Bereich und im Bereich dezentraler Netzwerke kaum zur Kenntnis genommen. Während in den Rechenzentren auch heute noch Heerscharen von Programmierern an hausgemachten Software-Lösungen stricken, fehlen in den Gemeinden oft die 250 Mark, die zur Anschaffung eines Modems benötigt werden. Unsinnige Projekte wie die Entwicklung eigener PC-Anwendungsprogramme haben zudem in einigen Landeskirchen riesige Summen verschlungen und dazu geführt, daß dort heute mit einer völlig veralteten und bedienerunfreundlichen Software gearbeitet werden muß. Kirchliche Mitarbeiter, die schon sehr früh die Vorteile computergestützter Arbeit gesehen haben, wurden (und werden!) oft als „Computerfreaks" belächelt und von den Verwaltungen nicht ernst genommen.

Wer noch nie mit einer „Mouse" einen Computer bedient hat, dem fällt es heute schwer, Anschluß an die rasanten Entwicklungen im Computer- und Telekommunikationsbereich zu finden. Das betrifft Pädagogen genauso wie Journalisten, Wirtschaftslenker, Theologen, Pfarrer und kirchliche Verwaltungsmitarbeiter.

Galt der Computer lange Zeit als „bessere Schreibmaschine", so entwickelt er sich mehr und mehr zu einem Kommunikationsinstrument und gewinnt durch die globale Vernetzung eine ganz neue Bedeutung. Diejenigen, die vor zehn Jahren dachten, daß sie sich mit der Computertechnologie nicht selbst beschäftigen müßten, weil Schreibarbeit ja eine untergeordnete Tätigkeit sei, registrieren heute, daß sie ein wenig den Anschluß verpaßt haben.

Überall fehlt es an Know-how, Erfahrungen, aber auch an Visionen und kreativen Ideen.

Das Internet als preiswerter Vertriebsweg

Das Internet wächst vor allem deswegen mit einer rasanten Geschwindigkeit, weil es ein sehr preisgünstiges Medium ist, in dem mit einem Minimum an produktionstechnischem Aufwand sehr viel erreicht werden kann. Fernseh- und Hörfunkproduktionen sind aufwendig und teuer; um im World Wide Web (kurz: „WWW“ oder einfach „Web“) präsent zu sein, reichen ein handelsüblicher Computer für rund 2500 Mark, ein Modem, eine Telefonsteckdose und ein gemieteter Platz auf einem WWW-Server für die eigene „Homepage“; die bekommt man bei den großen Online-Diensten (AOL, T-Online, CompuServe) als Teilnehmer kostenlos; bei anderen Internet-Service-Providern kostet es circa 100 bis 300 Mark Miete im Monat.

Wer nur Informationen abrufen und nicht anbieten will, kann darauf verzichten und braucht nur Computer samt Modem (oder eine ISDN-Karte) und kann dann für zehn bis 50 Mark im Monat Daten „saugen“ oder im WWW „surfen“.

Jeder kann seine Informationen mit geringem Aufwand für das WWW aufbereiten und dann weltweit anbieten. Mit den Entwicklungen im „Real-Audio“- und „Real-Video“-Bereich kann auch bald jeder seinen eigenen Hörfunk- oder Fernsehsender betreiben. Kommerzielle Dienstleistungen werden über Internet genauso angeboten wie Software-Pakete und die gesamte Produktpalette von Versandhäusern.

Längst lassen Softwarefirmen ihre Programme in Billiglohnländern wie Indien und der Ukraine schreiben und über Datenleitungen überspielen. Teamwork über Tausende Kilometer wird so möglich. Menschen arbeiten dann nicht mehr nur mit einem zentralen Rechner im eigenen Haus, sondern mit Netzwerkservern in der ganzen Welt. Darum kommt Software auch heute zunehmend weniger über Disketten oder CD-ROMs auf den Personal-Computer des Endverbrauchers, sondern über die Datenleitungen direkt auf die Festplatte.

Das Internet ist nicht nur ein ausgesprochen preiswertes Medium zur Verbreitung von Informationen, es eignet sich besonders zur Zusammenarbeit von Menschen an ganz verschiedenen Orten an den gleichen Projekten und Dateien. Dazu nun drei Beispiele:

Electronic Mail

Gerade angesichts der ständig teurer werdenden Portogebühren lohnt es sich, darüber nachzudenken, die elektronische Post (E-Mail) als schnelles, bequemes und billiges Transportmittel von Informationen einzusetzen. Die Vorteile liegen auf der Hand:

- Der Unterschied zwischen der herkömmlichen Post und E-Mail liegt zunächst in der Geschwindigkeit, mit der Informationen ausgetauscht werden: Eine Nachricht benötigt über die Leitungen des Internet nur noch wenige Sekunden, bis sie im „Briefkasten" des Empfängers landet.
- Ein weiterer Vorteil, zum Beispiel gegenüber dem Telefax, liegt darin, daß E-Mail fast nichts kostet, weil der Transport über die Standleitungen des Internet erfolgt.
- Außerdem lassen sich die elektronischen Informationen direkt mit dem Computer weiterverarbeiten, ohne daß diese (wie beim Papier-Fax) noch einmal eingegeben werden müssen.
- Darüber hinaus können beliebige Dateien (Texte, Bilder, Töne) an eine E-Mail angehängt und verschickt werden.
- Über Mailinglisten lassen sich Nachrichten, Rundschreiben, Newsletter, Artikel etc. in einer beliebig hohen Auflage in Sekundenschnelle zu den Kosten einer Telefoneinheit über den ganzen Globus verbreiten.
- Bei E-Mail entfallen Porto- und Verpackungskosten. Ebenso entfällt die Zeit, die man für das Kuvertieren und Verteilen der Mitteilungen braucht, weil man die Nachricht sofort verschicken kann. Gerade bei großen Verteilern macht sich die Ersparnis des Versandes über E-Mail im Vergleich zu herkömmlichen Wegen schnell bemerkbar.

Ein Problem besteht zur Zeit noch darin, daß die Empfänger ebenfalls eine E-Mail-Adresse haben müssen. Da aber immer mehr Menschen eine solche E-Mail-Adresse bekommen, lohnt es sich heute schon, elektronische Verteiler aufzubauen.

Online Publishing

Daß das Internet heute in aller Munde ist, hat es vor allem der Entwicklung des World Wide Web zu verdanken, einer grafischen, multimedialen Plattform, die es erlaubt, weltweit Dateien miteinander zu verknüpfen und per „Mouse"-Klick abrufbar zu machen. Dadurch wurde diese Technik auch für den durchschnittlichen PC-Anwender interessant. Doch längst ist das Internet kein reines Textmedium mehr: Die Integration von bewegten und unbewegten Bildern, Tönen und Animationen wird nur von den immer noch recht bescheidenen Datenübertragungsraten zum Nutzer hin gebremst.

Publizieren im World Wide Web ist eine preiswerte und komfortable Möglichkeit, um Texte, Bilder, Tonbeiträge und in Zukunft auch Videomaterial zu zeigen. Anders als bei der elektronischen Post, die der Nutzer automatisch in seinen elektronischen Briefkasten bekommt, muß derjenige, der diese Informationen haben will, selbst aktiv werden, indem er eine bestimmte Adresse eingibt und die Informationen abruft. Die Vorteile dieses Informationsdienstes gegenüber herkömmlichen Printmedien und auch E-Mail sind schnell benannt:

- Der Vorteil gegenüber E-Mail besteht darin, daß die Informationen allgemein zugänglich sind: Sie werden nicht an einen bestimmten, festgelegten Nutzerkreis adressiert. Sie lagern auf den Webservern und können jederzeit und weltweit abgerufen werden.
- Die Homepages können bei den großen Suchmaschinen im Netz kostenlos registriert werden. Diese erfassen die Texte in einer Volltextdatenbank, in der dann wiederum weltweit Nutzer nach Stichworten suchen können.
- Im Unterschied zur statischen Präsentation in Zeitungen und Zeitschriften können verschiedene Datenformate zu einem multimedialen Gesamtkonzept verschmolzen werden: Texte, Töne, statische und bewegte Bilder. Die Hypertext-Struktur erlaubt es zudem, die Informationen über mehrere Ebenen zu verteilen; je weiter der Nutzer „klickt“, um so spezieller werden die Informationen.
- Der Aufwand für die Erstellung der Daten ist vergleichbar mit dem Aufwand für eine gut gemachte Zeitung oder Zeitschrift, nimmt jedoch mit den zunehmenden Möglichkeiten im Multimediabereich zu. Dafür entfallen die Kosten für den Druck ebenso wie die Kosten für den Versand der Publikationen. Es müssen lediglich die Kosten für das Lagern der Daten auf einem Webserver bezahlt werden. Das kostet derzeit ab etwa 150 Mark pro Monat.

Für die Präsenz im Internet gelten die gleichen Standards wie für eine gute Printpublikation: Die Inhalte müssen aktuell, interessant und zielgruppenspezifisch sein; Grafik und Layout sollten nicht nur dem Stand der Technik entsprechen, sondern auch einladend wirken; Gestaltung und Inhalte müssen zum Anbieter passen.

Telearbeit und Teamwork

Telearbeit und Teamwork sind Schlagworte, die immer wieder in den Diskussionen über das Internet genannt werden. Die Dimensionen und Möglichkeiten sind gewaltig: Während in Asien die Menschen schlafen gehen, übernehmen Menschen in Europa die Arbeit an Projekten, bearbeiten Texte, beantworten E-Mails, arbeiten Bestellungen ab oder schreiben an Computerprogrammen weiter. Wird es auch hier langsam Abend, übernehmen die Kollegen auf dem amerikanischen Kontinent diese Aufgaben. Der Austausch von Daten kann dabei auf zwei unterschiedlichen Wegen erfolgen: zum einen über E-Mail, zum anderen über Web-Server:

- Über E-Mail können Kollegen an den gleichen Texten arbeiten, Konzepte entwickeln, gemeinsam an Artikeln schreiben oder Zeitschriften herausgeben. Der EKD-Newsletter zum Beispiel entsteht auf diese Weise: Die Texte werden ein paar Tage vor dem Versand mehrmals täglich zwischen der Projektstelle in Frankfurt und der EKD-Pressestelle in Hannover ausgetauscht, ergänzt und überarbeitet, bis ein Newsletter versandfertig ist, der dann über eine Mailingliste verteilt wird. Vom „Redaktionsschluß" bis zum Versand vergehen dann lediglich noch ein paar Minuten, in denen der fertige Text in eine E-Mail kopiert und abgeschickt wird.
- Über einen Web-Server können verschiedene Informationsangebote dezentral aktualisiert und gepflegt werden. Beim EKD-Server zum Beispiel ist ein Pfarrer aus der Nähe von Kassel für die Daten des Evangelischen Posaunendienstes in Deutschland verantwortlich, die er selbständig aktualisiert und pflegt. Das Verzeichnis der Evangelischen Kirche der Kirchenprovinz Sachsen wird von Magdeburg aus betreut; die EKD-Pressestelle und die Projektstelle in Frankfurt können Dateien direkt vom Schreibtisch in Frankfurt oder Hannover aus auf dem Server, der in Stuttgart steht, bearbeiten. Arbeitsteilung und Zusammenarbeit über das Netz gibt es auch bei der Übersetzung von Texten: Die englischen Texte entstehen in Tübingen und werden auch von dort auf den Server gestellt.

Damit sind die Möglichkeiten aber noch nicht erschöpft. Das, was von Kassel, Magdeburg, Tübingen, Frankfurt und Hannover aus möglich ist, läßt sich natürlich auch von Boston, Tokio, Johannesburg oder Bangkok aus bewerkstelligen. Der Unterschied besteht lediglich darin, daß die Leitung etwas länger ist.

Jeder kann jeden Rechner im Netz erreichen, egal, wo er seinen Zugang zu diesem Netz hat. Es braucht allerdings nur wenig Phantasie, um sich vorzustellen, welche kriminellen Möglichkeiten darin enthalten sind: Der weltweite Versand von Kinderpornographie, die Abwicklung von Drogengeschäften, Einsatzbefehle für Terrorkommandos und die Verbreitung rechtsradikalen Gedankengutes sind die Alpträume vieler Fahndungsbehörden und Geheimdienste.

Defizite christlicher Internet-Angebote

Das Internet ist nicht nur ein Informationsmedium, sondern vor allem ein Kommunikationsmedium. Schon heute können die Internet-Nutzer über einen „Mouse“-Klick auf eine E-Mail-Adresse direkt mit dem Informationsanbieter Kontakt aufnehmen, in absehbarer Zeit werden Telefongespräche und Videokonferenzen für die meisten Nutzer zum Alltag gehören.

Die Mehrzahl christlicher Internet-Angebote beschränkt sich derzeit allerdings noch auf elektronische Ausgaben kirchlicher Printerzeugnisse: Selbstdarstellungen, Presse-Erklärungen, Nachrichten, Zeitschriftenartikel, Veranstaltungskalender, Andachten und Predigten. Texte, die ohnehin produziert werden, landen meist unverändert auf den Web-Servern von Landeskirchen, Kirchengemeinden, Werken und Einrichtungen. Das kann immer nur ein Anfang, nicht aber Ziel eines Internet-Engagements sein. Zu wenig Gedanken werden für die Gestaltung eines attraktiven Angebotes verwandt, das im Internet nicht aus der Anhäufung von Bleiwüsten besteht, sondern vielmehr in der Kommunikation über das Medium Computer, das Menschen zusammenbringt, die sich sonst vielleicht nie getroffen hätten. Wo ist denn der christliche Chat-Kanal, in dem jeden Abend „über Gott und die Welt“ gesprochen wird?

Warum gibt es noch keine Internet-Seelsorge, die – analog zur Telefonseelsorge – ständig besetzt ist und den Menschen in Not rund um die Uhr weiterhilft? Wo sind denn die Online-Pfarrer und -Pfarrerinnen, die mit den Menschen im Netz über alle Fragen des Glaubens reden?

Wer hat sich denn schon über kreative, dem Medium entsprechende Formen christlicher Verkündigung Gedanken gemacht? Auf welchem Schreibtisch entstehen die theologischen Entwürfe einer neuen Internet-Homiletik? Wo sind die religionspädagogischen Konzepte für die Vermittlung des Glaubens im 21. Jahrhundert?

Mit zwei Stunden Arbeitsaufwand in der Woche läßt sich kein attraktives Angebot einer Landeskirche im Internet inszenieren. Und weil die Präsenz im Medium Internet von der technischen Seite her recht günstig zu haben ist, vergißt man nur allzu leicht, daß der Aufwand vor allem in der konzeptionellen Entwicklung von interessanten Internet-Angeboten liegt. Dafür werden aber kaum personelle Kapazitäten geschaffen. Mittlerweile hat es sich zwar auch in christlichen Kreisen herumgesprochen, daß es notwendig ist, auch in diesem Medium präsent zu sein und Flagge zu zeigen, doch die Pflege der Datenbestände muß dann meistens noch von einer Dienststelle nebenher erledigt werden. Dies führt unter anderem dazu, daß man im Februar immer noch mit der Adventsseite einer Kirchengemeinde begrüßt wird. Was ebenfalls noch weitgehend fehlt, ist die theologisch-ethische und inhaltliche Auseinandersetzung mit dem Medium selbst, mit seinen Gepflogenheiten, der „Netiquette" (den Benimm-Regeln im Internet) und den Auswirkungen, die die Entwicklungen im Bereich der Telekommunikation auf die Gesellschaft und jeden einzelnen Menschen haben.

Ziele und Inhalte christlicher Internet-Arbeit

Das Ziel der christlicher Aktivitäten im Internet sollte sein, sowohl christlich interessierte Menschen anzusprechen als auch Menschen, die dem christlichen Glauben fernstehen. Für diese Zielgruppen müssen unterschiedliche Angebote gemacht werden, was keine ganz leichte Aufgabe ist. Verfolgt man dabei allzu platte Missionsstrategien, werden vielleicht noch andere Christen Beifall zollen, aber Fernstehende werden sicher nicht wieder auf dieser „Homepage" vorbeischauen. Ein qualitativ hochwertiges und für die Benutzer interessantes Angebot könnte darin bestehen, eine möglichst breite Palette von Themenschwerpunkten und Kommunikationsangeboten aufzubauen:

- wichtige Informationen und Nachrichten werden zum Abruf bereitgestellt,
- Wettbewerbe, Spiele, Preisrätsel usw. sorgen für „fun & action“/Entertainment,
- dem Medium entsprechende Aufbereitungen der christlichen Botschaft bieten geistliche Nahrung,
- Diskussionsforen und Chat-Kanäle dienen der Kommunikation und Begegnung,
- Lebensberatung, Seelsorge, persönliche Glaubensgespräche bieten dem einzelnen Hilfe und Trost.

Je ausgefeilter und breiter ein solches Angebot aufgebaut wird, desto mehr Menschen werden sich auch dafür interessieren, da es in unserer ausdifferenzierten Gesellschaft und mit zunehmender Verbreitung des Internet wohl kaum mehr den typischen Internet-Nutzer geben wird. Es liegt auf der Hand, daß für alle diese verschiedenen Aktivitäten mehr personelle Kapazitäten geschaffen werden müssen, als dies bislang der Fall ist.

Die Strategie kirchlicher Internet-Arbeit muß darauf ausgerichtet sein, eine Identifikation der Nutzer mit der Kirche herzustellen, um damit wiederum das Leben innerhalb der Kirche – sowohl im Internet selbst als auch in der „realen“ Welt – zu beleben. Wichtig sind darum das Profil, der Stil und die Form der kirchlichen Internet-Angebote. Kirchengemeinden und Landeskirchen können sich im Internet nicht anders präsentieren, als sie sonst auch wahrgenommen werden: Anbiederung an die Nutzer wird von diesen schnell durchschaut. Das Profil einer Gemeinde, einer Kirche muß klar erkennbar sein, in der Präsentation – bis hin zu Logos, Schriftzügen, Farbgebung, Adressen, Telefonnummern etc. – wie in den Inhalten, dem Stil der Kommunikation und dem Umgang miteinander in Foren und persönlichen Gesprächen.

Es ist schon viel gewonnen, wenn die kirchlichen Internet-Angebote Menschen positiv überraschen; wenn E-Mails schnell beantwortet werden und Menschen registrieren, daß in der Kirche nicht immer alles „ewig und drei Tage“ braucht; wenn Menschen merken, daß Christen nicht nur „fromme Lieder“ singen, sondern auch gute Programmierer oder kreative Designer sind; wenn auch mal herzlich über eine witzig gemachte Seite gelacht werden kann und nicht immer alles bierernst zugeht; wenn Menschen Rat, Hilfe und Unterstützung erfahren, die sie anderswo in der Gesellschaft nicht bekommen.

Nicht zuletzt können Christen auch einen Beitrag zur „Netzkultur“ leisten, indem sie sich an der Entwicklung von ethischen Standards beteiligen und einen vorbildlichen Umgang mit den Nutzern im Netz pflegen. Auf diese Weise können Christen in diesem Medium etwas von der Liebe Gottes, die sie motiviert, weitergeben und von ihr Zeugnis ablegen. Je mehr Christen sich einmischen, desto mehr werden wir gemeinsam an den verschiedenen Ecken dieses globalen Netzes ausrichten können.

Und in Zukunft mehr Mut

Das Internet ist sicher kein Allheilmittel zur Lösung der gegenwärtigen kirchlichen Probleme und wird auch nicht paradiesische Zustände auf dieser Welt herbeiführen. Es hat – zunächst einmal – einen ganz praktischen und gar nicht sensationellen Nutzen: den preiswerten Austausch und die schnelle Verbreitung von Informationen. Kirchlichen Stellen hilft es, Kosten zu reduzieren, und den Nutzern, schneller und mit weniger Aufwand als auf herkömmlichen Wegen an relevante Daten heranzukommen. Dann aber – und hier liegen die eigentlichen Herausforderungen für die Kirchen – wird es darauf ankommen, gute Konzepte für die Internet-Arbeit zu entwickeln, die dem Medium und seinen Nutzern gerecht werden. Hier stehen wir alle noch am Anfang.

Wohin das alles letztlich führen wird, können wir heute noch nicht absehen. Dafür geht die Entwicklung einfach zu schnell voran. Keiner, der sich im Internet engagiert, kann für mehr als zwei Jahre im voraus planen. Das Medium wächst mit schwindelerregender Geschwindigkeit. Es gibt keinen Weg zurück: „Präsent sein oder nicht?“ lautet lediglich die Frage. Nehmen wir unseren Auftrag, das Evangelium von Jesus Christus weiterzusagen, ernst, kann diese Frage eigentlich nur mit einem „Ja“ beantwortet werden – auch angesichts aller Schattenseiten, die dieses Medium mit sich bringt. Die Kommunikation des Evangeliums ist unsere Aufgabe als Kirche. Sie steht in der Spannung zwischen dem Bewahren der Tradition und dem Aufbruch zu neuen Formen der Kommunikation. So wie Martin Luther sich einst die neu erfundene Drucktechnik zunutze machte, so sollten wir heute auch das Internet für die Kommunikation mit anderen einsetzen.

Die zweitausendjährige Geschichte des Christentums zeigt, daß sich die Formen christlichen Lebens immer wieder verändert haben. Die protestantische Tradition hat sogar das „ecclesia semper reformanda“ zum Prinzip erhoben. Darum gibt es auch beim Thema Internet keinen ernsthaften Grund, sich bange machen zu lassen. Im Vertrauen auf den, der da ist und der da kommt, kann die Christenheit auch den Weg in die Welt der globalen Datennetze antreten. Dabei werden sich die konkreten Formen christlichen Glaubens verändern – wie sie es in den vergangenen 2000 Jahren immer wieder getan haben. Die nächsten Generationen werden selbstverständlich mit diesem neuen Medium umgehen. Sie werden – wie alle Generationen – neue Ausdrucksweisen christlichen Glaubens und christlichen Lebens finden. Dem können wir aufgrund unserer geschichtlichen Erfahrung und im Vertrauen auf Gott ruhig und gelassen, aber mit einem wachen Auge und einem wachen Geist entgegensehen.

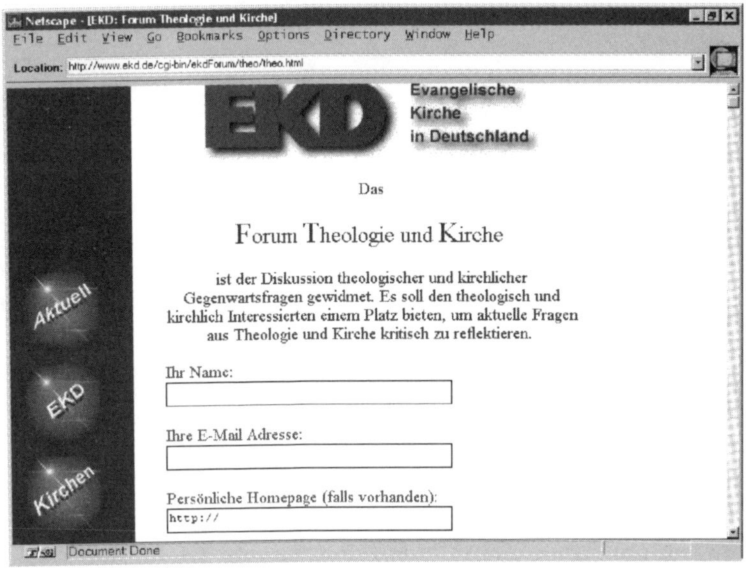

Engel im Cyberspace

Finnlands Gemeinden knüpfen ein Daten-Netz

Von Aimo Karjalainen

Viele Kirchen und Gemeinden haben schon ihre „Homepage" im Internet. Aber nur wenige haben ein ausgefeiltes Konzept, wie man das Netz als Schaufenster *und* als schnelles Kommunikationsmedium für die eigene Verwaltung nutzen kann. Die Evangelisch-Lutherische Kirche in Finnland macht es vor. Bis zum Jahr 2000 sollen alle Gemeinden an das Kirchennetz angeschlossen sein.

Das „Kirchen-Netz" ist schon in Betrieb. Es besteht aus einem rein kircheninternen Intranet, mit dem die Kirchengemeinden untereinander kommunizieren, und aus einem der Öffentlichkeit zugänglichen Internet-Service. Beide Teile basieren auf der gleichen Technik.

Diplomingenieur Aimo Karjalainen ist EDV-Chef im Kirchenamt der Evangelisch-Lutherischen Kirche Finnlands.
Sein Beitrag wurde vom finnischen Pastor Horst Gripentrog übersetzt.

Mit dem kircheninternen Teil des Netzes, einschließlich der elektronischen Post, wird es den 594 Kirchengemeinden, 80 Propsteien, acht Domkapiteln der Sprengel, der kirchlichen Zentralverwaltung sowie den etwa 17 000 kirchlichen Mitarbeitern möglich, einfach miteinander zu kommunizieren und vielerlei Daten zur Verwaltung und alltäglichen Arbeit untereinander auszutauschen.

Die Errichtung des nur kirchlichem Gebrauch vorbehaltenen Intranets hat im Frühjahr 1996 begonnen. In diesem Netz werden zum Beispiel Angaben über Mitglieder zwischen Kirchengemeinden und der behördlichen Bevölkerungsregistratur ausgetauscht. Dazu muß man wissen, daß in Finnland die lutherische Kirche auch die offiziellen Einwohnerdaten verwaltet. In dem kircheninternen Netz können nun diese Daten und die anderen Informationen der kirchlichen Verwaltung ausgetauscht und ausgewertet werden. Bisher ist nur etwa die Hälfte der 4,4 Millionen Mitglieder in kirchengemeindlicher EDV erfaßt. Allerdings sind die Gemeinden, die immer noch Karteikästen nutzen, bereits dabei, Computer anzuschaffen.

In den Mitgliedschaftsdateien werden Angaben zu den Wendepunkten des Lebens, wie zum Beispiel Taufe, Konfirmandenunterricht und Eheschließung registriert. Wenn nun z.B. zur Ausstellung eines amtlichen Dokumentes Angaben zu Person und Familienstand aus den Dateien verschiedener Kirchengemeinden benötigt werden, ist das Kirchen-Netz von großem Nutzen: Der Kontakt zwischen den Gemeinden wird mit dem Daten-Netz sehr viel einfacher und der Austausch der erforderlichen Bescheinigungen enorm beschleunigt.

Aktuelle Informationen zwischen Himmel und Erde

Die öffentlichen Internet-Bildschirmseiten geben Auskunft über die Kirche und über kirchliche Veranstaltungen. Sie entstanden im Herbst 1995, zusammen mit der gemeinsamen Homepage aller finnischen Kirchen (http://www.churches.fi/).

Es ist vorgesehen, daß bis zum Jahr 2000 alle 594 lutherischen Kirchengemeinden auch an diesen Teil des Netzes angeschlossen sind. Die zentrale Homepage (http://www.evl.fi/) wird sowohl in Finnisch als auch in Schwedisch, Finnlands zweiter offizieller Sprache, publiziert. Für ausländische Benutzer ist ein Teil der Informationen in Englisch erhältlich. Durch reichliche Verknüpfungen per „Hyperlinks" entsteht zudem ein internationales und ökumenisches Datennetz.

Auf den Web-Seiten http://www.evl.fi/ kann man sich z.B. darüber informieren, welche Vorbereitungen eine Taufe erfordert. Die Seiten zum Religionsunterricht der Schulen erfreuen sich bereits jetzt großer Beliebtheit. Die Zusammenarbeit von Kirche und Fernsehen im Web konnte im Herbst 1996 im Zusammenhang mit einer Fernsehbibelserie erprobt werden.

Der von dem Kirchlichen Informationszentrum betreute Internet-Presseservice berichtet über kirchliche Themen und informiert über kirchliche Veranstaltungen. Beim Presseservice können sich die Medien kirchliches Nachrichtenmaterial holen und es direkt in das elektronische Datenverarbeitungssystem ihrer Redaktion einspeisen. Will sich ein Redakteur, oder wer auch immer, z.B. über den Begriff „Hostie" informieren, findet er online die Erklärung anhand des Registers.

Im Web hat auch Erzbischof John Vikström seine eigene Homepage. Dort ist auch jeweils die neueste Rede von ihm zu lesen, und zwar während er sie noch hält! Und man kann dem

Erzbischof E-Mail senden. Vikström hatte bei der Eröffnung seiner Internet-Seite gesagt: „Als Medium ist das Internet im Grunde neutral. Man kann es sowohl zur Vermittlung von Informationen als auch zu deren Verschleierung benutzen. Es muß bedacht werden, daß diese Öffentlichkeit dort immer nur eingeschränkt besteht. Viele benutzen das Internet, aber längst nicht alle. Die Kirche muß jedoch allen dienen. Gilt doch die Botschaft der Kirche allem Volke. Deshalb muß die Kirche in den verschiedensten Medien präsent sein und dort die unterschiedlichsten Typen von Menschen ansprechen."

Die Web-Site http://www.evl.fi/ wird ständig erweitert. Viele kirchliche Einrichtungen sind derzeit damit beschäftigt, eine eigene Bildschirmseite zu entwerfen. Ziel ist natürlich, daß möglichst viele Kirchengemeinden öffentlich zugängliche Homepages ins Internet stellen. Darüber wäre es den Gemeindegliedern dann möglich, sich Informationen über ihre Heimatgemeinde zu holen und Kontakt zu den Pastoren und anderen Mitarbeitern ihrer Gemeinde zu halten.

Im Herbst 1996 eröffneten die Kirchengemeinden von Turku und Helsinki eigene Homepages. Diese Seiten wurden von Profis entworfen; in vielen kleineren Kirchengemeinden übernimmt die Jugendgruppe oder ein kirchlicher Mitarbeiter, der Internet als Hobby betreibt, die Betreuung der Web-Präsenz.

Seelsorge über E-Mail?

Erfahrungen damit, wie das Internet für die Gemeindearbeit nutzbar gemacht werden kann, hat man vor allem in der Studentengemeinde der Technischen Hochschule von Espoo gesammelt. Der dortige Hochschulpastor kommuniziert schon seit Jahren via elektronischer Post mit seinen Gemeindegliedern. Hauptsächlich handelt es sich dabei um Studenten der Technischen Hochschule. Allerdings melden sich auch Studenten anderer Hochschulen sowie Dozenten über E-Mail bei ihm.

Etwa die Hälfte aller Anfragen zu kirchlichen Amtshandlungen und persönlichen Gesprächen gehen bei ihm derzeit per E-Mail ein. Es wurde deutlich, daß es den Leuten oft viel leichter fällt, den Kontakt zur Kirchengemeinde und zum Pastor über E-Mail zu knüpfen.

Zu vertraulichen Seelsorge-Gesprächen eignet sich die elektronische Post trotz gegenteiliger Erwartungen jedoch nicht. Die elektronische Post ist bisher noch zu ungeschützt, so daß nicht gewährleistet ist, daß ein vertrauliches Beichtgespräch nicht in falsche Hände fallen kann. Außerdem kann E-Mail natürlich nicht den persönlichen Kontakt eines Gespräches unter vier Augen oder das Zusammengehörigkeitsgefühl eines Gottesdienstes ersetzen.

Datenschutz

In Finnland verwalten die Kirchengemeinden zum großen Teil das Bevölkerungsregister des Landes. Da über das Kirchen-Netz deren Daten versandt werden, ist der Datenschutz außerordentlich wichtig. Der Datenschutz-Beauftragte überwacht diesen Bereich sehr genau; es werden hohe Anforderungen an Technik und Organisation gestellt. Die gemeinsamen Server des Netzes und die Übermittlungsgeräte befinden sich in den überwachten Räumlichkeiten von „Helsingin Puhelin Oy", der Telefongesellschaft von Helsinki. Das kircheninterne Intranet bedient sich nicht der öffentlichen Leitungen des Internets. Die für den Datentransfer erforderliche Technik wurde eigens für die Kirche angefertigt. So bezeichnet die für die technische Verwirklichung zuständige Firma ihr Produkt denn auch als außerordentlich sicheres Netz.

Die kirchlichen Einrichtungen sind mit dem Kirchen-Netz über verschiedene EDV-Anschlüsse verbunden. Das Kirchenamt verwendet einen Glasfaser-Anschluß, während Kirchengemeinden und die Domkapitel der Sprengel u.a. ISDN- und Modemanschlüsse benutzen können. Der allgemein zugängliche Internet-Service der Kirche befindet sich auf dem öffentlichen Server der Telefongesellschaft von Helsinki und wird von den verschiedenen Einrichtungen der Kirche jeweils selbständig auf den neuesten Stand gebracht. Zwischen dem kircheninternen Intranet und dem öffentlichen Internet befindet sich eine sogenannte „Firewall" als Sicherheits-„Wand".

Techno unter der Kanzel

„Crusade“: Wie heilig darf ein Kirchenraum sein?

Von Stefan Wolfschütz

Was bewegt die Jugendszene einer Stadt? Mit dieser Frage begannen Überlegungen, welche Angebote es für Hamburger Jugendliche während des Kirchentages 1995 geben könnte. Wer in die einschlägigen Szeneblätter hineinguckt, findet die Antwort schnell: Party, Party, Party begeistert die Kids.

Stefan Wolfschütz ist Pastor der Nordelbischen Evang.-Luth. Kirche, leitet die Beratungsagentur „konzept marketing nordelbien“ und war Geschäftsführer der Arbeitsstelle Kirchentag '95 in Hamburg.

Quer durch die Nacht und die Szeneclubs vertanzt die Generation X ihre Freizeit, gibt sich ihrer Musik und ihrem Lebensgefühl fernab der hellen Alltagswelt und Öffentlichkeit hin. Die Nahtstelle ist der Club, die Tanzfläche wird zum Lebensraum und Ausdruck all dessen, was die Gefühlswelt bestimmt, manchmal 20 bis 40 Stunden an einem Stück.

Wer solche Partys oder besser Raves (rave vom englischen toben) einmal mitgemacht hat, weiß, welche ungeheure Lebensfreude diese Szene bestimmt. Fernab aller depressiven Tendenzen stimmt sich die Jugend dieser Szene auf die Zukunft ein, feiert heute schon, was ihre Eltern, Politiker und alle großen Leute ihnen nicht zu geben vermögen: ihr Leben. Die Zukunft findet jetzt statt, jetzt ist Party, jetzt ist die Zeit zum Leben.

Die Musik, die dies zum Ausdruck bringt, heißt Techno, ist innovativ und läßt niemanden stillstehen, der sie hört. Techno geht nicht nur ins Ohr, sondern ergreift den ganzen Körper, versetzt zuweilen in Ekstase. Techno hat seine meditativen Momente und eröffnet auf der Tanzfläche Augenblicke innerer Einkehr genauso wie das Verbundenheitsgefühl der Tänzer untereinander. Folgerichtig verstehen sich die Tänzer als „Gemeinde“, und die Freunde der Nächte sind die Jünger eines ekstatischen Kultes. Spirituelle Symbole, Riten, die an Religionen erinnern, kommen nicht von ungefähr bei den Jüngern vor, von denen ja auch viele einer christlichen Religion angehören.

In dieser Situation schuf die damalige Nordelbische Arbeitsstelle Kirchentag '95 zusammen mit dem Hamburger Club UNIT zum Kirchentag ein Event in der Szene: Samstag nacht während des Kirchentages gab es eine Begegnung der Gregorianik-Schola St. Nikolai Kiel und der Technoszene. Dieser Auftritt fand begeisterte Zustimmung bei dem dicht gedrängt anwesenden Publikum. „So habe ich Kirche selten erlebt, daß sie auf junge Menschen endlich mal zugeht!“ sagte eine Teilnehmerin spontan. Aus der Begegnung wurde die Idee geboren, das Projekt in einer Kirche zu wiederholen. Die Betreiber des UNITs waren bereit, als erfahrene Veranstalter das Projekt zu organisieren.

Zur großen Überraschung der Organisatoren stieß ihre Idee bei den Verantwortlichen großer Kirchen in Hamburg, Berlin, Köln, München und Frankfurt auf offene Ohren und Türen. Die verantwortlichen Gremien gaben alle „grünes Licht“. Die Vorbereitungen konnten beginnen. Am 16. Februar 1996 startete „Crusade - Eine Begegnung zwischen Techno und Gregorianik. Die Begegnung zweier Welten“. Die Absicht war eine authentische Begegnung der Menschen zweier Welten: aus Techno und Kirche. Jeder sollte so kommen dürfen, wie er ist, keiner dem anderen Vorschriften machen, wie er oder sie zu sein habe. Dies alles in dem alten Raum der Hamburger Hauptkirche St. Katharinen, die durch die Jahrhunderte schon viel erlebt hat.

So vollzog sich dann die Begegnung in der Nacht vom 16. auf den 17. Februar 1996. Dreihundert akkreditierte Reporter, 27 Fernsehstationen, die drehen wollten und von denen dann schließlich zwölf anwesend sein konnten, dreitausend Neugierige und Tänzer sowie die verschiedenen Künstler verwandelten die altehrwürdige Kirche in eine ungewöhnliche Kathedrale der Raver.

Rein äußerlich war am nächsten Morgen alles wie vorher; die St.-Katharinen-Kirche konnte in unbeschadetem Zustand der Gemeinde zurückgegeben werden.

Eine aufgeschreckte Öffentlichkeit, innerhalb wie außerhalb der Kirche erklärte das gesamte Experiment schon am nächsten Tag für gescheitert. Die wichtigsten der Vorwürfe seien stichwortartig genannt: hochkommerziell, aufgesetzt, entweihend, teuflisch, religiöse Gefühle verletzend.

Die sich anschließende öffentliche Diskussion führte zur Absage aller weiteren geplanten Veranstaltungen in anderen Städten. Die brisanteste Absage passierte in München: Dort bemühte die Kirchenleitung, gegen den Willen des Kirchenvorstandes, erstmalig in der Geschichte einen Paragraphen ihrer Verfassung, der ihr das Recht gab, vermeintlich höheren Interessen folgend, die Veranstaltung zu verbieten.

Wer in den vergangenen Jahren meinte, die meisten Leute seien kirchlichen Themen gegenüber gleichgültig, reibt sich nun verwundert die Augen und entdeckt brennendes Interesse an der Auseinandersetzung. Ein empfindlicher Nerv religiösen Empfindens und Erlebens scheint getroffen zu sein. Das sei an drei zentralen Punkten illustriert:

1. Das Neue wirkt erschütternd. Das Neue wirkt fremd. Als diese fremde Musik für eine Nacht Einzug in die Hauptkirche St. Katharinen hielt, verstanden viele Menschen die Welt nicht mehr. Und es war keiner bei ihnen, der es hätte erklären können. Zu wenig bis gar nichts verstehen Gemeindepastoren von dieser Musik. Selbst jugendbewegte Diakone und Pastoren betreten bei dem Thema Techno absolutes Neuland.

Offensichtlich gab es ein Vermittlungsproblem der Initiatoren von Crusade an die Basis der Gemeinden oder allgemeiner in die kirchliche Öffentlichkeit hinein. So gesehen haben die Initiatoren ihr Umfeld strapaziert, vielleicht zuweilen überfordert, haben selbst wahrscheinlich nicht genügend Aufklärungsarbeit geleistet. Das muß im Rückblick auf Crusade selbstkritisch angemerkt werden.

2. Kirche ist durch Crusade ins Gerede, positiver ausgedrückt ins Gespräch gekommen. Sie ist mit einer Jugendszene in Kontakt gekommen, die bisher kaum Zugang zu der Institution Kirche und den in ihr praktizierten Frömmigkeitsstilen gehabt hat. Es bleibt die Frage: Wie kann dieses Gespräch weiterhin aufrechterhalten und sogar ausgebaut werden?

In vielen Kommentaren fiel das Wort „Zeitgeist". Man hechele durch eine Veranstaltung wie Crusade dem Zeitgeist hinterher, so der Vorwurf. Richtig ist, daß sich Crusade mit einem sehr populären Musikstil auseinandersetzt. Richtig ist auch, daß die Technoszene immer wieder Ausschau nach ungewöhnlichen Orten hält und auf der Suche nach Räumen ist, in denen die Atmosphäre stimmt und die den gewissen „Kick" geben.

Das hat in St. Katharinen auch funktioniert. Die Besucherinnen und Besucher sind voll abgefahren auf den Raum und seine Besonderheiten. Sie haben Rücksicht genommen und ganz selbstverständlich das Rauchverbot in der Kirche eingehalten. Sie haben, mit ihrer eigenen persönlichen Geschichte behaftet, immer wieder nach Anknüpfungspunkten zu den religiösen Inhalten ihrer Umgebung gesucht.

Wenn der Zeitgeist dies angestoßen hat, würde es sich nicht vielleicht lohnen, dran zu bleiben, weiter mit denen sprechen, die in dieser Nacht gekommen sind? Und es geschieht ja – Gott sei Dank.

Mittlerweile finden quer durch die Republik Technogottesdienste statt, die Musik hält Einzug in die alten Gemäuer, der Kirchentag wird zwei Tage bzw. Nächte lang raven, Techno und Spiritualität sind sogar akademiefähig und Themen von Diplomarbeiten geworden.

3. Selbst nach einem Jahr schlagen beim Thema Crusade die Wogen immer wieder ungewöhnlich hoch. Darum sei der Verdacht erlaubt, daß es hier um mehr als bloß eine ungeliebte Musik in heiligen Gemäuern geht. Techno, so ist aus Gesprächen herauszuhören, scheint für viele Menschen der Inbegriff dessen zu sein, was sie an dieser Welt einfach nicht mehr verstehen. Gleichzeitig prägt Techno aber die Welt, ist in vielen Geräten und Geräuschen präsent. Dieses Phänomen soll nun Einzug halten in Mauern, in denen das unschuldige Kind in Windeln alljährlich anrührend gefeiert und Abschied von einem Verstorbenen genommen wird. In diesen Mauern scheint, bei aller Kirchenkritik, selbst den Verächtern von Kirche und Religion noch vieles bis alles heil. Eine Erschütterung solcher Mauern droht den letzten Grund zu rauben und macht Angst.

Damit aber erlangen die Ereignisse eine viel grundsätzlichere Dimension gerade für die protestantische Kirche, die sich so schwer tut, wenn sie die Dimension des religiösen Erlebens zulassen soll. Weder Aufklärung noch protestantische Theologie haben verhindern können, daß evangelische Christen im Jahre 1996 von der Entweihung ihres Kirchraumes sprechen.

Crusade mag zwar vorbei sein, aber die Sehnsucht nach dem Heiligen bleibt bestehen. Darin treffen sich Technogemeinde und verschreckte kirchliche Öffentlichkeit, denn beide haben im Geschehen um Crusade ihre Sehnsucht nach dem Heiligen ausgedrückt. Die einen haben der Botschaft vom Heiligen auf ihre Art und Weise eine Nacht lang ekstatisch Raum gegeben, die anderen haben ihre Angst zum Ausdruck gebracht, das Heilige könne beschädigt werden. In diesem Lichte wird deutlich, wie viel den unterschiedlichen Menschen Kirche in gesellschaftlich stürmischen Zeiten wert ist.

Profil gewinnen

Einführung in Corporate Identity

Von Klaus Schmidt

Wir leben in einer Zeit großer technologischer, gesellschaftlicher und wirtschaftlicher Herausforderungen. Pessimisten sprechen von „Informations-overkill", „Globalisierungsfalle" und „Turbokapitalismus". Tatsache ist, daß die Veränderungen weltweit geschehen und moderne Kommunikationstechnologien dabei die Rolle des Schrittmachers übernommen haben.

Unternehmen können davon profitieren, wenn sie sich zunehmend flexibel auf den Wandel einstellen. Ein Instrument, das Unternehmen, Non-profit-Organisationen und damit auch kirchlichen bzw. diakonischen Einrichtungen dazu verhilft, ihre Stärken optimal zu entwickeln und im Wettbewerb einzusetzen, ist Corporate Identity (CI).

Dr. Klaus Schmidt ist geschäftsführender Gesellschafter des internationalen Beratungsunternehmens für Corporate Identity, Henrion, Ludlow & Schmidt in London.

Die zunehmende Vergleichbarkeit der Produkte und Dienstleistungen macht Unternehmen einander immer ähnlicher. Wertewandel und Umweltbewußtsein lassen die Zielgruppen vermehrt nach emotionalen Bindungen und Identifikationsmerkmalen suchen. Der Verbraucher sieht nicht mehr allein das Produkt oder die Dienstleistung, sondern das Unternehmen als Sozialpartner und beurteilt dessen Verhalten gegenüber der Gesellschaft. Die gesamte Unternehmensidentität wird zum kritischen Erfolgsfaktor, beeinflußt Erfolg oder Mißerfolg eines jeden einzelnen Produkts.

Ganzheitliches Konzept

Traditionell werden einzelne Bereiche der Unternehmensidentität häufig disziplinär gesteuert, d.h. für sich allein; so zum Beispiel der Absatz durch das Marketing und die Werbung, die Öffentlichkeitsarbeit über PR und die Produktentwicklung durch die Forschung und Entwicklung. Solche eindimensionalen und isolierten Maßnahmen wie PR, Werbung oder Produkt-Design entsprechen heute weder den Anforderungen in einem komplexen Markt noch den Wahrnehmungs- und Wirkungszusammenhängen.

Um den vielfältigen Ansprüchen gerecht zu werden, bedarf es eines ganzheitlichen Konzeptes. Die Dimensionen

- Unternehmenskultur,
- Unternehmensverhalten,
- Marktstrategien,
- Produkte und Dienstleistungen,
- Kommunikation und Design

müssen in einem holistischen Sinne einbezogen werden. Das Vorgehen dazu muß Corporate Identity in allen Bereichen ordnen, analysieren, konzipieren und steuern; es muß Wechselbeziehungen erkennen, auf ihren Ursprung zurückführen und damit Corporate Identity ursächlich beeinflussen.

Aus den Anforderungen der Praxis ist ein Strukturmodell entwickelt worden, das ein holistisches Corporate-Identity-Konzept unter Berücksichtigung aller Aspekte und Dimensionen ermöglicht. Das Modell strukturiert die einzelnen Aspekte nach Nutzen- und Handlungsrelevanz in den genannten fünf Dimensionen Unternehmenskultur, Unternehmensverhalten, Marktstrategien, Produkte und Dienstleistungen sowie Kommunikation.

Auf der Grundlage unseres ganzheitlichen CI-Verständnisses und des darauf aufbauenden Strukturmodells haben Henrion, Ludlow & Schmidt ein Prozeßmodell für eine Corporate-Identity-Entwicklung konzipiert. Durch dieses Modell läßt sich die CI-Entwicklung phasenweise strukturieren nach

- Briefing und Problematisierung,
- Status quo, Stärken- und Schwächen-Analyse,
- Positionierungsstrategie und Maßnahmenempfehlungen,
- Realisierung der CI.

Ausgehend von der Aufgabenstellung entsteht eine erste Problematisierung, in der die Schwerpunkte, die Vorgehensweise und die zu bearbeitenden Aspekte und Dimensionen (s.o.) strukturiert und näher bestimmt werden. Darauf aufbauend entsteht eine Stärken-/Schwächen-Analyse des Status quo, die eine Bestandsaufnahme der Ist-Identität leistet und Grundlagen für eine strategische Zielpositionierung schafft. Je nach Problembeschreibung sind die einzelnen Dimensionen des Unternehmens mehr oder weniger umfangreich in der Analyse zu berücksichtigen.

Aus der Abweichung von Ist-Identität und Soll-Vorstellungen läßt sich die Soll-Identität entwickeln. In der Wirtschaft spricht man von „Positionierung“. Sie beschreibt, wie das

Unternehmen als Ganzes und in Teilen von innen und außen gesehen werden will, welche Position es im Markt anstrebt, wodurch es sich vom Wettbewerb unterscheidet und was es von seinen Mitarbeitern erwartet.

Identität für Dienstleistungen: Das holistische Modell

Das holistische Corporate-Identity-Modell ist in der Praxis als methodische Grundlage für die Analyse, Konzeption und Steuerung von komplexen CI-Entwicklungen erfolgreich angewendet worden. Ganz besonders gilt das für den Dienstleistungsanbieter, der in weitaus größerem Maße als beispielsweise ein Hersteller von Seife das Vertrauen seiner Zielgruppen gewinnen muß, da er sich nicht über materielle Produkte profilieren kann.

Die Kompetenz der Firma wird wesentlich durch das Service- und Kundenverhalten ihrer Mitarbeiter bestimmt.

Innerhalb des Dienstleistungsbereiches ist besonders das Gesundheits- und Sozialwesen eine Zukunftsbranche. Mehr als zehn Prozent der Erwerbstätigen in Deutschland arbeiten in diesem Bereich. Die Gesundheitsstrukturreform soll dafür sorgen, daß medizinische, pflegerische und soziale Einrichtungen sich auch weiterhin positiv entwickeln können. Bedingt durch neue Abrechnungsarten, fordert sie eine stärkere Leistungsorientierung und erzwingt damit ein entsprechendes Kostenbewußtsein.

Insgesamt ist schon jetzt ein verschärfter Wettbewerb im Gesundheits- und Sozialbereich zu beobachten. Anbieter medizinischer, pflegerischer und sozialer Dienste müssen sich in Zukunft mehr als bisher Leistungsvergleiche gefallen lassen. Das heißt, sie werden an ihrem Angebot und an der Qualität der Leistung gemessen. Viele Einrichtungen müssen sich reorganisieren, weg von verkrusteter Personalpolitik, langen Entscheidungswegen, praxisferner Verwaltung, mangelnder Kommunikation und Koordination interner Abläufe.

Die Umstrukturierungen dürfen sich aber nicht nur auf eine betriebswirtschaftliche Optimierung beschränken, sondern erfordern einen weitreichenden Kulturwandel.

Beispiel Henrietten-Stiftung: Mehr Flexibilität und Unternehmergeist

Die 1860 von der hannoverschen Königin Marie gegründete Henrietten-Stiftung vereinigt 13 Kliniken und zahlreiche andere Einrichtungen der ambulanten und stationären Gesundheitsversorgung unter einem Dach. Die diakonische Henrietten-Stiftung hat der Entwicklung ihrer Unternehmenskultur eine große Bedeutung beigemessen.

Das Bild des Hauses in der Öffentlichkeit veränderte sich, weil der kirchliche Charakter der Einrichtung abnahm, z.B. durch die geringer werdende Anzahl der zur Stiftung gehörenden Diakonissen. Neben dem Renommee der Ärzte und der technischen Ausstattung erhält hier im Vergleich zu Krankenhäusern mit staatlichen Trägern der pflegerische Ruf wesentlich mehr Gewicht. Bei der Henrietten-Stiftung war man sich klar, daß die persönliche Zuwendung zum kranken wie zum alten Menschen herausragendes Merkmal diakonischer Arbeit sein soll.

Wichtige Erkenntisse über die Zielbestimmung für die angestrebte Identität brachte auch die Primärforschung: Nach der Befragung von Mitarbeitern, Führungskräften, Patienten und externen Partnern zu identitätsrelevanten Aspekten wie Motivation, Leistungsangebot, Betriebsklima oder Unternehmenskommunikation konnte anhand der folgenden Aspekte eine neue Zielpositionierung erarbeitet werden:

- Seelsorge - Fürsorge - Pflege
- kooperativ - integrativ - innovativ
- offen - kommunikativ
- verantwortlich - bewußt
- Ruhe - Geborgenheit - Vertrautheit
- Vitalität - Wachstum
- Qualität - Kompetenz
- rational - wirtschaftlich
- menschliche Maßstäbe
- christlich - kulturell - sozial

Eine auf diesen Aspekten beruhende Unternehmensidentität ermöglichte es der Stiftung, die inhärente Kultur, das „Wir-Gefühl", und die innere Einstellung der Mitarbeiter zu entwickeln und zu stärken. Gleichzeitig sollte die Corporate Identity die spezifisch diakonische Prägung sowie Kompetenz und Leistungsfähigkeit zum Ausdruck bringen, und zwar gegenüber den Mitarbeitern, der allgemeinen Öffentlichkeit und den Kunden.

Als zentrales Instrument zur Vermittlung der Unternehmensidentität wurde die Kommunikation der Henrietten-Stiftung einer umfassenden Analyse unterzogen. Dabei wurde großes Augenmerk auf visuelle Aspekte gelegt. Das Corporate Design als optischer Ausdruck der Werte, der Kompetenz und der Leistungsfähigkeit der Henrietten-Stiftung sollte

- die Markt-Positionierung mittragen und ausdrücken,
- die Eigenständigkeit und Zusammengehörigkeit der einzelnen Bereiche der Stiftung zum Ausdruck bringen,
- das Leistungsangebot und -spektrum professionell präsentieren,
- den Bekanntheitsgrad der Stiftung erhöhen,
- den Mitarbeitern die Identifikation mit der Henrietten-Stiftung und ihren Einrichtungen erleichtern,
- die Unterscheidbarkeit von ähnlichen Organisationen gewährleisten,
- die strategische, visuelle Klammer der internen und externen Kommunikationsmittel bilden.

Es entstand ein neues Signet. Es kann als Symbol gedeutet werden, das offene Arme zeigt, die bergen und schützen, oder auch als ein abstraktes Zeichen aus drei Kreisen, die eigenständig sind, aber doch ein Zentrum haben. Das Logo sollte ausdrücken, daß sich die Stiftung unter veränderten Bedingungen weiterhin den tradierten Werten und ethischen Zielen der Diakonie verpflichtet fühlt. Für die Geschäftspapiere und alle Kennzeichnungen wurde ein Programm mit Standards, Systemen, Farbgebungen und Materialien entwickelt, dokumentiert und umgesetzt.

Um die Komplexität und Vernetzung der unterschiedlichen Einrichtungen, Fachbereiche und hierarchischen Ebenen untereinander zu erfassen, mußten alle Dimensionen einer Corporate Identity zueinandergeführt und handlungsrelevant ausgerichtet werden.

Neben dem Design, der Kommunikation, der Patientenorientierung und natürlich auch dem Leistungsangebot war besonders der Wille zu Veränderungen für den Erfolg des Projektes entscheidend.

Pastor Helbig, Vorsteher der Henrietten-Stiftung, erklärt: „Die Fähigkeit zum Wandel innerhalb eines klar abgegrenzten Handlungsrahmens ist besonders im Gesundheitswesen von besonderer Bedeutung. Für uns bedeutet das einerseits fachliche Kompetenz und Professionalität, anderseits aber auch menschliche Motivation und die bewußte Bezogenheit auf christlich-diakonische Werte und Quellen."

Beispiel KLM: Kontinuität im Auftritt

Ein Beispiel aus dem außerkirchlichen Bereich soll die Bedeutung ganzheitlicher CI für Dienstleistungsunternehmen verdeutlichen. Auch Fluggesellschaften, Versicherungen, Banken oder Stadtverwaltungen und öffentliche Einrichtungen müssen Strategien entwickeln, um ihre Angebote und Leistungen sichtbar und erlebbar zu machen. Eine Unterscheidung über die Produkte oder die Preise ist für Airlines nur bedingt möglich. Die ganzheitliche Corporate Identity ist das erfolgreichere Konzept. Die Führung der niederländischen Fluggesellschaft KLM erkannte bereits in den 50er Jahren die Bedeutung identitätsrelevanter Fragen. Objektive Differenzierungsmerkmale gab und gibt es kaum: Alle Fluggesellschaften fliegen die gleichen Maschinen, auf den gleichen Routen, zu vergleichbaren Preisen. Die KLM-spezifische Corporate Identity hat den Anspruch, den Bezug zum Kunden in den verschiedensten Märkten herzustellen, Akzeptanz zu finden und dazu beizutragen, die Kompetenz, Leistungsfähigkeit und Wertehaltungen zum Ausdruck zu bringen:

- Das berühmte KLM-Zeichen und ein visuelles Identitätssystem bauen auf der Positionierungsaussage „The reliable airline" auf.
- KLM kommuniziert diese Positionierung und die damit verbundenen Werte an die 20 000 Mitarbeiter durch ein teamorientiertes Programm („KLM is continued quality").
- Positionierung und Identität werden durch die Mitarbeiter vermittelt, individuell und als Team.
- Qualitäts- und Kundenorientierung sind Zielkategorien in sämtlichen Unternehmensbereichen. Das gilt auch für globale Allianzen im Zusammenwirken mit Marktpartnern, in diesem Falle u.a. mit North West Airlines.

Da Servicequalität und Kundenorientierung bei Dienstleistungsunternehmen zentrale Erfolgsfaktoren sind, kommt es bei KLM auf eine kundenorientierte Unternehmenskultur an. Sie bestimmt das Zusammenwirken der Mitarbeiter und hilft, Reibungsverluste zu vermeiden. Bei KLM setzt man auf ein Motivationskonzept, das den Enthusiasmus und die Eigenverantwortung der Mitarbeiter stärken soll. Schulungen, Seminare und Kurse zur Förderung der Service-Mentalität standen im Zentrum der internen Maßnahmen. Kundenorientierung wurde im Leitbild des Unternehmens für alle Mitarbeiter als verpflichtender Wert verankert. Qualitäts- und Servicestandards für eine wirtschaftliche Leistungsstruktur wurden entwickelt, formuliert und als strategische Positionierungsmerkmale intern und später auch extern gegenüber Kunden und anderen Partnern umgesetzt. Intern vermittelten Moderatoren das Bewußtsein für dienstleistungsspezifische Normen und Wertvorstellungen. Servicestandards wie Sicherheit, Effizienz und Zuverlässigkeit, aber auch Auskunfts- und Hilfsbereitschaft des Personals werden hier kontinuierlich überprüft und optimiert.

Akzeptanz, Identifikation und Motivation haben dazu geführt, daß die Identität von KLM über einen langen Zeitraum hinweg weiterentwickelt werden konnte - ganz im Sinne der KLM-Positionierung als „zuverlässige Airline“. Die Beständigkeit des Konzeptes bestätigt sich heute so stark wie niemals zuvor: In diesen Zeiten rasanter Veränderungen kann KLM auf ein solides Fundament aufbauen und den jeweiligen Anforderungen entsprechend agieren.

Innovationen: Wandel gestalten

Was für Wirtschaftsunternehmen gilt, das trifft auch für kirchliche Einrichtungen zu: Die Bereitschaft zu Veränderungen ist eine Voraussetzung für den Erfolg im Markt. Dies erfordert den Einsatz eines jeden einzelnen in jedem Leistungsbereich und damit letztlich auch die Anpassung bzw. Veränderung des eigenen Verhaltens. Versorgungs-, Pflege- und Sozialeinrichtungen, aber auch Kirchenkreise und Gemeinden mit seelsorgerlichen Angeboten müssen jetzt den Wandel zu modernen Dienstleistern schaffen, Krisen bewältigen, Chancen erkennen und nutzen, Stärken ausbauen und Schwächen beseitigen:

Die Praxis vieler Unternehmen zeigt, daß zunächst einmal die Fähigkeit zum Wandel wichtig ist. Dann bedarf es entsprechender Kompetenz und Professionalität, aber auch verläßlicher Werte und Strategien, um Identifikation und Motivation zu ermöglichen: Motivation, um den Wandel mitzugestalten;

Identifikation, die durch konstruktives Wirken, durch Leistung und Effizienz, zur Zielerreichung beiträgt.

Kirche und diakonische Einrichtungen können schon lange nicht mehr in dem Glauben leben, ihre Mitglieder, Patienten, Bewohner, ihre „Kunden", kämen in jedem Fall, ganz gleich inwieweit das jeweilige Angebot den zum Teil sehr spezifischen Bedürfnissen der Menschen entspreche, egal wie gut oder schlecht ihre Leistungen seien, wie rentabel oder unwirtschaftlich sie arbeiteten, bzw. wie weit sie sich von anderen Einrichtungen im positiven Sinne unterschieden. Erkennbare Ziele, Werte, Strategien und überzeugende Leistung sind für Unternehmen und Nonprofit-Einrichtungen Grundlagen, um den gesellschaftlichen und wirtschaftlichen Wandel durchzustehen, d.h. sich auf die Zukunft vorzubereiten. Sie sind damit Grundlagen für die Erhaltung und den Ausbau des Unternehmensbestandes und gleichzeitig Merkmale zur Unterscheidung - mögen manche auch meinen, „die Kirche hat doch die Bibel".

2000 Jahre Service-Kompetenz

Zwischen dem Anspruch und den Bedürfnissen der Menschen und den kirchlichen Dienstleistungen klafft eine Lücke. Die Mitglieder der Kirche haben heute differenziertere Interessen und Pflichten als noch vor 2000 Jahren. Auch für eine Kirchengemeinde gilt es heute, „Dienstleistungskompetenz" und „Kundenorientierung" als Erfolgsfaktoren auszubauen und zu vermarkten. Im Grunde können sie ja eine 2000jährige Service-Kompetenz aufweisen. Ein Faktum ist jedoch, daß kirchliche Leistungen in der Gesellschaft immer noch als selbstverständliche Leistungen gesehen werden. Kirchliche und diakonische Einrichtungen sollten deutlich machen, daß Leistungen wie Seelsorge, Beistand, Trost, aber auch die Kasualien wie Taufe, Trauung etc., wertvoll sind und den Bedürfnissen der meisten Menschen nach Orientierung und Geborgenheit immer noch entsprechen.

Kirchliche und diakonische Einrichtungen müssen sich fragen, ob und wie sich ihre Leistungen von denen anderer Einrichtungen im Sozial- und Gesundheitsbereich unterscheiden. Kirchliche Einrichtungen des Gesundheits- und Sozialwesens werden nämlich nach ökonomischen Kriterien wie Angebot und Qualität der Leistung gemessen werden. Wenn zum Beispiel ein kirchliches Krankenhaus nahezu gleiche Dienstleistungen anbietet wie andere vergleichbare Einrichtungen, gewinnt das gesamte Spektrum einer Klinik an Bedeutung. Immer mehr Patienten legen z.B. Wert darauf, daß die Atmosphäre stimmt, daß sich das Pflegepersonal Zeit nimmt und der Patient nicht wie am Fließband „bearbeitet" wird. Unterscheidbarkeit muß sich auf die gesamte Einrichtung beziehen, auf das Verhalten gegenüber Patienten, Bewohnern, gegenüber den Kollegen, den Mitgliedern der Kirchenkreise und Gemeinden, aber auch gegenüber der Gesellschaft. Das können bei einem Krankenhaus neben einer möglichen medizinischen Spezialisierung die Qualität der Pflege und auch der Standort (Lage und Gestaltung des Krankenhaus-Geländes) sein.

Differenzierung, d.h. Unterscheidbarkeit, die auf einer klaren Positionierung beruht, betrifft die gesamte Identität, die gesamte „Persönlichkeit" von Unternehmen und Organisationen. Das heißt für die Kirche, daß geistliche und spirituelle Werte in Beziehung zu den Bedürfnissen der Menschen von heute gesetzt werden müssen. Die Umsetzung der Differenzierungsstrategie verlangt aber noch mehr. Klare Zielvereinbarungen sollen den Mitarbeitern die Identifikation mit ihrer Arbeit und damit mit ihrem Arbeitgeber ermöglichen. Identifikation motiviert und fördert Leistung. Dies gilt es über eine entsprechende Führungskultur sicherzustellen; dazu zählen die interne Kommunikation und passende Strukturen für das Zusammenwirken.

Unter dem Dach der Kirchen sind Anbieter unterschiedlichster Dienstleistungen vereinigt. Die Menschen, die hier arbeiten, haben unterschiedliche Aufgaben, Mentalitäten und Einstellungen. Dennoch sollten sie Ziele verfolgen, die kirchenspezifische Aspekte zum Inhalt haben. Wir müssen uns darüber klar sein, daß die Qualität der Dienstleistungen von den Einstellungen und Verhaltensweisen derjenigen abhängt, die diese Leistungen erbringen. Nach innen sind die Identifikation, Motivation und Leistungsbereitschaft der Mitarbeiter wichtig, nach außen geht es um die Akzeptanz der Einrichtung und ihrer angebotenen Leistung. Beide Aspekte bestimmen die Zukunft von kirchlichen bzw. diakonischen Unternehmen. Auch das Non-profit-Unternehmen muß sich dabei Qualitäts- und Effektivitätskriterien stellen. Dabei darf die Frage nach der Effektivität nicht losgelöst vom Ziel der Einrichtung beantwortet werden.

Arbeitshilfen

Vom Reiz der Wörter

Schreibkultur mit Corporate Wording

Von Hans-Peter Förster

Gestelzt, gequält, verworren - und doch immer wieder gern genommen: das Amtsdeutsch, wie es sich auch in guten Kirchenstuben eingenistet hat. Es gibt ein probates Mittel dagegen; es heißt Corporate Wording und hilft, daß einem nicht Schreiben und Lesen vergeht.

Hans-Peter Förster hat etliche Bücher über Kommunikation und Medien verfaßt, ist Herausgeber von „Kommunikations- und Pressearbeit" (Luchterhand) und Urheber von Corporate Wording - publiziert im Campus-Verlag. Sein Konzept wenden Unternehmen und Behörden an, die er beratend begleitet. Er beteiligte sich an der Entwicklung von Ravensburger Familienspielen rund um die neue Rechtschreibung.

Bei der Recherche nach Corporate Communications, Design, Identity und Wording stößt man unwillkürlich auf ein Unternehmen, dessen Markenzeichen hundert Prozent der Bevölkerung vor Augen haben, wenn es beim Namen genannt wird. Das gleiche Unternehmen, von dem hier die Rede ist, praktiziert seit Jahrhunderten eine durchgängige Gebäudekennzeichnung. Und genau dieses Unternehmen kann als einziges von sich behaupten, schon vor über 475 Jahren ein Sprachkonzept zum besseren Verständnis seiner Kunden praktiziert zu haben. Wohl dem Unternehmen, das diese Leistungen für sich beanspruchen kann! Dabei brauchen Ihre Blicke, liebe Leserin und lieber Leser, auf der Suche nach diesem Unternehmen nicht in die Ferne schweifen. Das Gute liegt auch hier - wie so oft - ganz nah. Die Rede ist vom Unternehmen Kirche.

Es bietet ein ideales Fundament, bei gleichzeitigem Anstieg des Konjunkturbarometers „Glauben". Doch trotz dieser herausragenden Merkmale sinkt der Interessentenkreis. Die einst alles überragende Gebäudekennzeichnung - die Kirchtürme - bewirken nicht mehr das, was sie einmal signalisierten. Monumentale Bauwerke der Wirtschaftsunternehmen haben sie in den Schatten gestellt. 40 000 Konkurrenzmarken stehen heute dem Markenzeichen Kirche gegenüber! Im Zeichen der Informationsschwemme und zunehmender Wortarmut mag es auf den ersten Blick schwierig sein, mit christlichen Botschaften überhaupt noch wahrgenommen zu werden. Die Kirche braucht deshalb eine klare Sprache!

Luthers Worttheologie und Corporate Wording haben gemeinsame Ziele: Abschied vom Amtsstil der Kanzleisprache, Vermeidung eines nachlässigen Sprachgebrauchs bei Predigern und Schreibern.

Das Rezept klang damals einfach und genau deshalb hat es auch heute noch Gültigkeit, vermutlich mehr denn je: „Man muß der Mutter im Hause, den Kindern auf der Gasse und dem einfachen Mann auf das Maul sehen, wie sie reden, und danach schreiben, so verstehen sie es und merken, daß man mit ihnen redet."

Besser verstanden ist für die Kirche wichtiger als besser erkannt zu werden. Ein optisches „Auftürmen" wäre heute genauso sinnlos wie damals der Turmbau zu Babel. Der lehrt uns, wie alles Mühen in sprachlichem Unverständnis mündete. Identität braucht eine bildhafte Sprache. Erst durch verständliche Worte wird der Nutzen von Aufgabe, Angebot und Versprechen deutlich. Wer den Reiz des persönlichen Nutzens kaum herausstellt, muß sich nicht wundern, wenn ihm die Kunden weglaufen! Sprache kann diesen „Eigennutz" vermitteln. Eigennutz mag zwar auf den ersten Blick etwas unchristlich klingen, spielt aber in der Kommunikationspsychologie eine erhebliche Rolle. Er weckt Aufmerksamkeit und Interesse.

Unser Alphabet hat in seiner ursprünglichen Funktion als Bildercode die wunderbare Eigenschaft, diesen Eigennutz in konkreten Bildern zu erklären.

Alles, was mit unseren Sinnen nachvollzogen werden kann, wird auch verstanden und ist überzeugend, weil einleuchtend.

Abstrakte Vokabulare wie Erlösung, Gnade, Versöhnung, Seele, Glaube, Himmelreich bewirken genau das Gegenteil. Diese Worte bilden - wissenschaftlich in Studien belegt - das Schlußlicht in der Rangliste konkreter Wörter, und mögen sie noch so schön klingen und in der Bibel stehen. Dietrich Bonhoeffer hatte in seinen Briefen und Aufzeichnungen aus der Haft eine Art Arkan-Disziplin vorgeschlagen, theologisch befrachtete Begriffe 50 Jahre lang nicht zu benutzen und durch Worte der diesseitigen Sprache zu ersetzen.

Steif und ungelenk

Wenn das Unternehmen Kirche auf Dauer Erfolg haben will, muß es sich von steifen, ungelenken und reizlosen Formulierungen verabschieden. Eine zufällig herausgegriffene kirchliche Nachricht aus meinem Gemeindeblatt soll das veranschaulichen. Es geht um die Botschaft zum 4. Fastensonntag:

„Die Rettung kommt allein von Gott. Eines bedarf es nur: Unserer demütigen Annahme und das heißt: glauben."

- 1. Regel: Schreibe, wie du sprichst, und schon wirst du besser verstanden!
Vorschlag: Gott rettet uns.
- 2. Regel: Vermeide Wörter, die negative Assoziationen auslösen. „Demütig" steht hier im Sinne tiefer Ergebenheit, liefert aber auch den Beigeschmack von „erniedrigen".
Vorschlag: Gott rettet uns, wenn wir uns dem Glauben hingeben.
- 3. Regel: Verwende zeitgemäße Wörter und vermeide umständliche Verdrehungen, wie „eines bedarf es nur".
Vorschlag: Gott rettet uns. Vorausgesetzt, wir verlassen uns auf ihn und schenken ihm unser Vertrauen.
- Ergebnis: „Gott rettet uns, wenn wir ihm vertrauen. Vertrauen heißt: Glauben."

Ein Gleichnis dazu: Ein Buchhändler verschickt im Dezember ein Mailing. Im Betreff steht: „Weihnachtsangebot: Die Bibel". 99 Prozent der Empfänger werfen den Brief ungelesen in den Papierkorb. Der Händler hat daraus gelernt. Im Frühsommer verschickt er wieder einen Werbebrief - gleiches Buch - gleicher Preis, aber mit neuer Überschrift: „Der beste Reiseführer über Israel". Der Brief wird gelesen. Kunden rufen an, bestellen und loben den guten Einfall ihres Händlers. Zugegeben: So passiert es selten. Aber gerade durch die Inflation des Gedruckten liegt die Chance darin, auf die besondere Wortwahl zu achten und Besonderes herauszustellen. Nicht nur in einem Mailing, sondern durchgängig in allen schriftlichen Informationen, die ein Unternehmen herausgibt.

Die Botschaften des Absenders Kirche klingen meist sehr unterschiedlich: philosophische Texte in Gemeindebriefen, ein flottes Wort zum Sonntag, ungelenke und aufgeblähte Satzhülsen in Berichten, Bürokratendeutsch in der allgemeinen Korrespondenz. „Wunschgemäß übersenden wir Ihnen beiliegend in der Anlage ...". Wer kennt sie nicht, die mit Amtsfloskeln behafteten Briefe, die täglich auf unseren Schreibtischen landen? Zeitgemäße

Briefkultur darf auch in der Kirche ins Bewußtsein rücken. Schon bei der Anrede ist zu überlegen, ob es nicht an der Zeit ist, das steife „Sehr geehrte ...“ durch ein freundliches „Guten Tag“ zu ersetzen. Genau so begrüßen sich Menschen, wenn sie sich begegnen - am Telefon nicht anders. Warum dann nicht auch in Briefen? Viele solcher Formulierungen stehen zur Auswahl:

„Guten Tag, liebe Frau ...
Besten Dank für Ihre Post. Sie hatten eine Frage zur Trauung ...“

„Grüß Gott, Herr ...
über das kurzweilige Gespräch mit Ihnen habe ich mich sehr gefreut.“

„Liebe Freunde des Jugendtreffs ...
ihr seid neugierig auf unser nächstes Treffen? Es erwartet euch ein interessantes Thema ...“

Daß Themen nicht nur allgemein „interessant“ sein können, sondern etliche Synonyme das viel treffender umschreiben, zeigt ein Blick in das Buch der sinn- und sachverwandten Wörter (Duden-Reihe Band 8): anregend, ansprechend, fesselnd, ergreifend, aufschlußreich, kurzweilig, unterhaltend, anziehend, außergewöhnlich, bemerkenswert, nützlich, wichtig usw.

Farbenlehre

Im Laufe der Entwickung des Wording-Konzeptes wurde ein praktikables Instrument zur Text-Analyse gesucht, mit dem auf einen Blick zu erkennen ist, welches Sprachklima gepflegt wird. Die scheinbar simple Lösung: ein blauer, grüner, roter und gelber Farbstift; analog zu Goethes Farbenlehre, die erstmals ein nachbarliches Verhältnis zwischen Farben und Sprache schuf.

Blau: Texte oder einzelne Wörter, die Zahlen, Daten oder Fakten beinhalten: quadratisch, parallel, hoch, groß, exakt, Punkt ... Uhr.

Grün: Inhalte, die Garantien und Traditionen vermitteln: alt, ordentlich, stolz, garantiert, sicher, erfahren.

Gelb: Wörter, die begeistern, Neugierde wecken und Aufgeschlossenheit ausstrahlen: sonnig, bunt, sportlich, frech, fröhlich.

Rot: Reizwörter, die Emotionen ansprechen und von Gemeinschaft erzählen: rund, warm, geborgen, schön, leidenschaftlich, gesellig.

Auch wenn dies für den einen oder anderen auf den ersten Blick ein wenig technisiert klingt: Diese vier Wortcharakteristiken spiegeln gleichzeitig unsere bevorzugten Wahrnehmungs- und Verhaltensmuster wider. Wer dieses Modell verstanden hat, dem fällt es viel leichter, sich in seine Leser hineinzuversetzen. Er wird bewußt in blauen, grünen, gelben oder roten Texten schreiben.

Ein Beispiel:

„Danke für die schnelle Antwort, das war sehr zuvorkommend. Ich habe alles aufmerksam gelesen. Ihre Ansicht - ganz offen gesagt - wird meine Entscheidung beeinflussen. Herzlichen Dank für Ihre Bereitschaft und Ideenvielfalt."

Blau: schnell, aufmerksam, Entscheidung
Grün: zuvorkommend, Bereitschaft
Gelb: offen gesagt, Ideenvielfalt
Rot: Herzlichen Dank

Meine Empfehlung: Nehmen Sie vier Farbstifte zur Hand und versuchen Sie einmal, ganz spontan und subjektiv Textstellen und einzelne Worte aus einer Predigt oder einer Seite des aktuellen Gemeindebriefes nach diesem Farbschlüssel zu bewerten und zu unterstreichen. Auch wenn Sie sich an einigen Stellen nicht schlüssig sind, welche Farbe am ehesten zutrifft - Sie werden dennoch mit einer neuen Erfahrung belohnt: sich einmal Zeit zu nehmen und durch die Brille der Leser zu blicken. Ein ganzer Gottesdienst ließe sich auf diese Weise „vierfarbig" gestalten. Versuchen Sie es. Sie können sicher sein, jedem Besucher etwas geboten zu haben.

In der Korrespondenz wäre es wünschenswert, situationsbezogen zu allen vier typologischen Wörtergruppen Zugang zu haben. Aus diesem Bedürfnis heraus entstand die Idee für ein völlig neues, interaktives Hilfsmittel für PC-Anwender. Beim Programmstart erscheint ein Auswahlmenü zu verschiedenen Brief-Inhalten. Das Programm stellt zu jedem Anlaß verschiedene Textvarianten vor. Jeweils ein Textbaustein wurde vierfach „übersetzt". Die Sinn- und Sachzusammenhänge der einzelnen Textbausteine bleiben weitgehend unverändert.

Beispiel: Der Brief nach einem Gespräch
Blau: „Danke, daß Sie mir zuhörten."
Grün: „Danke, daß Sie mir Gehör schenkten."
Gelb: „Es war eine Freude, daß Sie ein offenes Ohr für mich hatten!"

Rot: „Ich weiß es zu schätzen, daß Sie sich mir so aufmerksam gewidmet haben. Besten Dank!"

Beispiel: Der Brief nach einem Telefonat

Blau: „Das Telefonat mit Ihnen war sehr konkret und nützlich."

Grün: „Das war ein aufschlußreicher Erfahrungsaustausch am Telefon, vielen Dank."

Gelb: „Unser telefonischer Ideenaustausch hat mir viele neue Impulse gegeben. Danke!"

Rot: „Er hat mir wirklich viel gebracht: der telefonische Gedankenaustausch mit Ihnen. Herzlichen Dank!"

Per Tastendruck wählt der Briefeschreiber den Stil aus, den er für seinen Leser bevorzugen möchte. Wer dieses Hilfsmittel nutzt, kann dem Leser das Gefühl vermitteln: „Der schreibt genau meine Sprache." Durch etwas Übung inspiriert das Programm zu neuen Ideen, so daß der Briefeschreiber eines Tages ganz automatisch einen eigenständigen und unverwechselbaren Formulierungsstil entwickelt hat. Er wird erfahren: Trotz persönlicher Distanz zwischen Absender und Empfänger entsteht Sympathie. - Ein längst fälliger Übergang von sachorientierter Korrespondenz zu einer Briefkultur, die sich mit Leidenschaft um das Reaktionsverhalten ihrer Leser sorgt!

Beispiel AMS

Corporate Wording möchte sich nicht nur als Schlagwort-Schöpfung für zeitgemäße Kundenkorrespondenz verstanden wissen. Alle gesprochenen und geschriebenen Worte eines Unternehmens sollten möglichst von gleich guter Qualität sein und in ihrem Charakter die gesamte Organisation mit ihren Zielen genau und eindeutig widerspiegeln. Leichter gesagt als getan. Und dennoch ist es Unternehmen gelungen, diese Vision in die Tat umzusetzen; zum Beispiel Österreichs größtem Arbeitsvermittler, dem ArbeitsMarktService, AMS. Er hat 1996 im Zuge seiner Reform zu einem kundenorientierten Dienstleistungsunternehmen als ehemalige Behörde eine Vorreiterrolle übernommen und Corporate Wording über 4000 Mitarbeitern zugänglich gemacht. Als erstes wurden in einer Projektgruppe über tausend Begriffe aus Arbeitsanweisungen, Organigrammen, Stellenbeschreibungen und Korrespondenzen erfaßt. Die Analyse ergab, daß Organisationen gleicher Aufgabeninhalte mit unterschiedlichen Bezeichnungen auftreten. Diese Abweichungen wurden abgeglichen und durch klare, verständliche, bildhafte Worte ausgetauscht. Ähnlich ließe sich so etwas sicher auch im Unternehmen Kirche umsetzen. Heute steht den Mitarbeitern österreichweit ein „AMS-Identity-Handbuch" im PC zur Verfügung. Per Knopfdruck können Empfehlungen für verständlichere Bezeichnungen von Abteilungen, Aufgaben und Funktionen in einer Art Lexikon nachgeschlagen und selbst Textvorschläge für Türschilder abgerufen werden. Per Stichwortsuche kann sich jeder Mitarbeiter über alte und neue Begriffe, über das Leitbild oder über Unternehmensgrundsätze informieren. Wer unter der Rubrik „Design" nachschlägt, erfährt alle Schrift-, Farb- und Layoutvorgaben. Ein Blick in die „Geschäftssystematik" gibt sekundenschnell Auskunft darüber, wo welche Informationen zu finden oder zu archivieren sind. Das Programm unterstützt somit die Mitarbeiter in ihrer täglichen Arbeitspraxis, ohne in den persönlichen Stil eines jeden einzelnen einzugreifen; vergleichbar etwa mit einer Speisekarte, die Menüvorschläge enthält, aus der man ganz nach Geschmack frei auswählen kann.

Auch die „Ravensburger" Unternehmensgruppe hat das Thema „unternehmerische Schreibkultur" mit einem Workshop gestartet, um das Bewußtsein bei ihren Mitarbeitern erst einmal zu sensibilisieren. Auch hier wurden Briefe, Stellungnahmen, Entscheidungen sowie Prospekt- und Pressetexte zusammengetragen. Mit Hilfe der Farbstifte wurden in Einzel- und Gruppenarbeiten Texte analysiert, kritisiert und optimiert. Die Resonanz der Teilnehmer war äußerst positiv: „Wir werden unsere Formbriefe auf Floskeln durchforsten. Die Idee mit den Wörterfarben ist gut. Es lebe der Regenbogen!"

Alles in allem gibt es viele gute Gründe, das über 475 Jahre alte Sprachkonzept Martin Luthers weiterzuführen. Da die Menschen sich geändert haben und ihre Sprache dem ständigen Wandel unterliegt, muß das Unternehmen Kirche die Leute dort abholen, wo sie heute stehen. Corporate Wording meint im Grunde nichts anderes als Paulus in Römer 12, Vers 15: „Freut euch mit den Fröhlichen und weint mit den Traurigen."

Keine Angst vorm Telefon

Der Grundkurs - nicht nur für Sekretärinnen

Von Martina Faulhaber

Telefonieren will gelernt sein. Nicht das Wählen oder die Programmierung, sondern das Sprechen und Hören. Das Telefon ist selbstverständlich, der Knigge am Telefon nicht. Dabei entscheiden die ersten Sekunden und Töne über Sympathie oder Ärger. Auch das Telefon gehört zur „Corporate Identity". Deshalb hier eine Einführung in die wichtigsten Regeln fürs Telefonieren.

Pastorin Sabine Kaiser-Reis ist jeden Vormittag drei Stunden lang in ihrer Gemeinde unterwegs - per Telefon. Frau Meisner meldet ihren Sohn zum Kinderbibeltag an, und die Pastorin nutzt die Gelegenheit, auch gleich nach den Interessen der älteren Tochter zu fragen. Sie erzählt von der neu eingerichteten Mädchengruppe, die sich einmal in der Woche zum Basteln, Singen und Spielen trifft. Frau Meisner verspricht, ihre Tochter zu fragen. Danach telefoniert die Pastorin mit einem Mitglied des Kirchenvorstandes, um sich über die Ergebnisse der letzten Synodentagung informieren zu lassen. Abschließend versucht sie ihr Glück bei fünf Leuten, die sich vor einigen Wochen für einen Gesprächkreis zu Glaubensthemen interessiert hatten, dann aber nichts mehr von sich hören ließen. Sie fragt nach den Gründen und versucht zu motivieren.

Martina Faulhaber arbeitet als Trainerin in der Erwachsenenbildung bei SysTeam, Hamburg. Ihre Schwerpunkte sind verhaltensorientierte Seminare in den Bereichen Service, Kommunikation und die Arbeit mit Teams.
Die SysTeam-Berater und -Beraterinnen begleiten Personen, Gruppen und Organisationen in Entwicklungs- und Veränderungsprozessen mit ganzheitlichen und systemischen Methoden. Die Seminare umfassen Themen wie kundenorientiertes Handeln, professionell telefonieren, Gespräche führen, Konflikte lösen, Gruppen steuern und moderieren.

Die Pastorin hat das Telefon als praktisches Kommunikationsmittel für sich entdeckt: „Nach vielen Startschwierigkeiten und Unsicherheiten erobere ich mir mittlerweile eine stark veränderte Form der Gemeindearbeit. Dabei hilft mir das Telefon. Es ist schnell und effektiv. Ich habe mittlerweile mit doppelt so vielen Menschen Kontakt wie noch vor einem Jahr. Das Telefon bietet mir die Möglichkeit, Gemeindemitglieder leichter zu erreichen und sie zu Aktivitäten innerhalb der Gemeinde zu bewegen."

Die Kirche als Dienstleistungsunternehmen und das Telefon als Marketing-Instrument der Gemeinde? Was hier stark an Telefonaktionen von Unternehmem erinnert, wird mittlerweile immer häufiger in Non-profit-Organisationen eingesetzt. Auch kirchliche Einrichtungen können davon profitieren.

In vielen Bereichen des freien Marktes macht der telefonische Kontakt mittlerweile 70 bis 90 Prozent aller Kundenkontakte aus. Und damit sind nicht nur die Klassiker des Telefonmarketings gemeint, wie die telefonische Bestellannahme im Versandhandel oder die Direkt-Banken. Diese Entwicklung hat mehrere Gründe. Zum einen hat sich der üble Ruf des Telefonmarketings, der häufig mit windigen Geschäften und Drückerkolonnen am Telefon assoziert wurde, wesentlich verbessert; das Telefon ist seriös geworden. Zum anderen ist die Arbeit mit dem Telefon kostengünstiger und zeitsparender als vergleichbare Besuchskontakte.

Wer, wie Pastorin Kaiser-Reis, das Telefon effizient nutzen will, muß ein paar Besonderheiten dieses Mediums berücksichtigen, und zwar unabhängig davon, wie professionell das Telefonieren betrieben werden soll.

Am Anfang ist das Klingeln

Wie lange klingelt das Telefon durchschnittlich in Ihrem Büro, bis sich jemand erbarmt? Achten Sie beim nächsten Mal darauf, denn hier beginnt der Knigge des Telefons. Freundlich und vertretbar ist es, den Hörer spätestens nach dem dritten Klingeln abzunehmen. Nach dem vierten Klingeln kommt bereits bei Dreiviertel aller Anrufer Unruhe auf. Nach dem siebten Mal legen - laut Zahlen aus dem Versandhandel - 80 Prozent aller Anrufer wieder auf. Leider macht die Untersuchung keine Aussagen über die Gemütsverfassung dieser Anrufer.

Sie bekommen keine zweite Chance, einen ersten Eindruck zu hinterlassen!

Briefköpfe mit Logo oder speziellem Schrifttyp sind für ein Unternehmen oder eine Kirchengemeinde selbstverständlich. Bei persönlichen Kontakten drückt man sich gern Visitenkarten in die Hände. Was aber bekommt ein Mensch zu hören, wenn er bei Ihnen im Hause anruft? Gibt es so etwas wie eine einheitliche Meldeformel? Gerade der erste Eindruck beeinflußt nicht nur den weiteren Gesprächsablauf, sondern prägt zugleich den Gesamteindruck Ihres Hauses. Erste Eindrücke von Situationen oder Menschen erhalten wir nach wenigen Sekunden. In dieser Zeit entscheiden wir, ob uns jemand sympathisch oder unsympathisch ist, ob wir uns wohlfühlen oder nicht.

Die telefonische Begrüßung vermittelt uns nicht nur Informationen. Während wir herausfinden, ob wir richtig verbunden sind und mit wem, nehmen wir gleichzeitig die Freundlichkeit der anderen Stimme und den logischen Sinn des Gesagten wahr. Ein Beispiel zur Verdeutlichung: Die Meldung „Meier, guten Tag" kann mit freundlicher Stimme erfolgen und dennoch Unwillen hervorrufen, wenn der Anrufer erst einmal nachfragen muß, ob er denn nun mit dem Gemeindehaus Langen verbunden sei.

Hat der Anrufer diese Hürde erfolgreich genommen, wird er sich danach kaum noch an den Namen seines Ansprechpartners erinnern. Aus diesen Gründen gehören zu einer vollständigen Grußformel bei ankommenden Gesprächen die Elemente Begrüßung, Name der Institution und vorzugsweise Vor- und Zunamen des Gesprächspartners - und zwar in dieser Reihenfolge.

Wenn Sie selbst anrufen, ist folgende Reihenfolge sinnvoll: Begrüßung, Vor- und Zuname, Name der Institution. Hier steht Ihre Firmierung im Vordergrund, wird daher am Ende genannt und erleichtert so dem Angerufenen die Orientierung.

„Wie war doch gleich der Name?"

Durch die namentliche und damit persönliche Ansprache schlagen Sie mehrere Fliegen mit einer Klappe. Damit signalisieren Sie nicht nur Aufmerksamkeit und schaffen eine vertrauliche Atmosphäre, sondern zugleich hat die Nennung des Namens eine hohe Aufmerksamkeit des Angesprochenen zur Folge. Sie können sich diese positiven Aspekte zunutze machen, indem Sie gleich zu Beginn des Gesprächs den Namen

Begrüßung

- **Sie ist Einstimmung auf die Gesprächssituation und die Stimme des Gesprächspartners.**

Name der Institution

- **Gibt die Information, ob die richtige Nummer gewählt wurde.**

Mein Name ist... Sie sprechen mit...

- **Das ist der Hinweis, jetzt kommt die wichtigste Information.**

Vor- und Zuname

- **Letztgenannte Informationen bleiben länger im Gedächtnis hängen. Mit der Nennung des Vornamens schafft man Vertrauen, welches gerade für Beratungen und Hilfegespräche sinnvoll ist.**

erfragen. Hierfür stehen einfache Begründungen zur Verfügung: „Damit ich Sie ansprechen kann, wiederholen Sie bitte Ihren Namen“, „damit ich Ihren Namen richtig notiere, buchstabieren Sie ihn bitte“ oder einfach nur „wie ist Ihr Name?“.

An dieser Stelle sollten wir kurz auf die Zeitgenossen eingehen, die ein Gespräch schon in dieser frühen Phase ruinieren: Kennen Sie das unangenehme Gefühl, wenn Ihr Name verstümmelt durch die Leitung heimkehrt? Oder Sie durch die Verwendung des Imperfekts („Wie *war* doch gleich Ihr Name“) regelrecht „gemeuchelt“ werden?

„Da verbinde ich Sie mal“

Sobald mehr als eine Person in Ihrem Haus telefonischen Kundenkontakt hat, müssen Sie sich Gedanken zur Organisation des Telefonierens machen:

Für die Weitervermittlung von Gesprächen sollte jedem Beschäftigten eine aktuelle Liste mit Telefonnummern aller Mitarbeiter und dem jeweiligen Aufgabengebiet zur Verfügung stehen. Gleichermaßen sinnvoll sind zusätzliche Informationen: Wer wie lange krank ist, Urlaub hat oder wer generell wann zu sprechen ist. Erfahrungsgemäß braucht die Umstellung auf einen solchen komplexen Informationsfluß einige Zeit und kostet Energie. Doch der Aufwand lohnt sich: Ihre Mitarbeiter geben kompetent Auskunft, und Anrufer erhalten einen positiven Eindruck Ihres gutorganisierten Hauses.

Wenn Sie das Gespräch an einen Kollegen weitergeben, bieten sich im Sinne der Kundenorientierung folgende Schritte an: Der Gesprächspartner erfährt erstens den Namen des zuständigen Kollegen, zweitens die Abteilung und drittens die Durchwahlnummer. Der Kollege sollte wissen: den Namen des Anrufers, den Anrufgrund und ggf. die Stimmung (was sich zur inneren Rüstung bei aufgebrachten Anrufern anbietet).

„Ich ruf' Sie gleich zurück“

Wenn ein neues Telefonat vereinbart wird, sollten Sie konkrete Termine bzw. Zeitrahmen anbieten. Also nicht: „Wir melden uns schnellstmöglich“, „bald“, „demnächst“, „gleich“ etc.

Sondern: „Ich rufe Sie morgen um 14 Uhr an“, „ich melde mich bis Freitag nachmittag 16 Uhr“, „ich rufe Sie innerhalb der nächsten halben Stunde zurück“. Durch eine solche Terminierung dokumentieren Sie

Zuverlässigkeit und Orientierung. Allerdings darf es dann natürlich nicht beim Versprechen bleiben.

Weniger ist manchmal mehr

Das Telefon wirkt wie ein Vergrößerungsglas. Die Tugenden und Untugenden unseres individuellen Sprachgebrauchs werden konzentriert wahrgenommen. Im Vergleich zu Vis-à-vis-Gesprächen, in denen wir auch Mimik, Gestik, Umgebung und Gerüche wirken lassen, werden die Sinneswahrnehmungen am Telefon auf das Auditive reduziert. Dadurch verkürzen sich die Konzentrationsphasen, und die subjektive Zeit verrinnt am Telefon langsamer. Deshalb empfiehlt es sich, möglichst leicht verdauliche, kleine Informationshäppchen von drei bis fünf Sätzen anzubieten und danach den Gesprächsball abzugeben. Sie erreichen dies durch Fragen wie: „Haben Sie dazu noch Fragen?“ „Was halten Sie davon?“. Idealerweise liegt Ihr eigener Redeanteil bei 50 Prozent. Das ist eine echte Herausforderung für alle ausschweifenden Vielredner!

„Eventuell könnten Sie ja vielleicht...“

Füllwörter wie „eigentlich“, „irgendwie“, „vielleicht“ und „eventuell“ lauern in jedem Gespräch, haben wenig Informationsgehalt und verwässern die Sprache. Sie gehören ersatzlos gestrichen. Ähnlich verhält es sich mit Konjunktiven. Durch ihren Einsatz wirken Aussagen und Meinungen häufig unsicher und wenig überzeugend. „Ich sende Ihnen gerne Material zu“ klingt dynamischer als „ich könnte Ihnen Material zusenden“. Vergleichen Sie auch den Satz „Augenblick, ich schaue (für Sie) nach“ mit der gequälten Variante „da müßte ich mal nachschauen“.

Streicheleinheiten

Wir Menschen denken zum einen vernunftbegabt und rational, zum anderen reagieren und steuern wir unser Verhalten „aus dem Bauch“ heraus. Die gezielte und direkteste Ansprache des Bauches bietet der Einsatz von sprachlichen „Streicheleinheiten“. Die enorme Sympathiewirkung dieser Gesprächstechnik läßt sich erahnen, wenn man sich vor Augen führt, wie selten das eigene

Geltungsbedürfnis durch Lob, Anerkennung und Freundlichkeit „gestreichelt" wird. Streicheleinheiten sind einfach und unverzichtbar gerade in schwierigen Gesprächssituationen mit aufgebrachten, sich beschwerenden oder unsicheren Gesprächspartnern. Das Vokabular reicht von „prima, gut, schön" über „vielen Dank für den Hinweis", „tut mir leid, das zu hören" bis zu „ich an Ihrer Stelle wäre auch verärgert", „das kann ich in Ihrer Situation gut verstehen". Stellen Sie eine Liste mit Ihren individuellen Formulierungen zusammen und üben Sie - es lohnt sich.

Erste Hilfe: 10 Tips

1. Sie können auch am Hörer Gestik und Mimik einsetzen. Das unterstützt Ihre lebendige Sprache und aktiviert den passiven Wortschatz. Das vielzitierte Lächeln am Telefon kann man tatsächlich hören, die Stimme wird heller und weicher - denn Stimme kommt von Stimmung.

2. Bevor Sie zum Hörer greifen, machen Sie sich eine Checkliste: Was will ich in diesem Gespräch erreichen? Welche Fragen habe ich? Welche Argumente können eine Rolle spielen? Schreiben Sie sich heikle Punkte auf - so gehen Sie sicherer in das Telefongespräch.

3. Zu den Gesprächsnotizen - ob im Computer oder auf dem Papier geschrieben - gehören folgende Angaben: Name des Anrufers, ggf. das Unternehmen, die Telefonnummer, ggf. Adresse, Grund des Anrufes, getroffene Vereinbarung und die Zeiten, zu denen der Gesprächspartner zu erreichen ist. Durch diese Aufstellung haben Sie alle telefonischen Kontakte in Kurzform, können sie auswerten oder als Gedankenstütze in späteren Gesprächen wieder einsetzen.

4. Die Verantwortung für das Gespräch liegt in Ihrer Hand. Deshalb kein „das kann ich Ihnen auch nicht sagen" oder „dafür bin ich nicht zuständig". Sie wissen grundsätzlich mehr als Ihr Anrufer, und das formulieren Sie auch, beispielsweise in Sätzen wie „ich erkundige mich für Sie" oder „ich prüfe das für Sie".

5. Bestätigungswörter wie „ja, mh" geben dem Gesprächspartner das Gefühl, nicht ins Leere zu sprechen, und machen das Gespräch lebendiger. Pausen werden durch Erklärungen über das, was Sie gerade tun, nachvollziehbar: „Augenblick bitte, ich gebe das gleich in den PC ein ...".

6. Drei bis fünf Sätze am Stück sind genug. Denn schon nach etwa 50 Sekunden läßt die Konzentration des Gesprächspartners nach. Sie können Ihren Gesprächspartner durch Fragen aktiv einbinden; nur so erhalten Sie Informationen über Wünsche und Bedürfnisse Ihres Gegenübers.

7. Benutzen Sie einfache Sprache und bauen Sie rhetorische Bilder in Ihre Argumentation ein. Formulierungen wie „vergleichbar mit", „genauso wie" veranschaulichen die Information, regen die Vorstellungskraft an und sichern Ihnen Aufmerksamkeit.

8. Vermeiden Sie verwässernde Wörter wie „vielleicht", „eventuell", „sicherlich", „eigentlich", „möglich" und Konjunktive wie „würde", „könnte", „müßte". Bleiben Sie präzise.

9. Eine angenehme Gesprächsatmosphäre schaffen Sie durch den Einsatz von Streicheleinheiten wie „Danke für den prompten Rückruf", „gut, daß Sie die Unterlagen schon zur Hand haben" oder „ich kann Ihren Ärger verstehen". An der richtigen Stelle plaziert, stimmen Sie den Gesprächspartner weicher und empfänglicher für Ihre Informationen.

10. Fassen Sie am Ende des Gespräches noch einmal das Wesentliche in ein oder zwei Sätzen zusammen. Das vermeidet nicht nur Mißverständnisse, sondern schafft Verbindlichkeit. Mit der anschließenden Frage „Kann ich sonst noch etwas für Sie tun?" läuten Sie elegant den Abschluß ein.

Aufbruch nach Europa

Wie Kirche mit dem Euro Geld sparen kann

Von Henrik Müller

Den Klingelbeutel wird es zuletzt treffen. Bis die sonntägliche Kollekte nicht mehr auf Mark und Pfennig lautet, sondern auf Euro und Cent, wird noch einige Zeit vergehen. Vor dem Jahr 2002 bekommen die Bürger das neue Geld nicht in die Finger. Bis dahin müssen die Kirchen und ihre Einrichtungen eine Großaufgabe bewältigen: die komplette und möglichst reibungslose Umstellung auf das neue Geld.

Jeder Kirchenkreis, jede Landeskirche, jeder Kindergarten, jede Sozialstation, jedes Altenheim - sie alle müssen sich bis zum Ende des Jahres 2001 auf Euro umgestellt haben. Wie für privatwirtschaftliche Unternehmen und staatliche Haushalte gibt es hierbei eine Menge wirtschaftlicher, rechtlicher und technischer Hürden zu nehmen. Vor allem ist die ganze Aktion nicht gerade billig: Großunternehmen wie Siemens und die Deutsche Bank taxieren die damit verbundenen Kosten auf zwei- bis dreistellige Millionenbeträge. Auch Kirchen und Diakonie müssen sich auf solche Beträge einstellen, Schätzungen gibt es allerdings bislang nicht. Und es gilt: Wer schlecht vorbereitet ist, für den kann es leicht noch teurer werden.

Henrik Müller ist Diplom-Volkswirt, Autor der christlichen Wochenzeitung DS - DAS SONNTAGSBLATT und Verfasser des Buches „Kursbuch Euro - die neue Währung in der Praxis".

Die Kirchen trifft dieser Kostenschub in einer denkbar ungünstigen Situation. Die finanzielle Lage ist ohnehin äußerst angespannt. Nun steht ein weiterer dramatischer Einbruch der Einnahmen bevor: Im Euro-Jahr 1999 droht auch noch die geplante Reform der Einkommensteuer die Kirchen empfindlich zu treffen. Die soll die Steuerzahler zwar entlasten, auf der anderen Seite aber wird sie kräftig auf die Kirchensteuer-Einnahmen drücken: Nach derzeitigen Schätzungen werden evangelische und katholische Kirche je rund eine Milliarde Mark pro Jahr weniger in den Kassen haben.

Weniger Einnahmen durch die Steuerreform, zusätzlicher Aufwand durch den Euro - finanziell wird es eng. Um so wichtiger ist es, sich rechtzeitig auf die Herausforderungen einzustellen.

Denn bei umsichtiger Planung lassen sich die Kosten durchaus im Rahmen halten, so daß letztlich kaum weniger Geld für die eigentlichen Aufgaben der Kirchen zur Verfügung stehen kann: für Seelsorge und Diakonie.

Der Fahrplan zum Euro

Bevor es darum geht, zu erklären, was der Euro für die Kirchen konkret bedeutet, ist es sinnvoll, einen Blick auf das recht komplizierte Procedere des Übergangs von D-Mark zu Euro zu werfen. Mit großer Wahrscheinlichkeit wird die Währungsunion am 1. Januar 1999 beginnen. Welche Länder teilnehmen werden, darüber entscheiden die Staats- und Regierungschefs der EU-Länder im Frühjahr 1998. Darauf folgt die Gründung der Europäischen Zentralbank in Frankfurt. Mit Beginn der Währungsunion wird sie die Deutsche Bundesbank in ihrer Rolle als Währungshüterin beerben.

Anfang 1999 werden die Wechselkurse zwischen den Währungen der teilnehmenden Länder unwiderruflich fixiert - Mark, Franc, Gulden und Co. sind dann nur noch verschiedene Untereinheiten des einheitlichen europäischen Geldes. Die nationalen Währungen werden zunächst weiterhin in Gebrauch bleiben: In der dreijährigen Übergangsphase bis Ende 2001 wird es den Euro nur als Buchgeld auf Bankkonten, als Rechnungseinheit auf Verträgen oder Schecks geben, nicht aber als Bargeld. Erst 2002 kommen die neuen Scheine und Münzen in den Verkehr.

Umstellungsphase bis 2002

Solange kein Bargeld im Spiel ist, können prinzipiell alle privatwirtschaftlichen Geschäfte bereits in Euro getätigt werden: Man kann Verträge in Euro schließen, Schecks in Euro ausstellen, Überweisungen in Euro tätigen, Bankkonten wahlweise in Euro oder Mark führen.

Niemand soll an der Verwendung des Euro gehindert werden. Es soll aber andererseits auch niemand dazu gezwungen werden. Das ändert sich erst mit Ende der Umstellungsphase - spätester Zeitpunkt ist der 1. Juli 2002. Dann soll der Euro endgültig die Mark als gesetzliches Zahlungsmittel ersetzen. Erst dann besteht eine Pflicht dazu, Euro anzunehmen.

Die Umstellung auf eine andere Währung berührt bestehende Verträge prinzipiell nicht. Arbeits-, Miet-, Pacht- oder Kaufverträge, Kredite, Hypotheken oder Guthaben gelten in allen vereinbarten Punkten fort. Das gilt auch für die Zinssätze bei festverzinslichen Wertpapieren oder bei langfristigen Krediten. Lediglich die Geldbeträge ändern sich gemäß den Umrechnungskursen, die mit Beginn der Währungsunion festgelegt werden.

Ein Euro wird etwa 1,90 Mark wert sein.

Allerdings steht es den Vertragsparteien grundsätzlich frei, vor 1999 einen anderen Umrechnungskurs zu vereinbaren. Die Kurse werden auf fünf Nachkomma-Stellen genau angegeben, bei der Umrechnung kommt es folglich zu sehr krummen Beträgen. Die Rundung auf volle Pfennig und Cent erfolgt dann nach den allgemein gebräuchlichen kaufmännischen Regeln.

Nicht mehr zu verhindern

Zwar gilt prinzipielle Freiwilligkeit bei der Umstellung auf den Euro. Der Staat aber läßt sich Zeit. Weil Finanzminister Theo Waigel Kosten in Höhe von zweistelligen Milliardenbeträgen befürchtet, falls die öffentlichen Haushalte drei Jahre lang doppelt, nämlich gleichzeitig in Mark und Euro, rechnen müssen, soll der gesamte öffentliche Sektor erst mit Beginn des Jahres 2002 auf einen Schlag umstellen. Sozialversicherungen und Finanzämter werden bis dahin voraussichtlich nur Meldungen, Steuererklärungen und -bilanzen in Mark akzeptieren.

Wie wahrscheinlich ist eine Verschiebung? Obwohl längst die meisten Details des Umstellungsprozesses entschieden sind, warten die meisten Unternehmen, öffentlichen und kirchlichen Verwaltungen ab. Der Grund liegt auf der Hand: Die große Mehrheit der Bundesbürger ist gegen den Euro. Sie lehnen es deshalb ab, sich mit seinen Auswirkungen zu beschäftigen - und lassen die Dinge schleifen. Diese Haltung wird noch unterstützt durch die endlosen Debatten um eine mögliche Verschiebung des ganzen Projekts. Viele glauben einfach nicht, daß die Währungsunion tatsächlich 1999 beginnt. Zwar ist nicht auszuschließen, daß es noch zu einer Verschiebung kommt. Doch ist der pünktliche Euro-Start die weit wahrscheinlichere Variante, denn für

Europa steht viel auf dem Spiel, wirtschaftlich und politisch. Deshalb ist kaum zu erwarten, daß das Projekt platzt, nur weil die EU-Staaten die Beitrittsbedingungen des Maastricht-Vertrages nicht auf die Nachkommastelle genau erfüllen.

Gerade die einflußreichen Großunternehmen und Großbanken haben in die Vorbereitung schon eine Menge Geld gesteckt und häufig ihre gesamten Unternehmensstrategien auf den Euro ausgerichtet. Die Bonner Politik steht aus dieser Richtung gehörig unter Druck, bloß nicht vom Währungsunionskurs abzuweichen. Egal wie man persönlich zum Euro steht: Daß der Euro pünktlich kommt, ist nach wie vor höchst wahrscheinlich - und wer dann unvorbereitet ist, den erwischt es kalt. Und die meisten Landeskirchen und die Diakonie haben bislang kaum Schritte zur eigenen Vorbereitung unternommen.

Die „Euro-Teams"

Bei der Umstellung sind es gerade die Details, in denen sich Tücken verbergen. Es ist deshalb sinnvoll, frühzeitig im Rahmen eines professionellen Projektmanagements zu handeln.

Um die Organisation des Umstellungsprozesses möglichst effizient zu gestalten, bietet es sich an, auf den verschiedenen organisatorischen Ebenen in jedem Kirchenkreis, in jeder diakonischen Einrichtung ein „Euro-Team" zu bilden. Darin sollten Mitarbeiter aus verschiedenen Bereichen alle Informationen und Erfahrungen aus ihrem jeweiligen Arbeitsumfeld in die Projektarbeit einfließen lassen. Dafür, daß den Erkenntnissen auch konkrete Taten folgen, ist in jedem Team ein Euro-Beauftragter verantwortlich. Die Euro-Beauftragten von der Basis sitzen auf der organisatorischen Spitzenebene - zum Beispiel der Landeskirche - wiederum in einem Euro-Team zusammen. Auch hier gibt es einen zentralen Euro-Beauftragten (etwa einen Finanzreferenten), der für die gesamte Koordination sorgt und die entsprechende Einheit wiederum nach außen vertritt. Bei vielen Fragen wird es sich anbieten, zentral die Lösungen zu entwickeln, um so doppelte Arbeit zu vermeiden.

Dabei bietet sich ein Ablauf in drei Phasen an:

1. Informationen sammeln und Problemanalyse,
2. Aktionsplan entwickeln,
3. Umsetzung.

Phase 1: Probleme erkennen

Im Blickpunkt der ersten Phase steht zunächst die Analyse der möglichen Probleme. Es geht also darum, eine Bestandsaufnahme der Aufgaben zu erstellen, die in Verbindung mit dem Euro auftauchen können. Diese Phase sollte so bald wie möglich beginnen. Viele deutsche Großunternehmen haben die Euro-Vorbereitungen bereits 1995 anlaufen lassen. Aufgabe der Euro-Teams ist das Zusammentragen von Informationen und das Entwickeln von möglichst konkreten Handlungsalternativen.

Beispiel Löhne und Gehälter: Knapp 80 Prozent der kirchlichen Budgets machen die Personalkosten aus. Mit zusammen mehr als einer Millionen Beschäftigten sind die Kirchen nach dem Staat der zweitgrößte Arbeitgeber in der Bundesrepublik. Die Arbeitsverträge, die Lohnbuchhaltung, die Lohnsteuerzahlungen ans Finanzamt, die Meldungen an die Sozialversicherungsträger - all das muß am 1. Januar 2002 umgestellt sein. Besonders wichtig: Jeder Beschäftigte sollte umfassend über die Änderungen informiert werden.

Beispiel EDV: Ganz unmittelbar ist die gesamte elektronische Datenverarbeitung betroffen. Die Software muß auf Euro geeicht, alte Datensätze müssen auf Euro umgerechnet werden. Wo Standard-Software benutzt wird, dürfte das relativ problemlos funktionieren - die großen Software-Anbieter sind vorbereitet. In den Rechenzentren der Landeskirchen laufen allerdings überwiegend Eigen-Entwicklungen. Sie anzupassen dürfte so manche teure Programmierer-Stunde kosten. Die ist jedoch vielfach ohnehin nötig, weil eine Menge Programme ab dem Jahr 2000 auf die neuen Jahreszahlen geeicht werden müssen.

EDV modernisieren

Hinzu kommt: Infolge der Umstellung könnte die Rechnerkapazität an ihre Grenzen stoßen, so daß möglicherweise auch bei der Hardware Investitionen anstehen. Deshalb wird sich vielfach die Frage stellen, ob man nicht ohnehin angepeilte Neuanschaffungen vorziehen und in einem Zug die gesamte EDV modernisieren sollte. Auch eine engere Kooperation der Rechenzentren untereinander dürfte Kostenentlastungen bringen.

Zum Beispiel Kassensysteme: Im ersten Halbjahr 2002, der Schlußphase der Übergangszeit, sind gleichzeitig Mark und Euro in bar im Umlauf. Kassensysteme sollten darauf ausgelegt sein, die parallele Handhabung von zwei Währungen zu ermöglichen. Auch auf elektronisches Euro-Bargeld sollte man vorbereitet sein: Die aufladbaren Chipkarten, die Banken und Sparkassen seit 1996 ausgeben, kann man nämlich bereits vor 2002 bei den Kreditinstituten mit Euro bestücken. Ob es allerdings viele Leute derart eilig mit dem Euro haben, ist zweifelhaft.

Zum Beispiel Verträge: Alle Verträge - insbesondere mit Dritten - sollten genau daraufhin geprüft werden, ob sie Umstellungsklauseln für den Übergang zur Währungsunion enthalten. Solche automatischen Vertragsänderungen zu vereinbaren ist zwar prinzipiell Rechtens, aber nicht immer zum Vorteil beider Parteien. Wichtig: Niemand muß auf die Änderung von bestehenden Verträgen eingehen.

Zum Beispiel Formulare: In jeder Verwaltung kursiert eine Unmenge von Formularen aller Art. Nahezu jeder Geldzahlung geht das Ausfüllen und Bearbeiten verschiedener Formulare voraus. Sie alle sind auf D-Mark ausgelegt und müssen erneuert werden.

Heimliche Preiserhöhung

Zum Beispiel Preise und Gebühren: Der Euro eröffnet auch Spielräume für die Preisgestaltung. Nimmt man es nämlich mit der Umrechnung ganz genau, entstehen krumme Beträge. Der Kindergartenplatz etwa kostet dann statt 250 Mark im Monat 130,89 Euro (wenn man einen Umtauschkurs von 1,91 Mark = 1 Euro annimmt). Praktischerweise sollte man solche Beträge glätten. Nur wie? Naheliegend ist in diesem Beispiel eine Rundung auf 130 Euro. Verbraucherschützer argwöhnen jedoch, daß es im Einzelhandel und auch bei den Kommunen in die andere Richtung laufen wird: aufrunden statt abrunden. Denn die zunächst herrschende Unsicherheit der Verbraucher im Umgang mit den neuen Preisen wird man in vielen Fällen nur allzuleicht ausnutzen können. Damit mag auch mancher kommunale Manager liebäugeln - setzt er in der Gebührenordnung den Preis für einen Kindergartenplatz auf 135 Euro fest, ergibt sich schon eine Preissteigerung von etwa drei Prozent.

Zum Beispiel Finanzplanung: Auch die Planung der Budgets kann bis Ende 2001 noch in Mark vonstatten gehen. Das wird meist sinnvoll sein, weil das Gros der Zahlungen - insbesondere

Löhne und Gehälter - in aller Regel noch nicht umgestellt ist. Die Umstellung auf Euro erfolgt dann auf einen Schlag. Allerdings ist es notwendig, die Budgets der Vorjahre nachträglich in D-Mark umzurechnen, damit die unmittelbare Vergleichbarkeit der Zahlen gewährleistet ist.

Phase 2: Aktionsplan entwickeln

Nachdem die Probleme analysiert sind, folgt in der zweiten Phase die Entwicklung konkreter Lösungen. Diese fließen in einen Ablaufplan ein, der die gesamten Maßnahmen in einer sinnvollen Reihenfolge bündelt. Dabei geht es zunächst darum, Prioritäten festzulegen: Welches ist der wichtigste Bereich, in dem die meisten Probleme lauern? Was soll zuerst umgestellt werden, was kann bis 2002 warten? Was erfordert längere Vorbereitungen und sollte deshalb frühzeitig angegangen werden? Reichen die Kapazitäten im Hause aus? Kann man tatsächlich alles selber machen? Oder braucht man hie und da spezialisierte Berater von außen? Wie groß ist der eurobedingte Aufwand in den kommenden Jahren und wie bekommt man ihn finanziert? Welche Fachleute findet man unter den Kirchenmitgliedern, die Rat und Tat und vielleicht sogar Material spenden könnten? Wie bekommt man zum Beispiel den örtlichen Computer-Einzelhändler dazu, bei der Beschaffung einer neuen EDV-Anlage mitzuwirken?

Daraus entsteht ein Umstellungsszenario. Es zerlegt die große Aufgabe „Fit für den Euro“ in kleine, handliche Abschnitte. Im Umstellungsszenario werden deshalb Zwischenziele und konkrete Termine festgelegt und wird der jeweils Verantwortliche benannt. Dieses Szenario wird verbindlich beschlossen. Es verliert damit seinen Charakter der bloßen Absichtserklärung und nimmt nun die Gestalt eines Planes an. In der Regel dürften die Kirchen erst zum Jahreswechsel 2001/2002 umstellen, wenn auch der gesamte staatliche Sektor den Euro einführt. Die Finanzämter etwa bleiben bis dahin der Mark treu und wickeln die Kirchensteuer wie gewohnt ab. Diakonische Einrichtungen beziehen einen Großteil ihrer Einnahmen von den staatlichen Sozialversicherungen, die ebenfalls erst zum Schluß auf Euro umstellen. Deshalb hat die badische Landeskirche einen einfachen, aber effektiven Weg gewählt: Sie orientiert sich am Umstellungsszenario der baden-württembergischen Landesregierung.

Phase 3: Umsetzung

Dies ist in aller Regel der schwierigste Teil. Denn kaum etwas funktioniert so, wie man es zuvor am grünen Tisch erdacht hat. Unverhofft auftauchende Probleme erfordern flexible Lösungen. Wenn zum Beispiel die ins Auge gefaßte Computerprogrammierung doch nicht möglich ist, muß man schnell Alternativen entwickeln und auch die Folgewirkungen einkalkulieren: Ändert sich etwas für die Finanzplanung? Welche weiteren Schritte - beispielsweise die Umstellung der Lohnbuchhaltung - geraten dadurch in Verzug? In der Umsetzungsphase kommt den Euro-Teams besondere Bedeutung zu. Bei regelmäßigen Treffen stellen die Mitglieder vor, wie nah sie den jeweiligen Zielen gekommen sind, tauschen sich aus und holen sich Anregungen.

Das Ziel: In den Teams sollte ein gemeinsamer Lernprozeß einsetzen - eben weil es kaum möglich ist, starr am einmal beschlossenen Plan festzuhalten.

Frühzeitig informieren

Die Einführung des Euro ist eine heikle Angelegenheit. Um Widerstände möglichst bald auszuräumen, sollten die Mitarbeiter in Phase 2, spätestens jedoch in Phase 3 umfassend informiert werden. Wie geschieht die Umstellung der Löhne und Gehälter? Wie werden die Rentenansprüche umgerechnet? Solche Fragen sollte man beantworten, bevor sie gestellt werden. Dazu sollten die Beschäftigten frühzeitig auch schriftliche Informationen in die Finger bekommen - möglicherweise schon, wenn der Aktionsplan am Ende von Phase 2 feststeht.

Die Arbeitgeber werden im Zuge der Umstellung aber auch mit Sorgen konfrontiert sein, für die sie eigentlich gar nicht die Adressaten sind, sondern die Politik.

Zum Beispiel: Bedeutet die nominelle Halbierung des Gehalts - aus 2800 Mark werden etwa 1450 Euro - nicht doch eine „Abwertung“? Ist das Geld jetzt nicht „weniger wert“? Wie funktioniert die Umstellung der Bankkonten? Weil Bundesregierung und Europäische Kommission bislang kaum Aufklärungsarbeit betrieben haben, ist die Verunsicherung groß. Dieses Informationsvakuum müssen nun Arbeitgeber (und Banken) füllen, wenn es tatsächlich ernst wird. Neben gelegentlichen schriftlichen Informationen zur Umstellung im Betrieb bieten daher Informationsveranstaltungen für die Mitarbeiter eine Möglichkeit, Fragen zu beantworten, Unklarheiten zu beseitigen und der Bildung von Mythen entgegen zu wirken. Sofern der Sachverstand hierzu im Haus vorhanden ist (bei den Euro-Beauftragten zum Beispiel), besteht eigentlich kein Grund, Fachleute von außen heranzuholen. Allerdings genießen Berater (oder Banker) von außen häufig mehr Glaubwürdigkeit - einfach weil sie nicht in betriebsinternes Hickhack und Ränkespiele verwickelt sind.

Der Euro ist eine Chance

Es ist höchste Zeit, auch in den Kirchen mit den Vorbereitungen zu beginnen. Wer sich früh und umsichtig vorbereitet, Engpässe entdeckt und beseitigt, kann Geld sparen. Geld, das bei der Kirche infolge von Austritten und Steuerreform ohnehin knapp ist. Auf dem Weg vom „Klingelbeutel zum Profitcenter" kann im Zuge der Währungsumstellung gleich anderes miterledigt werden. Dies gilt zum Beispiel für die Modernisierung der EDV. Wenn man aber ohnehin gezwungen ist, über betriebliche Abläufe nachzudenken, bietet es sich an, andere Neuerungen gleich mit einzuführen.

Der Euro ist insofern eine Chance, den Einstieg in ein effizienteres Arbeiten zu schaffen und Unsinniges zu beseitigen, das nur noch existiert, weil man das „schon immer so gemacht hat".

Schlußwort

Nähe! Trost! Feiern!

Mit Leidenschaft auf der Suche nach dem „Produkt"

Von Jürgen Fliege

Ein paar biographische Skizzen vorab: Ich war fünfzehn Jahre Landpfarrer und habe Sonntag für Sonntag durch die Fenster der Sakristei geschaut und gezählt, wie viele Menschen in die Kirche kamen. Ich war nie demütig genug, nach zwei oder drei Menschen das Zählen in Jesu Namen aufzugeben.

Jürgen Fliege war Gemeindepfarrer in Düsseldorf, Essen und Aldenhoven. Heute lebt er als Autor und TV-Moderator in Berlin. Seit Februar 1994 präsentiert er die ARD-Talk-Show „Fliege".

Dann habe ich mit dieser Erfahrung im Rücken jahrelang bei SAT.1 ein geistliches Wort, die Sendung „So gesehn", geschrieben und moderiert. Wer als Pfarrer einmal im Privatfernsehen arbeitet, arbeitet als Kirchenmann längst ausdrücklich bei einem Unternehmen, um mit ihm gemeinsam Geld zu verdienen. Erst wenn man auf den Markt geworfen worden ist, lernt man den Markt und seine Gesetze auch kennen. Es ist noch nie ein Meister von der Kanzel gefallen. Erfahrung macht den Meister. Und seit dort die Quote regiert, ist jede einzelne Sendung ein eigenes Profitcenter, das Geld verdienen muß. Wer da mit einem geistlichen Beitrag den Mainstream der Zuschauer zum Wegzappen bringt, Aus- und Wegschaltquote statt Einschaltquote produziert, wird gefeuert. Ein „Wort zum Sonntag" kostet zwar nur bis zu fünftausend Mark. Der Privatsender aber verliert durch das mögliche Wegzappen von Millionen Zuschauern Werbeeinnahmen von fünfhunderttausend Mark. Da werden also die Kirche und ihre Vertreter längst gemessen und gewogen. Und sie sind gezwungen, zu lernen. Wer nicht gemessen wird, lernt nicht. Und wer zu leicht befunden wird, darf gehen. Unter diesem Druck arbeitet man schnell kundenorientiert.

Dasselbe gilt für Privatradios, bei denen ich über viele Jahre gearbeitet und Hunderte von „geistlichen Worten" produziert habe. Da mußte ich Geld verdienen, um meine Familie zu ernähren. Denn meine Frau und ich hatten uns getraut, auf mein Pfarrbeamtengehalt zu verzichten, um schon in diesem Leben neue Wege zu gehen. Wir wollten auch nicht bei der erstbesten Krise klein beigeben. Wer dann als freilaufender Pfarrer eine

Chance bekommt, zwischen fünf und sechs Uhr in der Frühe in Berlin live auf Sendung zu gehen, um damit Geld zu verdienen, der tut das. Und wer dazu die Freiheit bekommt, so eine Sendung mit Hörer-Anrufen für gut eine Stunde zu verlebendigen, der tut das erst recht. Wer Privatradios kennt, der weiß, daß werktags zwischen sechs und acht Uhr früh die „Primetime" ist; also die Zeit, wo der Sender am meisten Geld durch Werbeeinnahmen verdient oder verliert. Wer da einen Pfarrer in Deutschland auf Sendung läßt, ist entweder meschugge oder kommt als Programmdirektor aus Amerika. Bei mir war wohl das letztere der Fall. Wer da als Kirchenmann nicht kundenorientiert arbeitet, riskiert mehr als nur sein eigenes Scheitern. So war aus meiner Not, Geld verdienen zu müssen, der Vorgabe, live im Radio zu sein, und dem Spleen eines amerikanischen Radiomachers der Beweis geboren, daß Marktanteile für Religion, Christentum und Kirche meßbar zurückzugewinnen sind. Der private Radiosender warb am Ende sogar mit dem „Pfarrer am Morgen".

Fragt sich nur, mit welchem Produkt Marktanteile zurückzuholen sind. Was ist eigentlich das Produkt des Unternehmens Kirche? Der Markt ist zwar unverkennbar da. Der Milliardenumsatz an Esoterik-Produkten beweist es. Aber wer als Marktführer Marktanteile verliert, muß sich fragen, ob sein traditionelles Produkt noch stimmt. War es vielleicht zu schwer verdaulich und könnte ein Produkt „light" vielleicht helfen? „Light" alleine aber leuchtet nicht ein. Was ist eigentlich das Produkt des Unternehmens Kirche? Ist es „light" oder „heavy"?

Nach meinem Eindruck haben wir in der Diskussion um das „Unternehmen Kirche" wieder einmal heftig an diesem möglichen Produkt vorbeikompensiert! Unsere Arbeit, unsere Anstrengung, unser Ethos stand wieder einmal ganz oben. Als ob wir mit unserer Arbeit dem Himmel doch eine Nische mit ein wenig Sonne abringen könnten. Wir setzen diese gute alte evangelische Tradition mit den guten alten Mitteln fort: Als wenn das Leben und die Zukunft der Kirche von unserer richtigen Aktion mit noch mehr Anstrengung abhängen würden! Das genau war immer schon evangelisch: Der Geist des Kapitalismus und protestantische Ethik versuchen immer wieder gemeinsam ins Leben zu treten.

Das Leben der Kirche hängt noch fest am Wort. Ohne Abitur und englisches Vokabular geht hier gar nichts. Ich erinnere mich, daß wir am Anfang zu allem Überfluß sogar noch über Begriffe diskutiert haben: Was meint „Unternehmen"? Sind wir nicht ein „Verein" oder besser eine „gemeinnützige GmbH"? Wie definiert sich eigentlich „Erfolg"?

Wir tun so, als müßten, um mit Paulus zu sprechen, nur die Arme und Beine wieder recht (und bei Intellektuellen auch selbstverständlich der Kopf) funktionieren und dann klappe es mit dem Unternehmen Kirche wieder!

Nirgendwo bis selten kommt in den Blick, welcher Dienst am Kunden denn unsere Identität ausmacht und was uns von der Konkurrenz unterscheidet. Da ist viel Nebel und wenig Erleuchtung.

Und was macht unsere Identität und unser eigentliches Produkt aus? Meine Antwort als langjähriger Landpfarrer und Radio- und Fernsehmacher erstaunt vielleicht: das Erleben des Gottesdienstes am Sonntag - die Versammlung, die Menschen, die Generationen, das Fest! Das ist Kirche. Da mag man sich wenden und winden, wie man will:

Wir rechtfertigen unsere Anwesenheit in Deutschland und auf diesem Planeten nicht durch unsere Kindergärten, nicht durch unser Diakonisches Werk, nicht durch unsere Flüchtlingshilfe und nicht durchs Kirchenasyl. Das ist nicht das Proprium, das ist nicht die Mitte, sondern das sind „dona super addita". Das machen andere auch; auch andere gute Menschen tragen gute Früchte. Und hoffentlich hat jeder Pfarrer seine ganz persönliche Kirchenasylerfahrung gemacht. Übrigens: Ich bin links und wähle Rot und habe Leute versteckt - nur damit Sie es wissen.

Es muß also etwas anderes sein, was uns Rechtfertigung verschafft, hier zu sein: Laßt das mal erst mit dem Diakonischen Werk, mit der Flüchtlingshilfe, den Kindergärten und was wir alles machen - es interessiert mich einen Augenblick lang nicht. Und es interessiert auch nicht die Leute beim Austritt aus der Kirche, ob wir gute Kindergärten haben oder nicht; wenn ich meine Kinder in einem evangelischen Kindergarten habe, warte ich mit dem Austritt drei Jahre oder vier oder fünf oder sechs Jahre. Aber wenn ich zu dieser Gruppe der Austrittswilligen mal gehöre, gehe ich früher oder später.

Nur in dem, was wir Gottesdienst nennen, stellen wir unser eigentliches Produkt her, und das heißt: NÄHE! Es ist die einzige dreidimensionale Marktlücke aus wirklichen Erfahrungen, die uns in der Medien- und Vermittlungsgesellschaft bleibt und alle Zeit auch bleiben wird, denn Menschen brauchen Menschen.

Es ist auch nicht irgendeine Disco-Nähe, sondern eine besondere, die aus sich heraus wiederum besondere Formen der Nähe reproduziert. Es ist die Nähe von Körper, Geist und Seele. Alle drei produzieren wir. Und es kommt im Produktionsprozeß immer wieder darauf an, zu prüfen, ob wir auch wirklich auf allen drei Gebieten produzieren. Erst solche Dreier-Nähe produziert Wärme, Verstehen, Liebe, Ermutigung und Hoffnung. Vor allen Dingen aber TROST. Trost ist dann das Markenzeichen unserer Firma. Menschen brauchen Trost, um bei Trost zu bleiben.

Trost, Trost, Trost und an der Seite der Menschen sein, das ist unser Produkt!

Über die ganze Menschenfamilie und lokale Herde hinaus produzieren wir Nähe zu Bruder Tier, Schwester Pflanze, Bruder Mars und Schwester Sonne, zum Vater im Himmel und zur Mutter Erde! Wir produzieren, indem wir projizieren. Und zwar produzieren wir in einem magischen Prozeß die unsichtbare energetische Wirklichkeit, die die rein materielle und sichtbare Wirklichkeit dominiert.

Wer diese besondere Nähe für Menschen produzieren will, muß sie zu einer Herde zusammenführen. Einfach dadurch, daß er tröstet, weil er selbst wie ein Getrösteter wirkt oder durch Trösten selbst getröstet wird. Wer diese Nähe produziert, muß sich nicht wundern, wenn die Menschen zu ihm kommen. Denn erst die Versammlung bildet die Wärme. „Wo zwei oder drei in Jesu Namen zusammenkommen“ ist nicht das Ziel, sondern das unterste Limit. Da scheint es in den letzten Jahrzehnten Verständigungsschwierigkeiten gegeben zu haben.

Eine leere Kirche darf man nicht für voll nehmen. Man darf sich nicht trösten mit dem Wort „Wo zwei oder drei zusammenkommen ...“ (Matthäus 18, Vers 20). Ich will, daß Menschen zusammenkommen, weil das Zusammenkommen von vielen, vielen Menschen erst die Möglichkeit einer Nähe eröffnet, die über die Familie hinausgreift.

Wir sind in Familien groß geworden, die nicht funktionieren. Aber jeder von uns braucht einen Freund, einen Bekannten, eine Stütze, so wie man früher einen Stamm, ein Viertel, einen Kiez brauchte. Man braucht das, damit man nicht jeden Tag vor dem Spiegel stehen und sich überlegen muß, wer bin ich? Das ist wichtig, um nicht jeden Tag die meiste Energie darauf zu verwenden, sich selbstkritisch und selbstvergewissernd betrachten zu müssen. Kurzum: Ich brauche viele Menschen.

Meine Entdeckung beim Fernsehen ist: Wenn ein Mensch, der im dunkeln gestanden hat - und davon gibt es massenhaft -, in die Mitte der Aufmerksamkeit gesetzt wird, dann wird er gesund, wird er heil, kriegt er Energie, Aufmerksamkeit, Sie können das nennen, wie Sie wollen. Das heißt, wir brauchen die Gemeinschaft, die Gemeinde.

Drei reichen nicht, drei ist Vertröstung, ist „Tod im Topf". Und wie kriege ich 500? Die brauche ich. Meinetwegen auch 200, aber drunter tue ich es nicht.

Und da sagen wir als Produzenten, die wir Nähe herstellen und zu dieser Nähe in der Tat Erlebnisse brauchen: Wir stellen diese Nähe her. Wir machen ein Angebot, daß viele Leute kommen, weil sie bei uns etwas erleben, nämlich wiederum Nähe, nach der sie ein Bedürfnis haben. Das stellen wir her durch Gesang, durch Schweigen, durch gemeinsames Essen, Trinken, etc. - vor allen Dingen durch Feiern.

Diese tröstende Nähe von Körper, Geist und Seele produzieren wir meist einmal pro Woche in einer Zeremonie, in einem Fest, das immer noch Gottesdienst heißt. Das muß aber nicht unbedingt so bleiben. Der Gottesdienst muß funktionieren, sonst entsteht keine Nähe! Und wo er keine wirkliche Nähe produziert, funktioniert er auch nicht. Hier liegt das ganze Problem unserer Kirche. Nur hier! Denn sie stellt normalerweise gar keine Nähe her. Sie behauptet es nur ständig. Sie trägt des Kaisers neue Kleider, die keine sind. Sie tröstet nicht, sie vertröstet. Sie stellt, viel schlimmer noch, statt dessen in der Regel Distanzen her. Distanzen aber rufen Ängste hervor. Unsere Kirche hat Angst vor Nähe; Angst vor Nähe in jeder Weise. Die Beobachtungen eines allsonntäglichen Gottesdienstes genügen schon: Die Mitglieder der Versammlung begrüßen sich nicht. Von herzlicher Umarmung ganz zu schweigen. Evangelische Tradition hat Angst vor Nähe. Wir fürchten uns vor den Tränen der Menschen, wir wollen sie nicht sehen, auch im Gottesdienst nicht. Und derjenige, der weint, fühlt sich überhaupt nicht geborgen bei uns und schämt sich seiner Tränen. So weit ist es auch in unseren Kirchen gekommen! Es ist doch die ganze Zeit eine neurotische Angstveranstaltung. Und das kann nicht funktionieren - außer es wird heiterer, vielleicht tiefer, vielleicht besinnlicher, dann kann das funktionieren.

Der Pfarrer muß natürlich am Eingang stehen; er muß die Honneurs machen; er muß wissen, wer da ist; er muß wissen, welche Geschichten da sind, und er muß der Repräsentant dieser

Veranstaltung sein. Aber kaum drei Minuten später sagt doch dieser schwarze Mann, daß ihr alle Trottel seid. Welcher Restaurantbesitzer traut sich zu sagen, „Ihr habt gefehlt in Gedanken, Worten und Werken"? Wer traut sich das? Das könnte er umgekehrt wunderbar formulieren, wenn er Nähe produzieren würde: „Es war verdammt hart in dieser Woche, und ich weiß, daß ihr immer noch darunter leidet, da und dort, dieses oder jenes nicht geschafft zu haben, ich habe ja vorhin am Eingang gestanden, und ich weiß, daß mancher manches nicht gepackt hat und daß das Leben für ihn diese Woche zu schwer war."

Statt dessen gilt während der ganzen Zeremonie in den gerade nach vorn ausgerichteten Bänken das „Mikadoprinzip": Verloren in der Anerkennung der anderen hat derjenige, der die anderen berührt und bewegt. Gewonnen hat der, der am meisten mit nach Hause nimmt, ohne die anderen bewegt zu haben. - Es darf gelacht werden! Und dann weint um eure Kinder, die ihr dahin mitnehmt.

Der entsprechende Selbsttest für Pfarrer sieht so aus: Der Pfarrer verliert zwischen seiner Wohnung und der Sakristei sein Predigt-Manuskript. Er bemerkt es erst in der Kirche. Steigt in ihm jetzt Angst auf oder heitere Gelassenheit? Steigt bei ihm Angst auf, erlebt er den wahren Geist, mit dem er die Versammlung dauernd beglückt, ohne es zu merken. Der Geist der Gemeinde, die ihn ohne Manuskript erwartet, ist übrigens viel gelassener. Der Pfarrer importiert doch wahrscheinlich ein Großteil der Angst erst in die Kirche hinein.

Wie unendlich groß der Markt für Trost und tröstende Menschen ist, deutet sich am Ende dort an, wo man nur erstaunt zur Kenntnis nehmen kann, daß trotz alledem die Menschen in die Kirche kommen. Sie kommen nicht wegen der Pfarrer, sie kommen nicht wegen der Kälte, sie kommen trotzdem. So tief sitzt die Sehnsucht, auch nur einen Hauch von Trost zu erfahren.

Unser Produkt heißt Trost. Und die Herstellung von Trost geht nicht über die richtigen Begriffe. Es ist eben nicht das bloße Problem der Sprache! Das sieht nur so aus.

Die Sprache zu ändern ist nur die Kurzschlußreaktion wie eine aktuell geänderte Reklame und Werbestrategie, weil ein Produkt gerade mal nicht läuft. Die Sprache zu ändern bedeutet, das Pferd von hinten aufzuziehen. Zwar muß auch die Sprache geändert werden. Aber erst als Folge eines neuen Produktes oder einer neuen Theologie und eines neuen Miteinanders. Das wird sich aus dem Verkaufsprozeß ergeben. Da werden wir nicht mehr ohne weiteres „Evangelium“ sagen können. Bei „Frohe Botschaft“ wollen die Leute selbstverständlich ihren Paß verlängern lassen. Bei „Reich Gottes“ schalten sie entweder ab, weil es in ihren erfahrenen Ohren ein Synonym für Langeweile ist, oder sie assoziieren den König aus dem Märchenland für Kinder. Da helfen alle nachgeschobenen theologischen Relativsätze wenig. Sie verwirren nur noch mehr. Auch „Reich Gottes“ gehört auf die Rote Liste kommunikativer Kontraindikationen. Und wenn ich schon „verkündigen“ höre! Weg damit! Sogar das Wort „Hoffnung“ gehört zumindest in der Kirche auch auf die Rote Liste. Wenn man da die energetische Ausstrahlung der Hoffenden messen würde, hielte sich die Begeisterung der Menschen im schwarzen Bereich des nicht mehr Meßbaren auf. Wenn sie aber hören würden: Was ist deine „große Sehnsucht“? - Da täte sich was innen und dann auch außen. Sogar meßbar!

Und der Dank nach oben, daß „Gott im Himmel uns seinen eingeborenen Sohn geschenkt hat, auf daß alle, die an ihn glauben, nicht verlorengehen“, muß dem alten Herrn doch auch nicht in 60 Minuten gleich sieben- bis zehnmal vor die Nase gehalten und um die Ohren geschlagen werden. Er ist weder Autist, noch leidet er an der Alzheimerschen Krankheit. Wenigstens das geben die heiligen Texte bei aller Liebe nicht her.

Der künstliche, weltfremde Kanzelrednerton gibt dann allen Lebensfrohen den Rest. Schließlich macht der Ton die Musik. Und die ist durchweg depressiv. Kirchliche Worte sind ohne Gefühle und Bilder. Die Wirklichkeit ist in der Kirche zu Begriffen verdorrt. Es sind bloße Begriffe geworden, das habe ich mittlerweile begriffen. Und Begriffe sind hohl.

Ein Beispiel: „Nun laßt uns beten für die Kranken in der Gemeinde.“ Eine solche Gebetsformel bringt keine, ich könnte mich jetzt esoterisch ausdrücken, „Energie“; es kommt überhaupt nicht in den lilanen Bereich, überhaupt nicht. Ich empfehle trotzdem, zu beten, denn es ist unser Handwerkszeug als Pfarrer, um diese Nähe zu produzieren. Und das heißt Erfahrungen machen. Wir werden als Pfarrer ausgebildet in Literaturkritik und Theaterkritik; aber kaum kommen wir in die erste Gemeinde, sollen wir Theater spielen und im Kostüm auftreten. Haben Sie schon mal Reich-Ranicki auf dem Theater gesehen? Das ist aber, was die

Gemeinde von uns verlangt, und sie verlangt es mit Recht. Sie können nicht sagen: „Laßt uns nun für die Kranken unserer Gemeinde beten.“ Wenn Sie aber sagen: „In der Knappenstraße 6 wohnt Emilie Meier, sie ist 73 Jahre; ich weiß nicht, wer sie von Ihnen kennt; sie kämpft seit sechs Monaten mit ihrer Krebskrankheit und weiß nicht einmal, ob sie sterben oder leben will. Ich bitte Sie, für diese Frau jetzt die Hände zu falten“ - spüren Sie da was, oder spüren Sie es nicht? Haben Sie das Gefühl, da ist was Wahres dran, ich müßte in diese Richtung wandeln, ich müßte ein Gefühl für diese Frau haben, dann muß sie aber auch vorkommen? Das heißt, alle Sprache, die wir im Gottesdienst verwenden, muß darauf gerichtet sein, Bilder in den Menschen zu produzieren. Geschichten, Geschichten, Geschichten und an die Gemeinde denken.

Doch das Problem liegt nicht nur in der Sprache. Es liegt viel tiefer! Das Produkt stimmt nicht mehr, das mit Sprache sowohl hergestellt wie vertrieben wird. Es hat in den letzten Jahrhunderten immer weniger gestimmt. Es geht nämlich nicht um Lehre, Worte und Begriffe! Es geht nicht mehr um oben und unten! Es geht nicht mehr um vom Berg Sinai heruntergeholte Ethik! Es geht nicht um Moral! Wir leben in einem Paradigmen-Wechsel, der es gar nicht mehr erlaubt, monokausal zu dekretieren und zu verordnen. Wir leben vernetzt und müssen vernetzen, damit wieder zusammenwächst, was immer schon zusammengehört hat.

Es geht nicht um Worte.
Es geht um Erleben!

Und nicht einmal um jedes beliebige. Es geht darum, zu erleben, ob unser Leben wirklich ein Geschenk ist: Das ist die einzige „Frohe Botschaft“, die ich kenne. Es ist die einzige Erkenntnis und das Erleben, welches mir Raum zum Atmen läßt. Mein Leben ist ein Geschenk, mein Partner ist ein Geschenk und meine Kinder auch. Verdient ist nichts. Es ist ein tiefes Wissen, das ich mir aber im Auf und Ab des Lebens immer wieder bestätigen lassen muß. Und da hat unsere Kirche ein Defizit auf allen Ebenen. Es darf entgegen aller Ideologie nämlich bei uns nicht kommuniziert werden. Ein Austausch über das Erlebte findet nicht statt. Die alte „Diktatur des Wortes Gottes“, die Orthodoxie dieser Tage, läßt neues subjektives Erleben nicht zu. Sie bekämpft es, wo sie nur kann. Darum haben wir Probleme mit dem Erleben in der Kirche. In der Kirche darf nichts erlebt werden, in der Kirche darf nur etwas begriffen werden! Das Alte ist immer noch lebendig: Wir sind immer noch eine Schule! Wir sind Lehrer und Sonntagsschule, das ist wahr! Und wir sind in der Krise zwischen der Kirche der Lehrer und Gelehrten und der Kirche der Begleiter und Begleiteten.

Lehre statt Erfahrungsaustausch! Wo zeigt sich das anschaulicher als dort, wo wir Kirchenleute mittlerweile aus mancher Predigt wissen, welche Darmprobleme der Doktor Martin Luther vor fünfhundert Jahren beim protestantischen Durchbruch auf der Wartburg hatte. Durchfall und Blähungen quälten ihn. Erkältungen in Schmalkalden. Und was gutes Bier alles bewirkt. Aber ob Durchfall, Blähungen, Bier und Erkältungen den Nächsten in meiner Bank ebenso quälen, darüber schweigt des Predigers Höflichkeit total. Was weiß ich über meinen Nächsten? Luther ist doch nicht mein Nächster! Von Jesus weiß ich seine Kinder-Traumata, seine Mutter-Sohn-Probleme, seine latente Wein- und Freß-Sucht, und wie er Panikattacken angeht: Auf die Erde werfen, nicht nach dem Warum fragen, sondern schreien wie ein Kind. Warum weiß ich so wichtige Erfahrungen nicht von meiner Nachbarin? Ist deren Erfahrung weniger wichtig und würdig und heilig? Jesus ist doch nicht mein Nächster!

Wo kein Erleben erwünscht ist, findet am Ende auch keine Rezeption von Erleben statt. Erleben wird darum nie zur vertieften Erfahrung werden. Eigene Erfahrung wird nie zum inneren Wachstum führen. Wenigstens nicht in der Kirche. Die Kirche unserer Tage hat sich von ihrem mystischen Flügel abgekoppelt und wundert sich, daß sie nur auf die Beine kommt, nicht aber in den Himmel. Dabei wird der Angehörige einer religiösen Gemeinschaft der Zukunft seine Zugehörigkeit nur auf seine persönliche Erfahrung begründen können. Seit ein, zwei Generationen kann man schließlich auf dem Markt der Ideologien frei wählen.

Warum darf in der Kirche und Gemeinde nichts erlebt werden? Weil wir Angst voreinander haben! Auch und gerade im Gottesdienst! Erinnern Sie sich doch an den ultimativen Manuskripttest!

Pfarrer arbeiten statt dessen durchweg mit Kondom. So nenne ich ihre schwarze Kleidung, ihre Agende und ihr Ringbuch gerne. Besser kann ein Vergleich nicht treffen, denn Pfarrer sind, unterwegs gegen die ständige Angst zu versagen, mit diesem Heft immer mehr an ihrer Sicherheit interessiert als an ihrer Fruchtbarkeit und Schutzlosigkeit. Sie verstecken sich in einem schwarzen Mantel, verstecken sich hinter so einem Marmor aus barockem Tralala, und dann benutzen sie Worte, die unmöglich sind.

Der Pfarrer selbst verweigert sich der Schutzlosigkeit. Er zeigt nicht in der Tradition Jesu dem Zweifler seine Wunde. Mit dieser eindeutigen „Missionstechnik“ steht Jesu heute noch allein. Seine Jünger von heute verweigern das Erleben der eigenen Schutzlosigkeit. Dabei steht und fällt damit jede Religiosität und Spiritualität. Wir haben Angst vor Schutzlosigkeit. Wir haben Angst vor dem, wovon Religion eigentlich lebt und worin Religion begründet ist:

Wir haben Angst vor Nähe! Die einzige Marktlücke, die es für uns gibt und geben wird! Wir haben Angst vor Menschen. Wir haben Angst vor Religion. Wir haben Angst vor Erfolg. Wir haben Angst vor Einheit und Heil. Wir haben Angst vor Ekstase. Wir haben Angst vor Elite. Wir haben Angst vor Demokratie. Wir haben Angst vor Esoterik. Wir haben Angst vor Träumen. Wir haben Angst vor Astrologie. Wir haben Angst vor Tiefe, Tränen und Symbolen. Wir haben Angst vor der Zukunft. Wir haben Angst vor Kritik. Wir haben Angst vor Sexualität. Wir haben Angst vor Genuß und Lebensfreude. - Es muß sagbar werden und hat mit Chauvi-Sein erst mal gar nichts zu tun, wenn ich sage: Ich finde es einfach schön, Frauen zu begucken.

Und mit diesem Erbe der Angst wollen wir Nähe produzieren? Wo wir es mutig und entschlossen versuchen, geht es regelmäßig schief. Welches Theater läuft da eigentlich ab, wenn der Pfarrer sagt: „Gebt euch ein Zeichen des Friedens?“ Es ist ja nur peinlich. Und es kann auch nur peinlich sein. Nicht einmal beim „Vaterunser“ fällt der Nächste auf, der das „Vater unser“ doch erst zu einem Vater „unser“ macht. Alles spricht zwar „Vater unser“, meint aber Vater „meiner“.

Nähe im Gottesdienst herzustellen heißt für die Geistlichen, durch ein tiefes Tal neuer tiefer Erfahrungen zu gehen. Und es geht an erster Stelle für sie auch ohne Tränen nicht ab. Eine vorsichtig-liebevolle Demaskierung unter uns ist notwendig, um die Not zu wenden. Wir müssen die falschen Masken mit der falschen autoritären und lieblosen Theologie ablegen. Mit ihnen verlieren die falschen Götter und Autoritäten, denen wir dienen, ihre böse Macht über uns. Für wen halten wir da eigentlich immer Gottesdienst und Predigt? Für den Oberkirchenrat? Für die Bischöfe? Für die Theologieprofessoren? Karl Barth ist doch längst tot. Für die Gemeinde? Für das schwarze Talar-Ego? Ich weiß es nicht. Antwortet selbst!

Aber wer hat sich schon so lieb, daß er für sich selber predigt? Wessen Körper, Geist und Seele profitiert von den Inhalten seiner eigenen Predigt? Verachtet mir den geschundenen Bruder Körper bei der Antwort nicht!

Und wenn nun der liebe Gott selbst bei uns Kunde wäre? Womit können wir ihm dienen?

Das alles steht geschrieben bei Matthäus 25. Jesus verstand eben was von den wahren Gottesdiensten, predigte anders als die Schriftgelehrten. Und immer wieder steht geschrieben, daß wir für ihn und für alle Verlorenen ein großes Fest veranstalten sollen. Lange Tische, gutes Essen und viel, viel guten Wein. Wenn wir also wirkliche Gottesdienstleister werden wollen, dann müssen wir unsere Marktlücke da suchen, wo wir für die Menschen ein richtiges Fest der Nähe von Körper, Geist und Seele zu organisieren lernen. Ein Fest, das Menschen zusammenführt und das in sich alle Produkte der Nähe herstellt, die die Not wenden. Unser Produkt heißt Nähe, und die ist nur herstellbar im Gottesdienst; alles andere folgt aus dieser Versammlung, die Nähe produziert. Zuerst der Trost und dann die Arbeit!

Man kann das ganze Programm auch so zusammenfassen: Öffnet um Gottes willen die Kirchentüren Tag und Nacht! Da kommt Trost auf. Und um fehlende Arbeit muß sich dann sicher keiner mehr beklagen.

Service

Adressen

1. Beratung allgemein/Expertenvermittlung

konzept marketing nordelbien
Pastor Stefan Wolfschütz
Schillerstraße 29
22767 Hamburg
Telefon: 040 - 38 61 93 44
Telefax: 040 - 38 61 93 45
E-Mail: klick@konzeptpool.com
Homepage: http://www.konzeptpool.com

Bei „konzept marketing nordelbien“ gibt es auch die ausführlichen Dokumentationen zu den Projekten „eMp“ (McKinsey-Konzept München) und „Offene Kirche Elisabethen“ (Basel) sowie Informationen über Kongresse und Tagungen zum Thema „Unternehmen Kirche“.

Concept team
Gemeindeberatung Management
Pfarrer Wolf Mankiewicz
Dreifelder Weg 8
13509 Berlin
Telefon: 030 - 43 49 08 32
Telefax: 030 - 4 34 18 40

2. Beratung in Spezialgebieten

- *Euro*

Henrik Müller
Bundesstraße 82
20144 Hamburg

Müller ist freier Wirtschaftsjournalist und Unternehmensberater; Autor des Buches „Kursbuch Euro - die neue Währung in der Praxis“ (Fischer Taschenbuch, 1997).

Gemeinnützige GmbH

APB Unternehmensberatung GmbH
Karl-Heinz Göttken
Wüllnerstraße 3
48149 Münster
Telefon: 0251 - 9 22 08 30
Telefax: 0251 - 9 22 08 50

Internet

Gemeinschaftswerk der Evangelischen Publizistik
Dr. Matthias Schnell
Emil-von-Behring-Straße 3
60439 Frankfurt/Main
Telefon: 069 - 58 09 82 29
Telefax: 069 - 58 09 81 00
E-Mail: schnell@gep.de
Homepage: http://www.gep.de
http://www.ekd.de

Kulturmanagement

Hochschule für Musik und Theater
Prof. Dr. Hermann Rauhe
Harvestehuder Weg 12
20148 Hamburg
Telefon: 040 - 44 19 55 82
Telefax: 040 - 44 19 56 66

Marketing/Werbung

Social Marketing Institut
Pfarrer Wilfried Mödinger
Hinter den Gärten 3
74357 Bönnigheim
Telefon: 07143 - 87 02 90
Telefax: 07143 - 87 02 94
Marketing für religiöse Angebote und Dienstleistungen; Seminare und Beratung.

Personalverwicklungen

Unternehmensberatung Risch & Partner
Gerhard Risch
Sandwatt 4
24989 Dollerup
Telefon: 04636 - 15 59
Telefax: 04636 - 15 72

Schreibkultur/Corporate Wording

Hans-Peter Förster
79737 Herrischried
Telefon: 07764 - 66 33
Telefax: 07764 - 66 84

Soziale Dienste

Diakonisches Werk Hamburg
Landespastor Dr. Stephan Reimers
Königstraße 54
22767 Hamburg
Telefon: 040 - 30 62 02 39
Telefax: 040 - 30 62 03 60

Impuls Soziales Management GbR
Alfons Scheitz und Oliver Strube
Karthäuser Straße 5
34117 Kassel
Telefon: 0561 - 78 18 40
Telefax: 0561 - 7 81 84 99

Telefontraining

SysTeam Hamburg
Telefon: 040 - 7 21 69 47
Telefax: 040 - 7 24 43 12
E-Mail: systeam@pantau.shnet.org

3. Gemeindeaufbau

Gemeindekolleg der VELKD
Berlinstraße 4-6
29223 Celle
Telefon: 05141 - 5 30 14
05141 - 5 30 15
Telefax: 05141 - 5 30 16

Das Gemeindekolleg betreut u.a. die Projekte „gottesdienst leben“, Thomas-Messe, Wort und Antwort, „Kirchen erzählen vom Glauben“, „Einladung zur Taufe - Einladung zum Leben“, „Sterbende begleiten - Seelsorge der Gemeinde“ und „Projektmanagement - methodische Bausteine zur projektorientierten Gemeinde-Etwicklung“; Informationen über die Projekte und aktuelle Seminar-Termine stehen auch in der (kostenlosen) Zeitung „Kirche in Bewegung“, die vom Gemeindekolleg zweimal pro Jahr herausgegeben wird.

IM AUFBRUCH
Kirchenkreis An der Agger
Projektleiter Björn Heymer
Auf der Brück 46
51645 Gummersbach
Telefon: 02261 - 70 09 48
Telefax: 02261 - 70 09 70

Kirchengemeinde St. Lukas
Pfarramt
Thierschstr. 28
80538 München
Telefon: 089 - 22 17 62
Telefax: 089 - 29 16 13 10

Offene Kirche Elisabethen
Elisabethenstraße 10
CH - 4501 Basel
Telefon: +41 - 61 - 2 72 03 43
Telefax: +41 - 61 - 2 72 04 01

4. Weitere Adressen

DS - DAS SONNTAGSBLATT
Redaktion
Postfach 13 08 68
20108 Hamburg
Telefon: 040 - 41 41 90
Telefax: 040 - 41 41 91 11
E-Mail: ds@sonntagsblatt.de
Homepage: http://www.sonntagsblatt.de

TELE TIME
Redaktion Fliege
Jürgen Fliege
Bavariafilmplatz 7
82031 Geiselgasteig
Telefon: 089 - 6 41 99 90
Telefax: 089 - 64 19 99 72

Mailingliste

Zu diesem Buch gibt es ein Forum im Internet, und zwar als virtuelles Roundtable per elektronische Post. Die Mailingliste ist eine permanente Ideenbörse und ein offenes Diskussionsforum zum Thema „Unternehmen Kirche". Die Teilnehmer werden außerdem über weitere Veranstaltungen und Veröffentlichungen zum Thema „Unternehmen Kirche" aktuell informiert.

Wer teilnehmen möchte, schreibe eine E-Mail an *listen@pantau.shnet.org*, notiere in der Betreff-Zeile (subject) *subscribe mailtalk* und schreibe in den Text (body) die eigene E-Mail-Adresse sowie den eigenen Vor- und Nachnamen (user@domain.land Vorname Nachname).